GBOX
MC
POET
checan
IUP
Urban

SARAH PAULUS | ROLF G. WACKENBERG

KING KOOL CITY BERLIN

VON HIPHOP BIS GRAFFITI

ELSENGOLD

VORSPIEL

An einem Sommertag erreicht uns ein Anruf. Zuerst ist nur Rap zu hören, dann die Stimme des Stammhalters: „Ich hab jetzt ein Graffiti in meinem Zimmer. Über die ganze Wand. Drei mal fünf Meter."

Hiphop ist in der Mitte der Gesellschaft angekommen. Das hätte niemand für möglich gehalten, als die einstige Subkultur in den späten 70er-Jahren zaghaft deutschen Boden betritt und im darauffolgenden Jahrzehnt mit Rap, Graffiti, Breakdance und Skateboarding die Frontstadt Berlin zu beleben beginnt. Die Saat geht sprichwörtlich auf, als sich nach dem Mauerfall die wiedervereinigte Metropole ebenso naiv wie passioniert daranmacht, zur deutschen Hiphop-Hauptstadt zu avancieren. Aus Freigeist, Provinzialität und Größenwahn entsteht ein Sog, dem sich Kreative aller Länder nicht entziehen können, ob Spanier, Japaner oder auch Schwaben.

Sie treffen auf einen geschundenen Ort. Verarmt und dreckig. Seit Generationen steht Berlin im Fokus der weltpolitischen Gemengelage, ist gezeichnet durch Aufstieg und Fall des preußischen Kaiserreichs, den Glamour der 20er-Jahre, Nationalsozialismus, Zerstörung und Kalten Krieg.

Ironischerweise bietet diese Entwicklung einen idealen Nährboden für alternative Lebensentwürfe. Ein Paradies, in dem es sich billig leben und feiern lässt. Geld wird anderswo verdient. Die Mieten der 90er-Jahre sind kaum nennenswert, Freiräume im Übermaß vorhanden. Während die Eliten der Stadt orientierungslos dahintaumeln, formieren sich Netzwerke, die das kulturelle Erscheinungsbild spürbar zu prägen beginnen. Aus dem früheren Sehnsuchtsort für Aussteiger und westdeutsche Wehrdienstflüchtlinge wird die Stadt der tausend Farben, der Styles und Flows. Berlin macht Breakdance salonfähig, ist Wiege des deutschen Underground-Rap und Street-Art-Mekka zugleich. Längst spielt der Genius Loci Berlins in einer Liga mit Metropolen wie New York, Paris und Tokio.

Hinter diesem Erfolg steht eine bunte Mischung illustrer Charaktere: Sprayer, Rapper, DJs, Beatboxer, Skater, Breakdancer, Produzenten und Händler. Allesamt Lebenskünstler zwischen Passion und Berufung, zwischen internationalem Erfolg und tiefem Abgrund. Denn während die einen sich weltweit in Konzerthallen und Galerien präsentieren, suchen andere weiterhin das Dunkel der Nacht.

Viele Protagonisten dieses Buches wurden nicht in Berlin geboren. Sie sind Kurden, Israelis oder Tschechen, stammen aus Chile, Frankreich, dem Libanon, der Türkei, aus Gifhorn oder Kornwestheim. Ihre Lebensläufe sind Spiegelbild aktueller Diskussionen um Flucht und Integration, denn mehr als die Hälfte der Einwohner Berlins sind Zugezogene. Damit ist die Hauptstadt einmal mehr Brennpunkt internationaler Verwicklungen und liefert wie selbstverständlich wertvolle Erfahrungen zum Thema Migration.

Wir haben das Buch für Zugezogene und Einheimische geschrieben, für Kunst- und Kulturinteressierte, Hiphop-Fans und Rollkoffer-Touristen. Es ist eine Hommage an die Porträtierten und unsere persönliche Liebeserklärung an die Stadt aller Städte. Kommen Sie mit auf einen Streifzug durch KING KOOL CITY BERLIN.

Sarah Paulus und Rolf G. Wackenberg

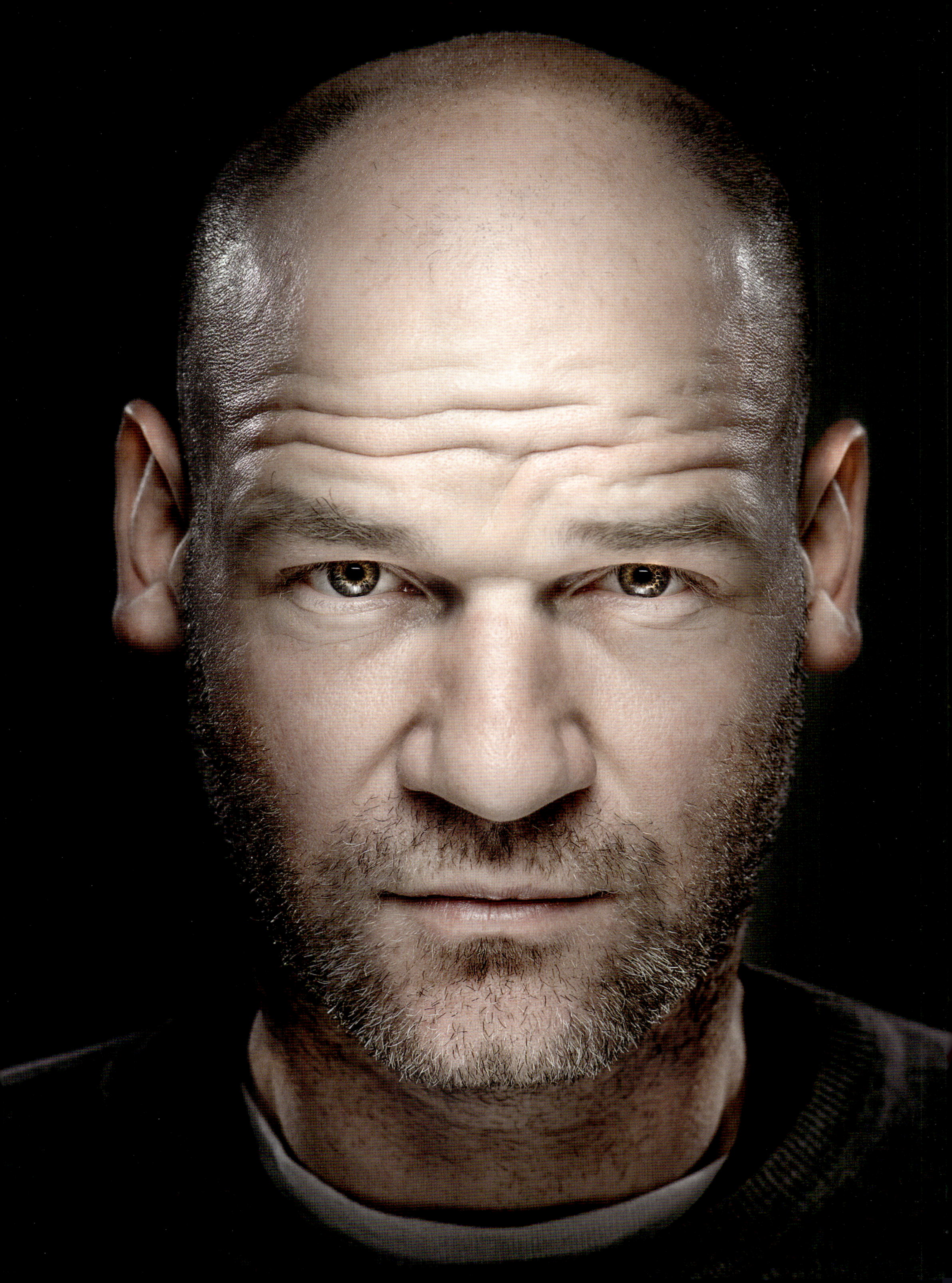

POET
Von Kunst und Graffiti

Die Fotoausrüstung wiegt gefühlte 100 Kilo. Keuchend schleppen wir sie in Richtung Kunstraum Bethanien am Mariannenplatz, wo Parkplätze nicht zum Lifestyle gehören, und fallen erschöpft auf eine Bank. Das Handy klingelt. POET. Er komme 20 Minuten später. Es fängt an zu nieseln.

Auch der Künstler wirkt ausgelaugt, als ihn sein Fahrrad heranrollt. Müde greift er sich an den Rücken, wo ein Nerv eingeklemmt ist. Yoga soll Wunder vollbringen, doch dafür fehlt jetzt die Zeit. POET muss bei Ausstellungsvorbereitungen für Backjumps helfen. In den Kunsträumen herrscht kreatives Durcheinander. Jeder Flecken ist mit Exponaten belegt. Überall wird geschäftig gewerkelt, der Sprayer permanent um Rat gefragt. Der ist leicht genervt und geht eine rauchen.

POET wird in einem Schöneberger Punkhaushalt sozialisiert. Die Gründung der West-Berliner Antifa erlebt er auf den Schultern seiner Mutter, die zum Kern der ersten Berliner Punkgeneration gehört. POET kann auf eine simple Frage hin stundenlang referieren. Wer einen einfachen Fragenkatalog abarbeiten will, gerät unweigerlich ins Schwitzen. Wer es jedoch schafft, sich auf den Künstler einzulassen, erhält Zutritt in eine andere Welt. Hier verzweigt sich Graffiti zu einem bunten Labyrinth, in dem man schnell Gefahr läuft, verloren zu gehen. Doch der Redner nimmt uns fürsorglich bei der Hand und erzählt mit Hingabe. Über Graffiti und Taggen, über Signaturen, die zur Kunstform wurden, und natürlich über sein Leben:

„Mein Stiefvater war ein krasser Hausbesetzer. Weil wir arm waren, habe ich mich oft geschämt. Unser Geschirr: ein zusammengewürfeltes Sammelsurium.

Beim Kindergeburtstag wurde hinter meinem Rücken getuschelt. Guck mal, Gabel und Messer gehören gar nicht zusammen.

Mein Plan war, der krasseste Sprüher zu werden. Als Jugendlicher denkt man nicht erwachsen. Das geht durch alle sozialen Schichten. Sie unterscheiden sich in ihrer Motivation und ihrem Verständnis von Graffiti. Manche verstehen überhaupt nichts. Sie kopieren schlicht ein Ideal, weil es irgendwo an Liebe fehlt, und entwickeln ein extremes Bedürfnis nach Anerkennung und Geltung, das oft negativ ausgelebt wird. Als ich klein war und immer Schmiere stehen musste, fand ich Graffiti scheiße. Worin besteht der Sinn, ständig seinen Namen an die Wand zu schreiben? Lieber klauen, da hat man was davon.

Später siegte das Ego. Mach mal meinen Namen drauf, sagte ich zu einem Sprüher in meiner Schule.

Wie lautet der denn? Da ich keinen hatte, musste ich mir einen zulegen. Mein erster Namensgeber nannte sich Near und meinte: Ab heute bist du Sear. Wie jetzt? Du hast nur den ersten Buchstaben getauscht? Ich hatte mehr erwartet und war enttäuscht. So fing das Taggen an. 1987. Ich war 14.“

POET packt ein Stück Kuchen aus, vom Vortag, seinem Geburtstag. Er beißt rein und fährt kauend fort:

„Um seine Persönlichkeit auszudrücken, braucht man eigentlich nur einen Stift oder ein Stück Kreide. Schreiben ist die Urform des Graffitis. Der Aktivist schreibt seinen Namen und definiert sich mehr oder weniger über die Gestaltung der Buchstaben. Er bewegt sich somit bewusst oder unbewusst in einem geschichtlichen Kontext, der sich problemlos in der Kunstwelt verorten lässt. Das Schreiben des Namens, die Signatur, ist seit Jahrhunderten Bestandteil des Bildes. Seit der Antike haben Künstler ihre Signaturen hinterlassen. Die Geschichte der Malerei vollzieht sich über die Positionierung der Motive. Zunächst gab es Abbilder von Menschen und Tieren. Hintergrundthemen wie beispielsweise Landschaften oder Blumenvasen kamen hinzu, rückten nach und nach in den Mittelpunkt. So entstanden Stilrichtungen wie Landschaftsmalerei oder das Stillleben. Wenn die Signatur immer Teil des Bildes war und schließlich ins Zentrum rückte, ist das ein natürlicher Vorgang. Man könnte von der Befreiung der Schrift sprechen. Bereits in den Klöstern wurden verschiedene individualisierte Schriften und Typos entwickelt. Viele Graffiti-Künstler sehen sich in dieser Tradition. Sie haben sich die Schrift genommen, um Emotionen auf einer anderen Ebene kommunizieren zu können.

Die Sprühdose, mit der die meisten Zeitgenossen den klassischen Sprayer verbinden, ist lediglich ein Booster. Sie ermöglicht es, Lack in enormer Geschwindigkeit aufzutragen, schneller als mit dem Pinsel. Wie der Stift, das Stück Kreide oder der Pinsel ist die Dose nichts anderes als ein Werkzeug. Der handwerkliche Unterschied: Beim Pinsel bestimmst du die Strichstärke durch den Druck aus der Hand. Der sprüherische Akt hingegen kommt aus der Schulter, ohne direkten

Kontakt zur Wand. Er ist eine Ganzkörperperformance, die sich in zwei ideologischen Strömungen manifestiert.

Illegalen und Bombern geht es um Platzierung und Lesbarkeit, damit der Name in Szene gesetzt und verbreitet wird, beispielsweise indem das Bild auf einem Zug durch die Stadt fährt. Sie machen stilistische Abstriche, weil sie das Ergebnis der Situation

außer Stress, Ärger, familiären Problemen, kaputten Beziehungenn, hohen Rechnungen und Schulden, wenn du erwischt wirst. Niemand kann nachvollziehen, was du treibst und warum du das Kunst nennst."

Lärm unterbricht den Redefluss des Künstlers. Auf einem Rollwagen wird Ausstellungsmaterial umhergekarrt. POET schaut irritiert, widmet sich dem Rest seines Kuchens und erzählt schließlich weiter:

unterordnen. Ihnen geht es in erster Linie um Anerkennung und Ruhm. Bei Style-Malern hingegen steht die künstlerische Interpretation des Schriftzugs im Vordergrund. Sie gehen in Hinterhöfe und malen dort zwei Tage, weil sie Ruhe und Tageslicht brauchen.

Da beide Gruppierungen auf begrenzten Raum stoßen, gibt es häufig Stress. Der entsteht aber nicht durch Enge, sondern durch die Egos und aus dem Drang, etwas Mächtiges darstellen zu wollen, was gleichzeitig Lächerliches mit sich bringt. Sicher ein Grund dafür, warum Graffiti als Jugendkultur wahrgenommen wird. Weil du eben aus Erwachsenensicht nichts davon hast, ständig Gesetze zu brechen. Nichts

„Wirtschaft und Staat versuchen verzweifelt, durch Marketing und Manipulation persönliche Bindungen herzustellen. Graffiti gelingt das im Handumdrehen. Es braucht nur einen winzigen Anreiz, und schon sprühen Fünfzehnjährige aus voller Überzeugung und verändern ihr Leben auf Jahre. Graffiti hat eine Kraft, von der Staat und Wirtschaft nur träumen können. Es ist sozialer Sprengstoff und erzeugt Angst. In Amerika wurde Graffiti als gesellschaftlich zersetzend angesehen.

Nicht viel anders in Deutschland. Die Strafen sind im Verhältnis zu den angeblichen Kosten viel zu hoch. Das macht mich wütend. Denn der Staat legt

Regeln und Grundlagen fest. Die Strafverfolgung liegt ebenfalls in seiner Hand. Jugendarbeit und Justiz gehen allerdings gänzlich konträre Wege. Jugendliche erreichst du meist nur über Hiphop. In Jugendhäusern oder über Sozialarbeiter werden sie mit staatlichen Geldern an Graffiti herangeführt. Wenn diese Jugendlichen dann aus dem Jugendalter herauswachsen, werden sie alleingelassen und sind im nächsten Moment kriminell. Der Staat fördert Jugendkultur, bezieht jedoch keine realistische Position zum Graffiti-Künstler als Beruf. Der existiert angeblich nicht.

Graffiti könnte beispielsweise eine Art Ehrenamt sein, ein guter Sprüher eine künstlerische Bereicherung für die Gesellschaft. Viele sind aber keine Bereicherung, weil sie sich der Rolle fügen, die ihnen von der Öffentlichkeit aufgedrängt wird. Wenn die Gesellschaft sie verteufelt und zu Kriminellen macht, glorifizieren die Sprüher diesen Status und werden zu Rebellen."

POET wird erneut unterbrochen. Die Fotogerätschaften sind aufgebaut und rufen zum Shooting. Das Modell bezieht hinter Softboxen Position. ISO, Blende und Verschlusszeit werden eingestellt. Es gelingt eine Zwischenfrage: Was, wenn Graffiti legal wäre?

„Keine Ahnung. Graffiti ist ja nicht deshalb groß geworden, weil es illegal, sondern illegal elitär war. Sprühen allein reicht nicht. Man muss sportlich sein, Mut haben und Risikobereitschaft, vor allem unter Stress malen können. Vermutlich ist es wie beim bedingungslosen Grundeinkommen. Für viele Sprayer würde der Anreiz fehlen, wenn es legal wäre. Andere Künstler kämen hingegen dazu. Legalisierung wäre ein Interessenkonflikt. Freigabe von Fläche heißt auch Freigabe für andere Künste. Das würde Möglichkeiten freisetzen, die man bisher gar nicht durchdacht hat.

Etwa 1986 wurde in Berlin die erste Bahn bemalt. Zwei Jahre später begannen die Leute in der Gruppe loszuziehen. Maxim, More, Wesp und Kage gehörten zu den Glorious Five Artists, GFA, der ältesten aktiven Berliner Crew. Ich später ebenso. Nach dem Taggen fing ich 1988 mit Sprühen an, zunächst ausschließlich auf Zügen. Seither verbinden manche mit meinem Sprüher-Namen mehr, als dahintersteckt. Es geht jedoch nicht um Klang oder Bedeutung, sondern um die Ästhetik der Buchstaben.

In den 80er-Jahren hat man vieles einfach so gemacht und konnte die Dinge erst im Nachhinein einordnen. Es war die Pionierzeit des neuen Berlins. Zusammen mit den Leuten von GFA würde ich mich als Speerspitze der zweiten Generation sehen. Wir wuchsen im Umfeld der ersten, der 1969 bis 1971 Geborenen auf, der Oldschooler, wie manche sagen. Wobei Oldschooler im eigentlichen Sinne, wenn überhaupt, die Leute der ersten New Yorker Generation sind. Tatsächlich ist Graffiti bereits in den 50er-Jahren in Philadelphia entstanden, lange vor New York. Den gern zitierten Übergang vom Punk der 70er zum Hiphop hat es nicht gegeben. Es war eine Ghettokultur der Schwarzen und der Puerto Ricaner, in der sich deren Ideologie, Attitude und Fashion vereinten.

In den 80er-Jahren fand lediglich die mediale Übertragung der Kultur statt. Dadurch waren wir hier in

Europa sehr auf New York fixiert. Jahrelang haben wir Subkultur als Hollywood-Produkt konsumiert, was verklärte Befindlichkeiten mit Dogmen und Regeln erzeugt hat, um dieses Ding so weit wie möglich nachzuleben. Wir haben versucht, Gewaltaspekte und Ghettokultur auszudrücken. Absoluter Schwachsinn, weil Deutschland nicht Amerika ist. Wichtiger wäre gewesen, eine echte europäische Identität zu entwickeln. So aber wurde uns der Kunstanspruch abgesprochen, da der Platz schon von den Originalen in New York besetzt war.

Dann fiel die Mauer. Im Osten herrschte pure Anarchie. Der komplette DDR-Gedanke war untergegangen, die Polizei total verunsichert und ohne jegliche Autorität. Die eigentliche Gefahr ging von den Rechten aus. Wenn autoritäre Systeme zusammenbrechen, flüchten manche in noch stärker autoritär ausgerichtete Strukturen. Wir haben uns in Gruppen von fünf bis zehn Leuten bewegt. Manchmal standen uns 150 bis 200 Faschos gegenüber.

Dennoch waren die 90er die visuelle Hochphase der Stadt. Um akzeptiert zu werden, musstest du im Osten Züge bemalen. Damals gab es noch den echten Bahnerstolz, heute streiken sie für ihre Rechte. Damals waren Bahner gefährlicher als die Polizei. Sie zogen mit Eisenstangen und Holzknüppeln los, um ihren Yard sauber zu halten. Mich haben sie nicht erwischt. Andere bezogen eine Tracht Prügel, was zur Folge hatte, dass die Sprüher aufrüsteten. Einige gingen nur mit Baseballschläger und Gasknarre ins Depot. In Folge wurden Bahnarbeiter als Geisel genommen und gezwungen zuzusehen, bis das Werk vollendet war. Eine unheilvolle Spirale, auf die die Polizei letztlich reagieren musste.

Vor der Wende gab es auch im Osten Graffiti. Meist von Einzelkämpfern, nicht vorzeigbar und belächelt. Die hatten nichts, kein Material, keine Szene. Wir hatten Dosen, Klamotten, Techniken, die Geschichte. 40 Jahre Kommunismus standen 40 Jahre Kapitalismus gegenüber. Der Unterschied ist mir erst später bewusst geworden, als ich kapiert habe, dass der Osten Graffiti am Leben erhalten hat. Der West-Berliner fragt sich: Warum soll ich im Hinterhof malen, wenn ich doch einen Zug machen kann? Die Chance, dass er tatsächlich einen Zug bemalt, ist jedoch sehr gering. Die Wand im Hof hätte viel mehr Effekt, wird aber vernachlässigt. Wir West-Berliner sind dekadent und überheblich. Den Ostlern hingegen ist nichts zu schade. Die malen ihren Hinterhof bunt, ihr Dach bunt, den Keller bunt. Da ist Spaß und Aktion. Ein anderes Lebensgefühl.

Heute ist der Mythos Graffiti entzaubert. In den 80ern hat ein Foto mit Graffitis eine Sprühdose gekostet. Wer Aufnahmen aus New York besaß, hat die mit niemandem geteilt. Informationen und Erfahrungsaustausch waren Gold wert. Es gab kein Google und keine Tutorials bei YouTube. Wissen wurde von Generation zu Generation weitergegeben. Oder eben nicht, weil es in der Sprüher-Szene zugleich um Konkurrenz und nicht nur um Gemeinschaftssinn geht. Deshalb entstanden Brüche in der Bewegung, die Entwicklung verlief in Wellen.

Ich selbst habe mir oft Graffitis vor Ort angesehen, sechs bis acht Stunden lang, um das Bild zu verstehen. Man hat Blut und Schweiß gegeben, um zu lernen. Heute sind die 15-Jährigen total gelangweilt: Kenn ich schon, hab ich mir schon bestellt. Früher war Graffiti eine Nische. Jetzt ist es Mode. Ich würde heute nicht mehr Sprayer werden.

In den Anfangszeiten konnte der Sprüher den Bruder im Geiste an der Kleidung erkennen. Auch meine Mutter hat sich stark über Mode differenziert. Für mich war daher klar: Spießer und Spinner erkennst du an den Klamotten. Ein Horst kleidet sich wie ein Horst. Aber was ist heute? Der Horst läuft rum wie der Obercoolste, mit Chucks und Ritzen-Jeans, überall Tattoos. Dann redest du mit dem und er erzählt dir was von Rentenversicherung. Heute macht es am meisten Sinn, sich neutral zu kleiden. Sobald du dir einen Look zulegst, wirst du einer Gruppe zugeordnet. Generell wird vieles pauschalisiert. Jeder denkt, er weiß Bescheid und kann mitreden. Dabei wissen die meisten nur, was gestern war oder morgen ist. Vorausschauen und Reflektieren können die wenigsten. Eigentlich kein Wunder – wir werden zu sehr gepampert. Unser Ziel ist die heile Welt. Deshalb wird uns nur die Hälfte der Wahrheit verkauft. Von wegen Kapitalismus funktioniert und der Markt bereinigt sich selbst. Das stimmt ja gar nicht. In Wahrheit spielt Kapitalismus keine wirkliche Rolle mehr. Seit dem Fall der Blockstaaten gilt das nicht zuletzt für Ideologien. Eine neue Weltordnung wurde geschaffen. Eine Welt, ein Markt, in dem das Leben dem Profit und dem Wachstum untergeordnet wird. Und jeder versucht, die Steuerkassen zu plündern. Die Welt ist aus den Fugen geraten, sagen viele, was ich anfangs nicht begriffen habe. Was für Fugen, Alter, dachte ich.

Jahrelang hatte Graffiti keine eigene Deutungshoheit, was die Szene vor der Vermarktung geschützt hat. Mittlerweile ist Street zum Label geworden. Straßenattitude wird auf Mützen gestickt. Wahrscheinlich von Straßenleuten selbst. Straße ist durch. Street Art wird instrumentalisiert und ausgenommen wie eine zehn Mal aufgekochte Suppe. Ist noch warm, ist noch warm.

Klar muss man von irgendwas leben. Warum nicht für einen Major arbeiten. Scheißegal, solange ich nicht ausgebeutet werde. Die haben Geld, bezahlen und behandeln mich wie einen Künstler. In meiner eigenen Szene dagegen wollen viele, dass ich umsonst auftrete. Als Event-Highlight oder Ansprechpartner für die Jugend. Umsonst zu arbeiten, ist für mich nicht nachvollziehbar. Im Graffiti sehen das viele anders. Aber das ist verlogen. Jeder, der Geld gemacht hat, zieht sich aus der Szene zurück. Nur wenige bleiben und geben zurück. Ich versuche beides."

Die Zeit für das Interview ist aufgebraucht. Adrian Nabi und die Ausstellungsmacher drängeln immer energischer. Studentische Hilfskräfte umschwärmen unseren Gesprächspartner. Der allerdings will eine letzte Geschichte loswerden:

„Vor einigen Jahren hatte ich eine Verhandlung. 170 Anzeigen. Zu jeder einzelnen musste ich mich äußern. Alle Bilder waren von mir. Dem Richter hab ich gesagt, dass ich nur privat übe und kopiere. Guck mal hier, ich könnte Level sein, ich könnte Lite sein. Später wurde mir klar, dass ich dieses Metier exzellent beherrsche und eigentlich jeden Sprüher imitieren könnte. Ich sollte Kunstfälscher werden. Vielleicht eine Sache fürs Alter."

AMOK
Legende wider Willen

Che Guevara, Lady Di und Karl der Große. Drei Legenden. Menschen, die über ihr irdisches Dasein hinaus fortbestehen, um fortan als übergroße und zugleich vereinfachte Sinnbilder im Bewusstsein der Gemeinschaft weiterzuleben. In Geschichten, Bildern und Liedern. So wurde ein kränkelnder argentinischer Arzt zum Agitprop-Titan des Guerillakampfes gegen den internationalen Raubtierkapitalismus. Eine Bürgerliche mit Schüttelfrisur als Princess of Wales zur Medien- und Stilikone. Und ein mittelalterlicher Haudegen zum Sinnbild für Kaisertum und Omnipotenz in allen Lebenslagen, wenngleich angezweifelt werden darf, dass dieser Charlemagne überhaupt gelebt hat. „Jedes Volk hat seine spezifische Art, geschichtliche Ereignisse in Legenden oder Symbole umzusetzen, und gewiss weicht oft am Ende die Legende erheblich von dem eigentlichen Geschehen ab", bemerkte schon Marion Gräfin Dönhoff, Journalistin und Mitherausgeberin der Wochenzeitschrift Die Zeit. Sind Legenden mithin Mogelpackungen?

Wer die Stichworte Amok und Sprayer googelt, stößt auf Veysel Önder, der als AMOK One oder AMOK 156 in der Berliner Graffiti-Szene Heldenstatus genießt. Sein Heiligenschein erhellt die in den 70er-Jahren Geborenen bis heute. Bee Low zählt ihn zu den Vorbildern seiner Jugend. Sogar Kool Savas kommt ins Schwärmen.

Wir treffen Veysel im Dachgeschoss eines Altbauensembles in Berlin-Mitte. Dort arbeitet seine Grafikagentur mark veys. Ein kreatives Refugium in lichter Höhe, mit ordentlichem Abstand zur Straßenkultur. Aus dieser Perspektive versuchen wir gemeinsam, der Legende AMOK auf den Grund zu gehen, und werden sogleich mit einer Feststellung überrascht:

„Richtig illegal habe ich wenig gesprüht, nur Anfang der 80er-Jahre. Ein paar Pieces, zwei bis drei U-Bahn-Züge und ebenso viele S-Bahnen. Jedes Wochenende losziehen? Das gab es nicht. Mein Vater war sehr streng. Als junger Kerl hatte ich Angst vor ihm. Wäre die Polizei nach Hause gekommen, hätte es eine Menge Ärger gegeben."

AMOK wird also verehrt, obwohl die Dosierung seiner illegalen Aktionen vergleichsweise homöopathisch erscheint. Hat ausgerechnet eine Szene, die Authentizität und Realness zu ihren Grundwerten zählt, das echte Bild, die wahre Geschichte ihres Helden verzerrt? Mehr als 30 Jahre nach seinem ersten Graffiti nimmt der Ex-Sprayer in einem schweren Ledersessel Platz. Markante Gesichtszüge, die Haare grau meliert, der Bart beinahe weiß. Uns Gesprächspartnern begegnet er mit ausgesuchter Höflichkeit. Seinem Alter Ego mit Ironie.

„Es muss wohl mit dem Namen zu tun haben. Als ich zu sprühen anfing, ging es darum, ein Pseudonym zu finden, das legal und illegal verwendbar ist. Einer meiner Freunde fand, der Name müsse vorwärts und rückwärts geschrieben werden können. So entstanden AMOK und KOMA. KOMA habe ich legal gemalt. AMOK illegal. Damit sollte vor allem die Polizei verwirrt werden. Die Szene wusste natürlich Bescheid. So hat es angefangen. Bis ich merkte, dass sich mit der Buchstabenfolge AMOK bessere Bilder und Styles umsetzen lassen. Also bin ich bei AMOK geblieben. Der Name hatte nichts mit meiner Person, meinem Charakter oder Lebensstil zu tun. Leute, die meinen Namen googeln, finden auch diese Amokläufer-Nachrichten. Manche denken, ich sei ein Schläger gewesen. Aber das war ich zu keinem Zeitpunkt.

AMOK 156 entstand 1987, als John Perello aka JonOne, ein bekannter Sprayer aus New York, nach Berlin kam. Er war Mitglied der Crew 156, die nach der 156. Straße benannt war, in der John und seine Freunde wohnten. In Berlin haben wir einige Zeit zusammen gemalt und in einer WG gelebt. Irgendwann kam er zu mir und sagte: Ab jetzt bist du Mitglied unserer Crew. Später gab es in Dänemark einen Sprayer mit dem gleichen Namen. Also nannte ich mich AMOK One, um zu zeigen, ich bin der einzig Wahre.

Geboren wurde ich 1969 in der Türkei. Mein Vater ging 1970 als Gastarbeiter nach Berlin. Meine Mutter, mein drei Jahre jüngerer Bruder und ich kamen 1982 nach. Zwei ältere Schwestern mussten bei meinem Onkel daheim bleiben, da sie zu alt waren, um ein Visum zu bekommen. Wir haben in Wilmersdorf gewohnt, nahe Fehrbelliner Platz.

Anfangs war das schlimm. Sehr schlimm. Ich kam aus einer Gegend mit vielen Kindern und hatte einen Freundeskreis, so groß wie eine Armee. In Berlin wohnten wir im zweiten Hinterhof. Das war für mich wie ein Gefängnis. Ich konnte die Sprache nicht. Es gab keine Gleichaltrigen. Niemanden, mit dem ich spielen konnte.

Weitsichtig, wie mein Vater war, kümmerte er sich schon früh um unsere Einschulung und sagte: Wir wohnen nicht umsonst am Fehrbelliner Platz. Hier gibt es eine Schule, an der keine Ausländer sind. Er wollte, dass wir Deutsch lernen. Hatte allerdings übersehen, dass die Schule seiner Wahl für uns nicht zuständig war. Also wurden mein Bruder und ich in Anzüge mit Krawatte gesteckt. Mein Vater kaufte Blumen und eine Schachtel Pralinen. In diesem Aufzug saßen wir vor der Rektorin. Mein Vater redete mit all seinem Charme. Wir wurden aufgenommen und fuhren kurz darauf zwei Wochen zur Klassenfahrt. Ich musste unentwegt Deutsch sprechen und konnte mich danach gut artikulieren. Freunde zu finden, war auf einmal ganz leicht.

Nachdem ich anfangs unbedingt zurückwollte, kam recht schnell die Erkenntnis: nie wieder Türkei. Heute würde man das Rassismus nennen. Oder Integration.

Wie Bee Low bin ich in Ku'damm-Nähe aufgewachsen und ging dort ab 1984 breaken. Mit Ghettoblaster und weißen Handschuhen. An den Schuhen farbige, richtig breite Schnürsenkel. Sehr lustig. Dann kam Run DMC. Die trugen adidas Superstar. Ohne Schnürsenkel. Also gingen auch wir ohne. Breakdance war mein Einstieg in die Szene. Ich habe allerdings schnell gemerkt, dass das schmerzhaft ist, und dachte mir: Nee, damit machst du dir alles kaputt.

1985 fing ich mit Graffiti an, ohne überhaupt zu wissen, dass es Graffiti war. Bei mir in der Klasse meinte einer, auch andere Leute würden so was machen. Am Forum Steglitz etwa, wo es einen Aufgang vollgemalt mit Edding-Stiften gab. Die Saints, eine Crew aus Steglitz, war definitiv vor mir aktiv. Ebenso Maxim, ein Aktivist der ersten Generation.

Nachdem Graffiti aus den USA zu uns herübergeschwappt war, wollten das alle überall zeigen, vor allem im Fernsehen. Das ZDF drehte einen Film, in dem ein besprühter Club zu sehen sein sollte. 1988 gab es aber noch keine richtige Graffiti-Szene. Als einer der ersten Sprayer bekam ich somit einen Auftrag vom ZDF. Zu einer Zeit, als ich noch nicht einmal richtig sprühen konnte. Wenn ich die Bilder heute sehe, muss ich lachen. Doch die haben eine Menge Geld gezahlt, womit ich mir einen Haufen Dosen kaufen konnte und erkannte, okay, damit lässt sich Geld verdienen, ich muss keine Dosen klauen, nicht ständig U- und S-Bahnen bemalen und keine Angst haben, erwischt zu werden. Dass Züge mit meinem Namen durch die Stadt fahren, war mir sowieso unwichtig. Ich wusste, Berlin ist nicht New York. Und wird es nie sein. Manchmal haben wir Züge bemalt, die dann nicht gefahren sind. Da fragst du dich, wozu das alles?

Meine Eltern konnten damals nicht wirklich einordnen, was ich tat. Einmal kamen Vater und Mutter nach Hause und erzählten: Wir sind gerade mit einer bemalten U-Bahn gefahren. Ich dachte, gleich gibt's mächtig Ärger. Vater wird mir das Malen verbieten. So wie er mir alles verboten hat, was mich von der Schule ablenkte: BMX-Fahren, Fußballspielen. Alles. Stattdessen sagte er: Sah schön aus. Er wusste nicht, dass es illegal ist. Ein Schlüsselerlebnis und gleichzeitig Turbo-Booster für das, was ich dann gemacht habe.

Alles, was legal war: Leinwände, T-Shirts, Zeitungscover. Oft im Schlafzimmer meiner Eltern. Meinen Vater hat das nicht gestört. Meine Mutter beklagte, dass es immerfort nach Farbe stank. Vor Jahren habe ich sie gefragt: Ihr wart doch so streng, habt mir alles verboten. Warum nicht Graffiti? Darauf sie: Du warst zu Hause und hast so schön gemalt. Stundenlang. Das fand ich viel besser, als wenn du dich draußen herumgetrieben hättest.

Durch die bezahlten Aufträge hatte ich Unmengen Dosen, anders als viele andere Berliner Writer Ende der 80er-Jahre. Die mussten Dosen klauen. Warum die Leute mich bis heute anerkennen, obwohl ich weder der erste noch der intensivste illegale Sprayer war, mag damit zusammenhängen, dass ich unendlich viel malen konnte und verschiedene Techniken ausprobiert habe. Den Amsterdam Style etwa, bei dem Buchstaben beinahe einzeln gemalt werden, Teile davon oft überdimensional. Der war eine Zeit lang angesagt, aber für mich kein typisches Writing. Deswegen hat es mir keinen Spaß gemacht. Beim New Yorker Wildstyle hingegen greifen Buchstaben, Farben ineinander und verschlingen sich. Schriftzüge dieser Art können meist nur Writer lesen. Außenseiter stehen davor und erkennen nix. Das mochte ich.

POET traf ich zum ersten Mal am Bundesplatz. Dort gab es ein verlassenes Gelände der Deutschen Bahn. An einer der Wände habe ich immer gemalt. POET muss um die Ecke gewohnt haben. Er war damals ganz jung. Kam immer vorbei, hat sich hingesetzt und stundenlang zugesehen. Näher kennengelernt habe

ich ihn, als er, Phos4 und Odem zu mir nach Hause kamen, wo ich so etwas wie Workshops gegeben habe. Er hat zugehört und mitgemalt. Crews wie SOS oder GFA kamen erst später. Oh Mann, ich bin wirklich uralt.

Natürlich kenne ich auch Vartan von den Flying Steps. Er gehörte zu der Generation nach uns und hat mit Breakdance angefangen, als das in Europa eigentlich schon durch war. Ohne die Jungs wäre Breakdance vielleicht nicht wiederbelebt worden. Ich lernte sie kennen, als sie ganz jung waren. Vorher gab es die City Rockers, zu denen mein Bruder gehörte. Nicht als Tänzer, sondern als Writer. Er nannte sich Roc. Migel war ebenfalls mit uns unterwegs. Beide gingen in die gleiche Klasse.

Mein Vater hat sehr viel Wert auf Bildung gelegt. Er selbst musste sich mit zwei Jobs durchschlagen. Mutter lebte viele Jahre allein, ohne Mann mit vier Kindern bei den Schwiegereltern. Beide hatten ein entbehrungsreiches Leben. Deshalb wollte ich sie nie enttäuschen. Die kommerziellen Aufträge halfen dabei ungemein, denn Graffiti war stark und ging mir nicht aus dem Kopf. Anfang der 90er erhielten wir einen Auftrag von Kaisers. Loomit, Adrian Nabi und ich. Obst und Früchte, kein übliches Graffiti, aber mit Dose. Jeder von uns hat 10 000 D-Mark bekommen. Dieses Geld zu Hause vor meinem Vater auf den Tisch legen zu können, war mir alles wert. Mein Vater, der arme Mann, hätte wohl ein Jahr gebraucht, um so viel zu verdienen.

Leute, die gegen kommerzielles Graffiti sind, verstehe ich nicht. Genauso wenig wie Leute, die sich gegen Tags und Throw-Ups positionieren. Beide sind Teil der Kultur. Heute gehört Graffiti so sehr zum Stadtbild, dass man gar nicht mehr stehen bleibt. Freiflächen gibt es zunehmend weniger. Viele Bilder werden nach zwei Tagen übermalt, weil es an Platz mangelt. Selbst an legalen Wänden. Trotzdem wird es immer Leute geben, die ihren Namen irgendwohin schreiben wollen. Das Berliner Klima ist rauer geworden. Auch aus Migrantensicht. Früher gab es hin und wieder Sprüche, aber nicht so aggressiv wie heute. Ich hätte nie gedacht, dass ich mit dem Gedanken spielen würde, in die Türkei zurückzukehren.

Keine Ahnung, ob meine Eltern stolz auf mich sind. Mutter hat es mir nie gesagt. Ich habe zwar die zehnte Klasse und eine Lehre als Tischler abgeschlossen, aber weder Abitur gemacht noch studiert. Als mein Berufsleben begann, brach das Computerzeitalter an. Statt als Tischler zu arbeiten, habe ich mich in die digitale Welt gestürzt und bin bis heute dabei geblieben.

Meine drei Söhne haben mit Hiphop nix am Hut, obwohl ich sie überallhin mitgenommen habe. Zum Malen. Zu den Flying Steps. Die interessieren sich mehr für Fußball, Fernsehen, PlayStation. Sollen sie. Die Generation meines Vaters war anders. Sehr viel härter. Leider ist er verstorben und konnte vieles nicht miterleben. Ein wunder Punkt bei mir."

Eine Achillesferse? Mitnichten. Anders als Achilles entstammt Veysel nicht der griechischen Mythologie, ist weder Halbgott noch größtenteils unsterblich. Doch zweifelsfrei gehört er zur Riege der ersten Sprayer Berlins. Vornehmlich junge Männer, deren Kreativität den Grundstein für ein neues, heute international anerkanntes Erscheinungsbild der deutschen Hauptstadt gelegt hat. Wahrhaftige Pioniere. Sprichwörtlich Legenden.

Legende wider Willen? Wohl besser ohne Absicht. Denn ohne es zu ahnen, hat sich AMOK ein Denkmal gesetzt. 1988. In der Adalbertstraße. Nummer 20. Der Schriftzug ist noch immer zu sehen. Zwar blass und verwittert, dennoch ein echter AMOK und bislang von keinem Sprayer übermalt. Eines der ältesten erhaltenen Graffitis der Stadt. Und legendär wie sein Writer.

FLYING STEPS
Breakdance verleiht Flügel

Durch den Großen Saal schallt das berühmteste Orgelwerk der Musikgeschichte: Bachs Toccata und Fuge in d-Moll. Der Organist thront auf einer Empore und zieht alle Register. Unter ihm auf der Bühne wirbeln Arme und Beine um jede denkbare Körperachse. Headspins folgen Windmills, Ninety Nines, Turtles, Backspins und Flares. Die Zuschauer hält es kaum auf den Sitzen. Kronleuchter, Stuck und Spiegel, all der Prunk des Saals um sie herum ist vergessen. Sieben Breakdancer und eine Balletttänzerin begleiten Bach vom akustischen in den visuellen Olymp. Ihr akrobatisches Feuerwerk zieht ein Publikum mit sich, das längst der animalischen Urgewalt der Darbietung erlegen ist. Finale, Finale. Ein Freeze zum letzten Ton. Die Ruhe nach dem Sturm hält nur kurz. Befreit springen die Zuschauer aus den Polstern und jubeln den Akteuren ihre Begeisterung um die Ohren. Sie huldigen den Flying Steps, verneigen sich zugleich vor einem Straßentanz, der im Berliner Konzerthaus, einem der klassizistischen Hauptwerke Karl Friedrich Schinkels, und damit in der Bildungs- und Kulturelite angekommen ist.

Vier Wochen zuvor. Stickige Luft und Schweißgeruch stehen knüppeldick im Raum. „Jemand hat wohl die Klimaanlage ausgeschaltet", vermutet unser Gastgeber. Durch eine Scheibe lächelt uns eine Truppe angehender B-Boys zu, die hier eben noch Muskeln, Knochen und Sehnen gequält haben. Von Jubel und Leichtigkeit ist in den Räumen der Flying Steps Academy wenig zu spüren. Glanz und Gloria sind weitgehend ausgeblendet. Hier wird gearbeitet, oft bis ans Limit trainiert. Jahrelang. Und während wir akklimatisieren, werden Sessel nebst Dosen mit taurinhaltiger Limonade hereingetragen. In der verspiegelten Wand gegenüber verfolgen wir die Aktivitäten seitenverkehrt. Matratzen liegen in einer Ecke, ansonsten ist der Übungsraum leer.

Vartan Bassil setzt sich als Letzter. Seine Geschichte beginnt nicht in Berlin, New York oder Amsterdam. Ihr Anfang liegt in einer anderen Welt, zwischen Schutt und Trümmern.

1975 wird er als Kind einer aus Armenien stammenden Familie in Beirut geboren. Im gleichen Jahr beginnt der Bürgerkrieg. Konflikte zwischen palästinensischen, libanesisch-muslimischen und christlichen Milizen führen zu offenen Gefechten. 1976 marschieren syrische Soldaten ein, zwei Jahre später die israelische Armee. „Als Kind musste ich oft in den Keller, weil die Bomben einschlugen. Am nächsten Tag bist du rausgekommen und hast die kaputten Häuser gesehen."

1982 flieht die Familie. Mit dem Flugzeug. „Ganz offiziell", erinnert sich Vartan. Die Familie durchläuft den klassischen Flüchtlingswerdegang. Zwischen Asylantrag, Aufnahmelagern, Duldung und Arbeitserlaubnis. Warum gerade hier? „Mein Vater mochte Deutschland. Vielleicht wegen des Fußballs." Folgerichtig spielt das Flüchtlingskind zunächst Fußball.

Dann tritt Michael Jackson ins Rampenlicht. Wenig später schwappt die amerikanische Hiphop-Welle nach Europa. Begeistert von Jacksons Moonwalk und Filmen wie „Beat Street" will Vartan nun tanzen lernen, ist gleichzeitig aber hin- und hergerissen. „Michael Jackson, schön und gut. Hiphop und Breakdance waren plötzlich viel cooler, weil du deinen eigenen Style erfinden und diese tollen Moves machen konntest."

Er trifft sich mit Gleichgesinnten. Donnerstags zur Kinderdisco, später in Clubs. „Es gab kleine Meisterschaften. Jeder hat getanzt und gezeigt, was er kann. Zunächst eine Mischung aus Moonwalk und Hiphop." Breakdance läuft auf der Leinwand, ist präsent, nur irgendwie nicht real. Mit MC Hammer im Ohr lernt er die ersten Schritte, übt auf dem Bett seiner Eltern, wo Fehler nicht so wehtun. Ohne Erfolg. „So lange auf dem Kopf drehen oder über die Schulter rotieren? Das schafft kein Mensch. Ein Filmtrick wahrscheinlich", ist er zunächst überzeugt.

Bis zu einer Hiphop-Jam im Weddinger Haus der Jugend Anfang der 90er-Jahre, wo eine B-Boy-Crew aus Schöneberg auftritt. The City Rockers mit Chico, dem späteren Mastermind der BreakDanceConnection. Vartan sieht die Windmill zum ersten Mal live, einen Move, den er für eine Täuschung gehalten hatte, und ist überwältigt, weil Breakdance plötzlich real ist, keine Zauberei. „Von da an wusste ich, dass es geht, und habe trainiert. Tag für Tag. Jahrelang. Auf der Straße, oft am Ku'damm, in Clubs, in der TU am Ernst-Reuter-Platz, wo es eine Halle mit Gummifußboden gab. Besser als Karton, auf dem wir sonst geübt haben. Ein Traum für jeden Tänzer."

Am Anfang jeder Breakdance-Performance steht das Top Rocking. Eine Schrittfolge, mit der der Tänzer in den Kreis tritt und sagt: Hier bin ich, das ist mein Style. Dann zeigt er seine Powermoves, akrobatische Elemente wie Drehungen um jedes beliebige Körperteil. Im Wechsel mit Footworks wie dem Six Step nebst variierender Beinarbeit am Boden. Die Performance endet mit einem Freeze, der Tänzer erstarrt in einer möglichst ausgefallenen Pose. Der nächste folgt und muss auf seinen Vorgänger reagieren.

Breakdance ist eine Form der Auseinandersetzung. Statt Gewichte zu heben oder Marathon zu laufen, demonstrieren die Protagonisten ihre sportlichen Fähigkeiten im Tanz. Analog zum Battle Rap geht es um Anerkennung und Wettbewerb im Sinne von Hierarchiebildung und Verteidigung des Reviers. Ein Kampf mit Worten wie in Eminems „8 Mile" oder mit Tanz, Akrobatik und Coolness. Ein kreatives Messen, ohne sich gegenseitig anzugreifen oder wehzutun. Doch selbst wenn die Fäuste in der Hosentasche bleiben, ist Breakdance in seiner Urform ein Straßenkampf, mit dem der Gegner in seine Schranken gewiesen werden soll.

Und mehr noch. Breakdance ist zugleich eine Form des körperlichen Ausdrucks, der Tanz zu einer Leiden-

schaft macht, die nicht nur feingeistige Jungs teilen. Er vereint Ästhetik, Männlichkeit, Kraft und Musikalität. Dabei ist es wichtig, einen eigenen Stil zu entwickeln. „Der Tänzer erweist sich als respektables Mitglied des B-Boying, indem er geniale Moves zeigt, die es so noch nicht gegeben hat. Wer das früh erkennt, wird ernst genommen, gewinnt Fame und Anerkennung, was ganz wichtig war", erklärt Vartan.

„Ob Sprayer, Rapper oder Beatboxer. Alle gaben sich coole Namen und waren irgendwie in einer Crew." Vartan, der anfangs unter dem Pseudonym Picasso auftritt, will das auch. Mit seinen Freunden Amigo, Ali und Birol gründet er 1992 die Crazy 4 Crew, gesprochen „Crazy Force". Ein Wortspiel, weil die Jungs zu viert sind und eine schlagkräftige Truppe zugleich. Durch die City Rockers erfahren sie, dass es in der Schweiz bereits eine Crew mit ähnlichem Namen gibt. Vartan & Co. sind ratlos. Niemand hat eine brauchbare Alternative zur Hand. Wieder bringen sich die City Rockers um Arsim und DJ Sir-Beee ein und moderieren die Jungs einige Wochen später bei einer Jam als Flying Steps auf die Bühne. Pures Entsetzen bei den Umbenannten. „Andere hießen Tod durch Breakdance oder Battle Squad. Und wir? Das Ganze konnte nur ein Witz sein", erinnert sich Vartan. Dennoch ertragen sie den ungeliebten Namen, spielen gleichzeitig mit Alternativen wie Fly 'n' Steps, um schließlich das Offensichtliche zu erkennen und 1993 den Namen offiziell anzunehmen. „Flying Steps. Klingt seriös, zeitlos und positiv."

Ein Jahr später gewinnen sie mit einem Zusammenschluss von zehn Tänzern, die sich Vlinke Vuesse nennen, das BOTY, Battle of the Year, die internationale Meisterschaft der Breakdance-Szene. Für die Flying Steps selbst folgen weitere Titel auf nationaler und internationaler Ebene. Die Gründungsmitglieder Ali und Birol scheiden aus. Dafür wird Michael ‚Mikel' Rosemann ab Ende 1993 als festes Mitglied integriert. 1998 folgt Benny Kimoto, der zwei Jahre später mit 62 Umdrehungen den Guinness-Weltrekord im Headspin aufstellt. Die Crew wird professioneller und von ersten Firmen gebucht. Nach dem Gewinn der Weltmeisterschaft im Jahr 2000 meldet sich Red Bull und beginnt, die Crew zu unterstützen. „Dennoch habe ich Nebenjobs angenommen und Treppenhäuser geputzt", erzählt Vartan. Als Künstler sei man schließlich auch Überlebenskünstler.

Seine Eltern hingegen liegen ihm in den Ohren. Er solle endlich erwachsen werden. Noch während der Schulzeit schließt die Familie einen Kompromiss.

Er würde die Berufsschule beenden und danach ein Jahr pausieren, um ausschließlich tanzen zu können. „Daraus wurden zwei, drei, viele. Irgendwann konnten sie mich nicht mehr zurückholen." Stattdessen qualifiziert sich Vartan durch hartes Training immer häufiger für internationale Auftritte. „Dafür brauchte ich einen deutschen Pass", so Vartan. „Ich habe alle verrückt gemacht." Schulen und Jugendclubs unterstützen ihn, als erstes Familienmitglied erhält er die deutsche Staatsbürgerschaft. Die erfolgreiche Migration eines ehemaligen Flüchtlingsjungen? „Damals ging es mir nur ums Tanzen."

Um die Jahrtausendwende beginnt er Klassikkonzerte zu besuchen, weil seine Schwiegermutter befindet: Du bist Tänzer und musst wissen, wo die Musik herkommt. „Mich hat das total gelangweilt, aber die Leute stehen auf Klassik." Vartan wird klar, dass er breiten Respekt nur gewinnen kann, wenn er seine Szene mit der Kultur der gehobenen Mittelschicht verbindet. „Erst dann werden die hochkultivierten Leute da oben Breakdance als Kunst ansehen." Bis dahin ist es jedoch ein weiter Weg.

2006 ist Vartan Anfang 30. Seine älteste Tochter geht zur Schule. Er selbst zum Elternabend. Was er beruflich mache, fragt die Klassenlehrerin. Andere Väter sind Ingenieure, Buchhalter oder Anwälte. Vartan ist Breakdancer. Keiner weiß, was das genau ist. Armes Kind, denken die Leute. „Das hat mich geärgert. Wenn jemand als Choreograf im Theater arbeitet, ist er angesehen. Die Eltern schicken ihre Kinder zum Ballett. Ich hingegen war so ein in den 80ern hängen gebliebener Vater."

Ein Jahr später wird die Flying Steps Academy am Halleschen Tor gegründet. „Aus rein egoistischen Gründen. Wir brauchten endlich eigene Trainingsräume." Auch Bee Low gibt hier Unterricht. „Ein echter Hiphop-Charakter", mit dem die Flying Steps viele gemeinsame Auftritte absolvieren. „Wir kennen uns ewig", sagt Vartan. Bee Low habe gebeatboxt, Marc Hype Musik aufgelegt. „Und wir haben getanzt."

Dennoch passiert zwischen 2000 und 2009 nicht allzu viel. „Der Durchbruch hat gefehlt." 2009 lernt Vartan zufällig Christoph Hagel kennen, der bereits Crossover-Projekte realisiert hat. Er stellt ihm seine Idee vor, Klassik und Breakdance zu verbinden, und bittet ihn, nach einem geeigneten Werk zu suchen. Am Ende ist es „Das Wohltemperierte Klavier" von Johann Sebastian Bach. „Weil dessen Stücke die Länge von Videoclips haben, zu denen sich Tanzszenen choreografieren lassen." Ein außergewöhnliches Projekt entsteht. Die Berliner Nationalgalerie ist begeistert. „Wir hatten die Location, aber kein Geld." Mögliche Sponsoren lehnen reihenweise ab. „Breakdance und Klassik, wie soll das gehen, bitte schön?"

Nun bewährt sich eine alte Verbindung. Red Bull verleiht der Show nicht nur Flügel. „Red Bull Flying Bach" entwickelt sich zum erfolgreichsten Kulturprojekt des bulligen Eventimperiums. „Ever", erklärt Vartan. „Ein Lucky Punch, mit dem keiner gerechnet hat." Im März 2010 wird die Show in der Nationalgalerie uraufgeführt und im selben Jahr mit dem ECHO Klassik Sonderpreis bedacht. Seitdem hat „Red Bull Flying Bach" in über 35 Ländern vor mehr als 450 000 Zuschauern gastiert. Sogar im Libanon. Weitere Tourneen sind geplant, kein Ende in Sicht.

Auch in ihrer zweiten Show, „Red Bull Flying Illusions", brillieren die Tänzer als das, was sie sind: „Showmaker", wie Vartan betont. „Wir wollen die Leute verzaubern. Sie in die Welt der Magie entführen, wo sich Realität und Illusion verbinden." Wie bei Jacksons Moonwalk. Die Illusion wird ins Zentrum gestellt. „Der Tänzer macht einen Headspin und fängt plötzlich an zu schweben." Die Show wird zwischen Berlin und der Hauptstadt der Magie, Las Vegas, erdacht. Seit der Premiere im Berliner Tempodrom füllt B-Boying nun ganze Hallen. „Das gab es noch nie. Wer hätte gedacht, dass Leute Tickets für beinahe 100 Euro kaufen, um Breakdance zu sehen." Aus Träumen, Visionen und Illusionen ist Realität geworden. Die Show nicht zuletzt eine Rückkopplung an längst vergangene Zeiten, als die Windmill nur ein Trick zu sein schien.

Heute sind die Flying Steps eine internationale Marke. Anders als gemeinhin in der Hiphop-Szene üblich, haben ihre Macher den Crossover erfolgreich umsetzen können. Breakdance wurde mit traditioneller Kunst verbunden, Ghettokultur auf kommerzielle Füße gestellt.

„Wir sind stolz darauf, Berlin über Breakdance ein Stück weit geprägt zu haben. Viele internationale Tänzer kommen zu uns. Berlin ist für sie eine Art Mekka, weil die Flying Steps von hier sind." Und auch „The Company behind the Can" ist weiterhin aktiv, fördert internationale Stars der Szene im Red-Bull-BC-One-All-Stars-Programm. Zu den Auserwählten gehören zehn B-Boys aus Italien, Brasilien, Korea, Japan, Venezuela, Frankreich und den USA. Keine Deutschen, keine B-Girls. Warum Breakdance kein Frauending ist, obwohl es einige erfolgreiche Mädels gibt, hänge mit der Art des Tanzes zusammen. „Du bist auf dem Boden. Es ist dreckig. Du holst dir blaue Flecken und Schürfwunden. Beim Headspin verlierst du Haare", erklärt der Fachmann und rückt sein Basecap zurecht. „Welche Frau will das schon?"

Vartan greift sich an den Rücken. „Können wir mal aufstehen?“ Er muss ein paar Schritte laufen. Ein knallharter Job hinterlässt Spuren. Die Bandscheibe macht sich bemerkbar. Schon früher musste er am Meniskus operiert werden. Mit dem Erfolg von „Red Bull Flying Bach“ ist aus der einstigen Crew ein Unternehmen geworden. Heute setzt der Büroalltag dem Körper mit Meetings und Telefonkonferenzen zu. Vartan ist Mitinhaber und Co-Geschäftsführer der Flying Steps Entertainment GmbH. An seiner Seite Timm Benjamin Zolpys, Jugendfreund und ehemaliger B-Boy, Finanzchef und Manager der Flying Steps. Mitgründer Amigo hat das kreative Kernteam um Vartan, Benny und Mikel verlassen. Zum Imperium gehören mittlerweile über 80 Mitwirkende, Freiberufler und Angestellte. Tänzer, Tanzlehrer, Buchhalter, Leute, die sich mit Administration und Öffentlichkeitsarbeit beschäftigen.

Natürlich geistert ein neues Projekt durch Vartans Kopf. Und auch für dieses gilt: Der Erfolg ist ungewiss. Ein Lucky Punch oder ein Schlag ins Gesicht. „Was soll schon passieren? Ich habe mein ganzes Leben nichts anderes gelernt, als zu überleben“, resümiert der Unternehmer. „Wie es ganz unten ist, weiß ich. Deshalb machen mir Risiken keine Angst.“

Gut zwei Stunden sind ins Land gegangen. Während unseres Gesprächs hat die Klimaanlage ganze Arbeit geleistet. Im Empfangsbereich wartet die nächste Generation. Seit 2013 logiert die Academy mit Büros und Konferenzräumen chic und trendy in der Kreuzberger Lobeckstraße. Am Tresen blubbert Espresso aus einer Maschine. Im Kühlschrank friert der rote Bulle. Eine neue Gruppe junger Männer hat sich eingefunden. Sie schwitzt auf dem Parkett des Trainingsraums gleich nebenan.

Und im Konzerthaus? Dort will der Beifall nicht enden. Stehende Ovationen fordern Zugaben. Während sich Christoph Hagel mit den Tänzern feiern lässt, nimmt die Mehrheit des Publikums den Begründer des Erfolgs nicht einmal wahr. Der gebürtige Beiruter steht von den meisten Zuschauern unerkannt im Hintergrund und genießt. Nach so vielen Jahren mit der eigenen Show im ersten Haus am Platz, in der Hauptstadt seiner heutigen Heimat. Vom Karton zum Parkett. Ein Ritterschlag.

CHICO
Helicopter Rambo

Jeder kennt jeden. Eine abgenutzte Phrase? Nicht beim Breakdance. Die Lebenslinien der Protagonisten kreuzen sich im Lauf ihrer Karrieren beinahe zwangsläufig. Also fahren wir in den Wedding, um mit Chico in Erinnerungen zu schwelgen. Denn Chico ist und lebt Breakdance.

Als Urgestein der Berliner Breakdance-Szene hast du die Anfänge miterlebt. Wie war das damals?
Da müssen wir weit zurückgehen, mehr als ein Jahrzehnt vor den Gründungszeitpunkt der Flying Steps. Durch die TV-Dokumentation „Break Out – Tanz aus dem Ghetto“ kam Breakdance in mein Leben. Ich wollte sofort den Robot Dance ausprobieren. Die allererste Berliner Breakdance-Crew hieß Great Gypsy Gang, mit Sargon, einem echt krassen Typen. Die zweite Dynamic Freezing. Deren Maschine war Mehmet Koç. Beide Crews waren 1981/82 meine Helden, ich selbst noch ein Baby. Mehmet hat die erste Berliner sowie die deutsche Bravo-Meisterschaft gewonnen. Er durfte für zwei Wochen nach Amerika und mit Rock Steady Crew trainieren. Noch vor der Veröffentlichung des Films „Beat Street“. Als er zurückkam, hat er den Halo gezogen, einen für uns vollkommen neuen Move. Ob Air Flare, Backspin, Head Slide oder Jackhammer. Jeder performte immer nur einen Move. Ich war der Helicopter Rambo.

Wie lange ging das so?
Bis Storm 1988 nach Berlin kam, gemeinsam mit Akim Walta aka Zebster. Die kamen in die Disco Kiss FM und kombinierten verschiedene Sachen in einem Set. Wir sahen das und waren tot, seelisch tot. Die beiden haben an diesem Abend rund 20 Berliner kaputtgemacht. Einige hörten sofort auf zu breaken, die waren gebrochen. Andere hat das mächtig geärgert. Die wollten denen körperlich etwas antun, einer gleich mit der Axt zuschlagen. Die ist ihm dann aus der Hand gefallen. Der Typ hat sich vor ein paar Jahren erschossen, sich und seinen Hund.

Wie hast du reagiert?
Mir hat die Performance gefallen. Ich wollte wissen, wie das geht, brauchte aber Wochen, um damit klarzukommen, dass Westdeutsche besser sind. Lange Zeit waren wir Berliner überzeugt, der Mittelpunkt der Welt zu sein. Kein Witz. Wir dachten, um uns herum sind nur dumme Leute.

Chico grinst entschuldigend, steht auf und holt frischen Tee. Wie viele aus der hiesigen Szene ist er kein gebürtiger Berliner. Vielmehr ein Beispiel für die Höhen und Tiefen von Integration. 1969 erblickt Juan-Victor Sepúlveda Parraquez in Santiago de Chile das Licht der Welt. Die Familie flieht nach dem Militärputsch. 1976 kommt Chico über Rumänien nach Berlin, wo er wegen seiner angeborenen Klumpfüße die ersten Wochen im Oskar-Helene-Heim verbringt. Alle Familienmitglieder sind groß gewachsen, nur er macht eine Ausnahme. Ein Meter achtundfünfzig. Im Ausweis stehen 1,60. Vom eigenen Bruder gehänselt, dreht der Kleine Ende der 80er-Jahre den Spieß um und nennt sich fortan Chico.

Welche Rolle spielt Körpergröße beim Breakdance?
Kleine Tänzer sind näher am Boden und dadurch beim Breakdance im Vorteil. Außerdem tut es nicht so weh, wenn man hinfällt.

Wo habt ihr getanzt?
Oft am Ku'damm. Vor dem Wertheim. In den 80ern war das der Hotspot. Cooler Marmorboden. Bis zu drei Crews konnten sich versammeln. Außerdem trafen wir uns vor der Gedächtniskirche und dem Wasserklops am Europa-Center. Dort habe ich alles gelernt und auch sonst an den unmöglichsten Stellen geübt. Im Krankenhaus oder beim Arbeitsamt während der Wartezeit bis zum Termin.

Was hat Vartan von den Flying Steps zu diesem Zeitpunkt gemacht?
Vartan ist zehn Jahre jünger als ich und war damals in der Szene noch nicht geplant. Als ich mit 17 den Ku'damm gerockt habe, könnte er im Kindergarten gewesen sein, vielleicht schon in der Grundschule.

Wann hast du erste Crew-Erfahrungen gesammelt?
Bei meiner ersten Crew war ich gerade mal 14 Jahre alt. Gemeinsam mit Andi Bergs, Micha und meinem Bruder José. Die Unique Rockers. Eine üble Phase mit großer Fresse und dunklen Gestalten im Umfeld. Bis mich Maxim entdeckt und zu Bright Kingdom geholt hat. Der suchte immer nur die Besten aus. Jungs mit Feuer. Bright Kingdom war die erste echte Hiphop-Crew, keine reine B-Boy-Crew mehr. 1989 habe ich mich verabschiedet und bin zur Deutschen Oper gegangen, inklusive Vertrag als Breakdancer mit Proben zu „Faust und Margarete".

Bis dich Besim fragte, ob du Mitglied der City Rockers werden willst.
Die hatten sich schon 1988 gegründet. Anfangs nannten sich Arsim, Besim und Gökhan ABG Cool Boys. Mit Besim als Chef. ABG gewann einen Coca-Cola-Wettbewerb im Huxleys und war von da an voll berühmt. Meine beiden Brüder José und Julio wurden ebenfalls Mitglieder, worauf sie sich in 5 City Rockers umbenannten. Die waren so beliebt, dass sie sogar nach Kreuzberg gehen konnten, ohne Schläge zu riskieren. Selbst die Mädchen waren begeistert ... immer so: Oh, sind die süß ... irre. Als ich im März 1990 mit drei weiteren Breakern dazukam, passte der Name nicht mehr. Also The City Rockers und mein erster Auftritt mit der Crew. Hier habe ich gelernt, wie man gute Shows macht.

Wann bist du wieder ausgestiegen?
1992/93 wechselte ich zu TDB Tod durch Breakdance. The City Rockers lösten sich 1994/95 auf. Die konnten nicht mehr. Eltern, Freundin, eklige Arbeitszeiten. Besim ist bis heute bei der BVG, Arsim bei einer Malerfirma.

Du hast durchgehalten?
Nicht ganz. Als ich dachte, alles erlebt zu haben, geriet ich 1994 aus der Spur. Zwei dunkle Jahre folgten. Ich war richtig mittendrin, wurde nicht nur einmal von der Polizei mitgenommen. Bis hin zur Untersuchungshaft.

Diebstahl?
Nein, ich bin Latino, wir klauen nicht. Nicht dieses Kinderzeugs. Drogen. War ein Scheißfilm. Irgendwann probiert man es selbst. Dann ist man richtig scheiße dabei. Hab alle im Stich gelassen. Sogar die Kleinen, meine Schüler. Einfach so, von heute auf morgen. Hab's halt verkackt.

Wie bist du da wieder rausgekommen?
Ich war im falschen Boot, bis ich das richtige sah. Einen Engel. 1996. Durch meine heutige Frau Petra fing ich an, mein Leben zu überdenken, und änderte es.

EINGANG
HÖFER STR.
Ausfahrt freihalten!
Parken verboten!

Das hat funktioniert. 1999 konnte ich sogar wieder zurück zum Hiphop. Der Körper fühlte sich endlich wieder gut an.

Noch einmal zurück zum Anfang der 90er-Jahre. Wie war die Stimmung innerhalb der Berliner Szene?
Sehr heiß. Aggressiv und asozial. Jeder gegen jeden. Kreuzberg, Wedding, Neukölln, Schöneberg. Wir haben uns davon distanziert und außerhalb Berlins verschwiegen, dass wir aus Schöneberg sind, weil ausgerechnet dieser Bezirk den miesesten Ruf hatte. Zu sagen, wir kommen aus Schöneberg, war wie eine Bombe. Bähm! Ach du Scheiße. Aber wir konnten ja nichts dafür.

Die Flying Steps haben ihre Ursprünge im Wedding.
Die trainierten bei Kai Eikermann. Ich glaube, in der Driftstraße. Wir wussten gar nichts von denen. Warum auch? Wir waren die City Rockers. Arsim lernte sie über eine Freundin kennen.

Und dann?
Eines Tages brachte er sie in den Proberaum mit. Vartan, Birol und Amigo. Später trainierten wir zusammen und machten kleine gemeinsame Auftritte, um die Jungs aufzubauen. Dann fragten wir, ob sie bei Inter Nation mitmachen wollen, einer großen Familie, die nur aus Berliner Crews bestand. Unangefochten. Da kam man von außen nicht ohne Weiteres rein.

Wie hießen die Flying Steps zu Beginn ihrer Karriere?
Als sie zu uns kamen, 65 Breakers.

Vartan spricht von Crazy 4 Crew?
Daran erinnere ich mich nicht.

Was ist mit Vlinke Vuesse?
Das war nur ein Jahr. Soweit ich weiß, haben sie sich unter diesem Namen mit Kreuzbergern, sehr krassen Breakern, und den Wedding B-Boys zusammengetan, um bei der deutschen Meisterschaft anzutreten.

Warum überhaupt eine Umbenennung in Flying Steps?
Eine 65 im Namen, also Wedding, wäre für Schöneberg zu heiß gewesen. Da hätten alle Schläger vor der Bühne gestanden, um die Party kaputtzumachen. Das weiß ich ganz genau, sonst hätte es keinen Grund gegeben, den Namen zu ändern.

Wer kam auf den Namen?
Mein Bruder Julio aka DJ Sir-Beee. Der ist super cool drauf bei so was. Bei den Flying Steps hat er sich richtig viel Mühe gegeben und eine Liste zusammengestellt. Alles top Namen. Sehr doof, dass die Liste später weggeschmissen wurde. Jedenfalls hießen die dann Fly 'n' Steps. Es gibt ein YouTube-Video, wo sie mit diesem Namen auf den Shirts zu sehen sind. Vartan selbst trägt sogar ein Shirt von Inter Nation. Irgendjemand konnte die Ursprungsidee dann wohl nicht richtig aussprechen. Deshalb Flying Steps, obwohl das im Englischen keinen rechten Sinn ergibt.

Du sollst bei den Flying Steps gewesen sein?
Von 2011 bis 2013 habe ich dort als Trainer gearbeitet, nicht als Member, nicht in der Crew. Auch wenn Vartan immer sagt, wir sind alle Mitglieder, sah ich mich nicht so. Ich bekam Geld für meine Arbeit.

Du hast Mikel trainiert?
Mikel kam als junger Mann zu mir. Ins Lash Fountain am Vorarlberger Damm, ein Freizeitheim, wo die City Rockers trainierten. Es hatte sich rumgesprochen, dass ich da für zwei Stunden in der Woche den Nachwuchs, meine International Young Stars, unterrichte. Mikel

war zwölf oder 13, wenn ich mich nicht irre, vielleicht sogar jünger. Er hatte vorher schon einen gewissen Input erhalten, kam jedoch nicht weiter. Typisch für die Szene: Ich bring dir nichts bei, weil du besser bist als ich. Ist heute noch so, auch wenn alle versuchen, das zu verschleiern. Mikel erhielt bei mir von 1990 bis 1994 eine komplette Ausbildung. Ich schulte ihn, als an die Flying Steps noch nicht zu denken war. Er ist ein guter Mensch, hat sich seinen heutigen Status hart erarbeitet und absolut verdient.

Und Vartan?
Vartan wollte immer mal wieder Tipps. War aber nie mein Schüler. Übrigens, wenn ich mich nicht irre, kommen da gerade seine Eltern vorbei. Die wohnen hier ganz in der Nähe.

Wir drehen uns zum Fenster und schauen neugierig hinaus. Ein Mann und eine Frau gehen vorbei. Chico stellt die leeren Tassen zusammen und bringt sie zum Tresen. Er muss zurück in seine Tanzschule, die nur wenige Meter weiter im selben Gebäude an der Von-der-Gablentz-Straße beheimatet ist.

Wie siehst du den Erfolg der Flying Steps?
Die Rock Steady Crew hat damals eine Lücke geschlossen. Genauso machen es heute die Flying Steps. Sie verbinden Breakdance mit Klassik und haben der Breakdance-Szene viel Gutes getan, was einige nicht wahrnehmen wollen. Aber das, was die geschaffen haben, kann für alle Breaker ein positives Ding sein, sofern sie sich als Künstler sehen. Wer sich lediglich als B-Boy sieht, okay, der soll weiter seine Straßenshows machen. Die Flying Steps sind mittlerweile aber das Bayern München des Breakdance. Die machen Kunst. So wie ich auch.

CON

BEE LOW
Wir sind alles Family

Februar. 1 Uhr nachts. Berlin-Wedding. Die Brunnenstraße ist wie leer gefegt. Der Imbiss International wirft fahles Licht auf den Bürgersteig. Innen dreht ein Döner seine Runden. Wir treten ein. Es riecht nach Knoblauch und scharfer Soße. Mit Bierflaschen bewaffnet gruppieren wir uns um einen Ecktisch. Die Kamera wird vorbereitet, das Aufnahmegerät gestartet. Der Mann vor uns räuspert sich. Er trägt kurze Haare und Dreitagebart. Eine unauffällige Erscheinung, gäbe es nicht ein markantes Detail. Seine Brille, riesengroß mit gelb getönten Gläsern, zieht die Blicke auf sich. Auf den Nasen von Brad Pitt oder George Clooney könnte sie als stylish durchgehen. Doch das Unikum thront im Gesicht eines „Otto Normalbürgers". So scheint es.

„Ich bin Editor-in-Chief und Produktionsleiter von Beatbox Battle TV. Initiator, Veranstalter und Juror der Beatbox Battle World Championships, Erfinder wie Inhaber der Event- und Kulturmarke Beatbox Battle, die in 56 Ländern vertreten ist." Vor uns sitzt kein Geringer als Bee Low. Ein Unikum. Wie seine Brille. Ein „Hiphop-Allround-Aktivist, Power-Networker und Urban-Communicator", wie er sich selbst nennt, der vor geraumer Zeit das honigbienenfarbene Porsche-Design mit schwarzem Rahmen zu seinem Markenzeichen erkoren hat.

Seit 2001 dokumentiert Bee Low die Aktivitäten der internationalen Geräuschkünstlerschaft in Bild und Ton, wodurch „das größte Beatboxing-Vocal-Percussion-Mouth-Music-Videoarchiv entstanden ist". Sein YouTube-Kanal verzeichnet mehr als 345 000 Abonnenten und erreichte über 165 Millionen Videoklicks, betont der Allrounder, der, wenn er nicht gerade in seinem Tonstudio sitzt, auf der Bühne steht oder die Strippen dahinter zieht. In dieser Szene ist er weltweit einer der Prominentesten. Mit nicht minder prominentem Namen.

Bee Low, bürgerlich Alexander Bülow, führt seine Ahnenreihe auf Freiherr Friedrich Wilhelm von Bülow, Graf von Dennewitz, zurück. Auf jenen von Bülow, der 1813 Napoleons Armee bei Großbeeren in die Flucht schlug. Somit stammt er nicht von Loriot ab, sondern vom Retter Berlins, dem „allzeit glücklichen Bülow", der nie eine Schlacht verlor. Glück zu haben, es zu erkennen und beim Schopfe zu packen, liegt den Bülows offenbar im Blut.

Darauf ein Prost. Nach vier Stunden Beatbox Battle haben wir uns das Bier schwer verdient. Noch vor einer halben Stunde stellten sich im Brunnen70 Beatbox-Talente der Region einer internationalen Jury, bestehend aus Soulrock, HurraKane the SoundZtorm, Babeli und Big Ben. Klangvolle Namen der europäischen Szene, die den Berliner Beatboxer Gappo zum Sieger kürten und den amtierenden Berliner Meister EBM auf Platz zwei verwiesen.

Dass sich an diesem Abend letztlich alle irgendwie als Sieger fühlen, ist ein Verdienst des Moderators, der durchgehend geredet, geworben, gelobt und motiviert hat. Das kommt an, denn Bee Low wurde ein Talent in die Wiege gelegt, das ihn befähigt, sein Publikum zu orchestrieren und bei Laune zu halten. Wo andere mit geschliffener Aussprache glänzen, im Zweifel blass und konturlos bleiben, stellt Bee Low schnell einen persönlichen Draht zum Auditorium her. „Aus dem Volk, für das Volk. Ich hab keinen Stock im Arsch und moderiere ehrlich", lautet sein Motto. Mit einem leichten Lispeln, das zuweilen im Grundrauschen untergeht, jedoch charakteristisch für ihn ist. Und trotz „des Bülowschen Sprachfehlers" gelingt es ihm, bei allen Beteiligten etwas sehr Spezielles einzufordern: Maximum Respect.

Nun, nach getaner Arbeit, muss er erneut reden. Kein Problem für den Entertainer. Kaum ist eine Frage gestellt, sprudeln die Antworten nur so aus ihm heraus.

Bee Low wird 1974 im Wedding geboren und wächst in Wilmersdorf auf. Die Weichenstellung für sein Leben erfolgt im Jahrzehnt gefälschter Hitler-Tagebücher, von Barschel-Affäre, Ramstein-Tragödie und Mauerfall. Berufsjugendliche hören Phil Collins, andere Depeche Mode oder Neue Deutsche Welle. 1982 rappt der Österreicher Falco seinen Kommissar an die Spitze der Charts. Auf den Straßen werden Bundfaltenhosen, Stulpen über Leggins, Stirnbänder auf Dauerwellen und Vokuhila präsentiert. „Hässlichkeit und Provinzgeruch überall; kein Land, so schien es, war weiter von der Moderne entfernt als die Bundesrepublik. Deutschland war ein Kartoffel-Tellergericht mit einer Soße aus ‚Lindenstraße', Wolfgang Petry, Helmut Kohl und ‚Wetten, dass... ?'", urteilte Marc Fischer über die 80er-Jahre. Während dem Journalisten die Dekade

düster erschien, ruft sie bei Bee Low beinahe euphorische Erinnerungen wach.

„Meine Wurzeln liegen in der wahren Hiphop-Kultur, in der True-School-Elemente noch Bedeutung hatten", erklärt Bee Low, dessen eigene Prägung 1983 mit einem Film beginnt: „Flinke Füße", eine Doku über die Bronx mit „krass angemalten Zügen, Breakdance und Rock Steady Crew". Ein Jahr später kommt der amerikanische Spielfilm „Beat Street" in die Kinos. Die Hiphop-Welle schwappt über den Atlantik. Und mit ihr Michael Winslow in „Police Academy". Wie der mit Mahoney im Polizeirevier sitzt und das Rattern von Maschinengewehren imitiert, bleibt unvergesslich für jeden Beatboxer.

„Ich ging mit Ghettoblaster, Adidas-Jacke und weißen Handschuhen wie Mr. Robot zum Ku'damm, um Action zu machen. Meine Idole waren Migel, AMOK und sein Bruder Roc." Im Umfeld agieren Crews, die sich Bandits nennen, 156, GSG 9 oder Saints. Im Jugendfreizeithaus Spirale treffen sich Gangs wie die Giants oder die Araber Boys. Talentierte Breakdancer, die Battles meist durch Tanz, zuweilen mit Fäusten austragen.

Kaum 13-jährig, schleicht er sich ins Riverboat am Fehrbelliner Platz, weil in Boat 3 Black Music mit Underground-Rap läuft. Im Kiss FM, einer Diskothek am Kurfürstendamm, die gern von Amerikanern und GIs besucht wird, finden die ersten Beatbox-Contests statt. Echte Menschen produzieren Klänge mit dem Mund. „Das war geil. Wie alles in dieser Zeit. Man hat voll die Optik geschoben."

Er sei eines dieser Rumhänger-Kids gewesen, reflektiert Bee Low. Was zunächst nach Langeweile und Nichtstun klingt. Doch die Hiphop-Jugend der 80er- und 90er-Jahre ist alles andere als untätig. Es geht darum, sich zu messen. Herauszufinden, worin man am besten ist. Die Straße ist ihre Bühne. Hier üben sich Zeichner im Taggen, Sprühen, Bomben. Tänzer trainieren ihre Körper, Rapper den Sprechgesang.

Bee Low perfektioniert sein Stimmwerkzeug. Schon als Kind habe er Autogeräusche imitiert. Die Computerstimme wird zum ersten Markenzeichen. Den Rest der Soundpalette beherrscht er selbstverständlich auch. Baselines und Throat Bass, die im Hals oder Kehlkopf entstehen. Vocal Drums und Vocal Scratch. Nasale Sounds, die Melodien ermöglichen. Zungenakrobatik mittels Click Rolls und Power Drums.

„WutzeKatze ZitzeKatze." Beatboxing zu erlernen, sei heutzutage einfach. „Bei YouTube gibt es jede Menge Tutorials." In den 80er-Jahren hingegen müssen Geräusche ohne multimediale Anleitung geübt werden. Mit Gleichgesinnten wie DJ Mesia und Sugarbox sowie „den viel zu früh verstorbenen Freunden Maxim und Kobold".

Schule und Ausbildung bleiben bei vielen auf der Strecke. Stattdessen entwickelt die Jugend eine Form von Kreativität und Freigeist, die in einer auf Effizienz und Zielstrebigkeit ausgelegten Gesellschaft unweigerlich in die Sackgasse führen muss. Einige bleiben dort hängen. Bei Bee Low siegt die Erkenntnis: „Man braucht einen Schein." Die Ausbildung zum Kommunikations- und Grafikdesigner wird durchgezogen. Einen Büroalltag von 9 bis 17 Uhr hat er dennoch nie erlebt. Was andere Karriere nennen, beginnt für den Beatboxer im Radio.

Für den Offenen Kanal entwickelt er 1990 das Format „Hip Hop Corner". Angebote für Großveranstaltungen folgen. Zwischen 1997 und 2002 moderiert er etliche DJ-Battles. Darunter die International Turntablist Federations DJ Championships sowie deren Konkurrenz, die DMC World DJ Championships in Köln.

Mittlerweile ist es weit nach Mitternacht, etwa 2 Uhr. Der Mann hinter dem Tresen des Imbiss International ist eingenickt. Er wird unsanft geweckt, als

Kundschaft in den Raum drängt. Babeli, Big Ben und Soulrock grüßen unseren Tisch. Bee Low gibt sich standesgemäß: „Bin gerade in einem Interview für ein Buch." Schnell werden Verabredungen getroffen. Man sieht sich. Ein kurzes Winken. Die Meute stürmt aus dem Laden, wir sind wieder allein. Der Befragte gähnt ausgiebig und erzählt weiter.

„Mein allererstes Beatbox Battle hatte ich mit Sido." Irgendwann im Frühjahr 2000, vielleicht auch im Herbst davor. „Siggi meinte: Ich hab nächsten Monat einen Auftritt mit B-Tight im Glashaus. Da könnten wir ein Battle machen." Gesagt, vereinbart. Der Beatboxer ist zur Stelle, kauft ein Ticket für 20 D-Mark und kämpft sich durch die Menge, springt auf die Bühne und unterbricht den Auftritt der beiden, die damals noch als Royal TS auftreten. „Ein Monat ist vorbei. Ich bin da. Was ist los?" Stille im Saal. B-Tight guckt irritiert. Sido scheint sich nicht erinnern zu wollen. „Das ging eine Weile hin und her, bis das Publikum unruhig wurde. Also lieferten wir ein paar Beats. Mehr recht als schlecht." Worauf die Meute mit Pfeifen und Buhrufen reagiert. „Die Stimmung hätte kippen können, wenn nicht Bindo von der Kreuzberger Rap-Band CPS auf die Bühne gesprungen wäre. Der hat um Fair Play geworben und einen powergeilen Beatbox hingelegt. Besser als Siggi und ich."

Bee Low nimmt einen großen Schluck aus der Flasche. „Kannst Marc Hype fragen. Der war dabei." Tatsächlich treffen wir ihn ein paar Wochen später im Wintergarten. Soulrock hat ihn und uns zu seinem Auftritt in „Breakin' Mozart" eingeladen. Zur Geschichte mit Sido befragt, antwortet der DJ: „Ist lange her. Ich war mit Souls of Mischief und Swollen Members auf Tour. An die Aktion selber kann ich mich nicht erinnern, aber Bee Low erzählt eigentlich immer die Wahrheit. Er hatte es nie nötig, irgendetwas zu erfinden."

Beatboxing ist multilingual, über Beats kann die Welt mühelos miteinander kommunizieren. Bee Low hat dieser Kunst- und Kommunikationsform sein Leben gewidmet. Dennoch vollzieht er frühzeitig den Wandel vom Solisten zum Produzenten und Entertainer. Man trifft ihn im Studio, als Moderator auf der Bühne oder Gesprächspartner im Fernsehen. Er war in fast allen Formaten zu Gast. Von Galileo über Abenteuer Leben bis zum Morgenmagazin. Bei stern TV übt er mit Günther Jauch. Bei Stefan Raab soll er sein Idol Michael Winslow kennenlernen, der allerdings den Flieger verpasst. Kein Problem, beide treffen sich später anderswo auf der Welt, sind mittlerweile gute Bekannte.

Bee Low pendelt regelmäßig zwischen Berlin, Ost-Europa, Asien und Skandinavien. Wo immer ein internationaler Hiphop- oder Beatbox-Event ansteht, wird er kontaktiert und bespaßt bis zu 20 000 Menschen. Etwa das Splash Beatbox Battle, die ITF in der Hamburger Markthalle oder 2007 das Europafest am Brandenburger Tor, wo er neben der Hauptmoderatorin Bärbel Schäfer eine 40-minütige Battle-Show moderiert.

Nach 25 Jahren im Business kennt er alle Hiphop-Moderatoren und jeden Geräuschemacher. Seine Idole der Jugend, die Pioniere der Szene, betrachten ihn als ebenbürtig, weil er Beatboxing aus dem Untergrund in eine globale Kunstform gehoben hat. Sogar Frauen kommen regelmäßig zur Weltmeisterschaft. „Für Geräuschakrobatik ist der männliche Kehlkopf allerdings schlichtweg besser geeignet“, weiß der Fachmann.

Das Wilmersdorfer Straßenkind hat sich zu einem geachteten Fachmann der Hiphop-Szene entwickelt. „Das alles ist mehr wert als jede Bezahlung“, findet Bee Low. „Auch wenn ich oft draufgelegt und mich heruntergewirtschaftet habe. Viele Dinge wollte ich einfach machen.“ So etwa die Förderung der Nachwuchstalente, um die er sich seit vielen Jahren kümmert, anfangs in der Flying Steps Academy. „Jeder konnte kommen, viel lief ohne Geld.“

So lebt der Künstler Bodenhaftung, ist bis heute bescheiden geblieben. Kunst kommt von Können, und ein großes Publikum über Stunden zu unterhalten, will durchaus gekonnt sein. „Nicht jeder muss die größten Eier haben und der Coolste sein.“ Alle jedoch verdienen Maximum Respect. Beatboxer, Juroren, das Publikum. „Wir sind alles Family.“

Apropos Familie. Bee Low lebt so sehr mit der Bühne, dass er es sich nicht nehmen lässt, im Rampenlicht der Beatbox Battle Weltmeisterschaft 2015 um die Hand seiner Liebe zu bitten. Für den familiären Nachwuchs hat er bereits gesorgt. Zu Hause wartet Stammhalter Nikita Maximus von Bülow. Glück pflanzt sich halt fort.

Wir blicken müde in die Runde. Es geht auf 3 Uhr. Die Biere sind ausgetrunken. Der Meister drängt zum Aufbruch, dreht sich beim Abschied dann doch noch einmal um: „Habt ihr auf dem Schirm, dass ich seit 28 Jahren professionell Graffiti sprühe? Beatboxing ist eigentlich nur Kindergeburtstag.“ Spricht's und verschwindet in der Nacht.

SOULROCK
Ist doch nur Krach

Beatboxing hat sich von einer Randerscheinung zu einer sowohl anerkannten als auch professionellen Stilrichtung im Hiphop gemausert. Nachdem uns Bee Low ausführlich Rede und Antwort stand, treffen wir Daniel Ferreira Sezinando aka Soulrock. Wenngleich er nur drei Jahre jünger ist, wirkt er im Vergleich mit dem Mastermind erstaunlich jung. Doch auch Soulrock kann mit Erlebnisberichten aus erster Hand beeindrucken.

Soulrock, du bist ein echter Straßenmusiker, lebst vom Beatboxing. Wie kam es dazu?
1992 habe ich Beatboxing auf einem Basketballplatz gehört. Meine allererste Berührung mit der Hiphop-Welt, mal abgesehen von Kriss Kross. Dann sah ich Breakdance und Graffiti auf einer Jam, kaufte mir eine Woche später eine Dose und sprühte auf der Rückseite einer Garage herum.

Sprühst du noch immer?
Nur gelegentlich. Hin und wieder ein paar Leinwände.

Wie ging es weiter?
Bei meinen ersten Gehversuchen, quasi noch als Fan, habe ich alles ausprobiert: Beatboxen und Sprühen, Plattensammeln, Auflegen und Scratchen. Schließlich brachten mich MC René und die Beginner sogar zum Freestylen. Auslöser dafür war die 1993 ausgestrahlte TV-Doku-Reihe „Lost in Music", in der die deutsche Hiphop-Szene porträtiert wurde. Vor allem „Hip Hop Hooray" beeindruckte mich. Alles, was Rang und Namen hatte, war dabei: Jan Delay, damals noch Eißfeld, Torch von Advanced Chemistry, Mode 2 und Storm.

Wie hat sich dein Leben verändert?
Ich komme zwar aus einer Kleinstadt, wollte aber auch coole Klamotten tragen. Die habe ich anfangs über Downstairs und Wild Style, einen Mailorder-Shop, bezogen. Bei einer der Bestellungen, mein größtes Glück, lag im Paket ein Flyer. Das Schwarzmarkt Syndikat machte Werbung für die erste deutsche Beatbox-Meisterschaft. Ich habe alles daran gesetzt hinzufahren und tatsächlich teilgenommen. Leider flog ich im Viertelfinale raus. Zero wurde Meister. Bei der nächsten Meisterschaft durfte ich wieder gegen ihn antreten. Er siegte erneut.

Erfolgsmomente kennst aber auch du.
Berliner Vize-Meister 2004, Norddeutscher Meister 2007. Zurückblickend habe ich mich in Battles aber nie wohlgefühlt. Letztlich sind das Kämpfe, bei denen Kontrahenten versuchen, ihre Gegner schlecht dastehen zu lassen. Ganz egal, ob nun mit Charme, Intelligenz oder Witz. Ich wurde oft als arrogant wahrgenommen, weil ich immer dachte, besonders aggressiv auftreten und irgendeine Rolle spielen zu müssen. Außerdem setze ich mich vom Rest etwas ab, da ich eher musikalisch als technisch fokussiert bin.

Wann hast du Bee Low kennengelernt?
2002, einen Tag vor der ersten deutschen Beatbox-Meister-schaft im Berliner Icon. Wir sind zu ihm nach

Hause gegangen und er hat mir ein T-Shirt mit dunkelbraunem Aufdruck geschenkt, das ich bis heute aufbewahre.

Welche Bedeutung hat Bee Low für die Beatbox-Szene?
Er hat als einer der Ersten kontinuierlich Meisterschaften organisiert und moderiert. Letzteres ist erstaunlich, weil er anfänglich nicht der beste Moderator war. Er schweifte oft ab, worauf die Leute schon mal forderten: Ey, halt's Maul, lass uns endlich weitermachen. Das war so bei der ersten und bei der zweiten deutschen Meisterschaft, die 2003 erneut im Icon stattfand. Seine 200 Prozent Begeisterung hat er dennoch nie verloren. Er strahlt sie auf der Bühne aus und hat in den letzten Jahren viel dazugelernt. Jedenfalls adaptierte er für seine Meisterschaften das System der DJ-Battles. Beispielsweise von den Championships der International Turntablist Federation, die er zu dieser Zeit ebenfalls moderierte. Dieses Battle-System mit seinen offiziellen Regularien gab es vorher im Beatboxing nicht.

2005 kam dann Dresden.
Dort traf sich die gesamte deutsche Hiphop-Welt auf einem Event, und Bee Low zog erstmalig eine Art Beatbox Battle Weltmeisterschaft durch, co-moderiert durch Thomas D von den Fantastischen Vier. Ich selbst war nicht dabei, dafür ein paar internationale Beatboxer, unter ihnen sogar Australier: Joel Turner, der Platz 1 erreichte, und Tom Thum. Die erste Weltmeisterschaft, an der ich teilnahm, fand 2009 statt, mit über 40 Teilnehmern aus der ganzen Welt im 2BE Club. Bee Low hat alles gegeben, sich zwei Tage lang die Lunge aus dem Hals und dermaßen heiser geschrien, dass seine Stimme irgendwann komplett weg war.

Kann jeder den Namen Beatbox Battle nutzen?
Jeder kann ein Battle organisieren, aber nicht einfach so den Namen nutzen oder „Beatbox Battle" drüberschreiben. Bee Low war clever und hat sich die Marke sichern können, obwohl es eigentlich ein Random-Begriff ist. Gleichzeitig hat er die Reglements festgelegt, die dadurch bis heute für Meisterschaften gelten. Auch deswegen bucht man ihn gern als Moderator bei Beatbox-Veranstaltungen. Ich bin überzeugt, dass die Szene ohne Bee Low nicht halb so groß wäre, schon gar nicht in Deutschland. Das ist sein Ding. Mit der Marke Beatbox Battle wäre ein Typ wie er in Amerika Millionen wert.

Ist er das nicht?
Nein, und womöglich möchte er es nicht einmal. Bee Low ist ein herzensguter Mensch. Viel zu gutmütig, ob Gelder fließen oder nicht. Nach Möglichkeit finanziert er alles aus eigener Tasche oder mit einer überschaubaren Anzahl von Sponsoren und hat so manches Mal draufgezahlt. Sobald große Sponsoren fremdes Geld reinpumpen, verändert es die Szene. Bis heute gibt es deshalb keine Preisgelder, nur ein paar Sachpreise.

Was müsste sich ändern?
So wie die Weltmeisterschaften derzeit stattfinden, sind sie gut für die Szene. Beatboxer schließen Kontakte und inspirieren sich gegenseitig. Es entstehen Netzwerke, Freundschaften und dieser ganze Kram. Die Vorstellung, dass Künstler oder Teams ein ganzes Jahr sparen, nur um daran teilnehmen zu können, ist fantastisch. Aber die Szene entwickelt sich von Jahr zu Jahr weiter. Sie wird größer und mit ihr die Konkurrenz. Das Rad kann man nicht neu erfinden, ihm aber einen neuen Anstrich geben. In Bezug auf das Publikum, finde ich, sollten die Veranstaltungen ausgeweitet werden. Mehr Vielfalt. Dafür ist dann wieder mehr Geld notwendig, mehr Werbung, mehr Publikum vor der Bühne. Die Organisation dahinter muss ebenfalls mitwachsen.

Warum?
Bei der vorletzten Weltmeisterschaft habe ich ehrenamtlich geholfen und locker für 130–140 Leute zwei Tage lang durchkochen müssen. Am letzten Tag fuhren Bee Low und ich den britischen Beatboxer Killa Kela zum Flughafen und sind total übermüdet am Steuer eingenickt. Als wir aufwachten, standen wir mit unserem Red-Bull-Mercedes auf dem Grünstreifen. Zum Glück ist nichts weiter passiert. Um so etwas zu vermeiden, muss die Organisation professioneller werden, was das Ganze gleichzeitig unpersönlicher macht und zu Neid führen, vielleicht sogar die Szene spalten könnte. So, wie es beim Rap oder im Breakdance passiert ist.

Ist Beatboxing überhaupt massenkompatibel?
Beatboxing in der puren Form eher nicht. Die Szene ist ja sehr technisch orientiert und stark vom Hiphop geprägt. Club Sound und Hörgewohnheiten bestimmen den künstlerischen Ausdruck. Beatboxer versuchen, diese Stile nachzuahmen, zum Beispiel Drum Machines wie den TR-808 von Roland. Wenn Events andererseits spannend gestaltet werden, durch abwechslungsreiche Programme oder Künstler, die bekannte Hits als Cover einsetzen, dann kann das sicher ein breiteres Publikum ansprechen. Wenn man sich zusätzlich vor Augen hält, wie jung Beatboxing ist, sollten wir der Welt noch etwas Zeit geben, sich daran zu gewöhnen.

Du stammst aus dem niedersächsischen Rinteln und hast danach sieben Jahre in Neckarsulm gelebt. Was zog dich nach Berlin?
Beides sind Kleinstädte mit jeweils nur 25 000 Einwohnern. Während dort gelebt wird, um zu arbeiten, steht unsere Hauptstadt für Vielfalt und Toleranz. Seit der Wende ist Berlin das Paradies schlechthin, mit wenig kann man hier sehr gut auskommen. Den Leuten in einer Kleinstadt ist das befremdlich. Dorthin zurückzukehren, kann ich mir nicht vorstellen, wenngleich sich Berlin verändert. Leider. Die Mietpreise steigen auf breiter Front. Man braucht nur jemanden zu fragen, der umziehen möchte. Überall Veränderung. Der Mauerpark wird bebaut und keiner weiß, was aus Tempelhof wird.

Was wird aus dir?
Ich werde wohl ewig Beatboxing machen, befinde mich zurzeit aber im Zwiespalt, ob ich jemals wieder ein Battle mitmache. Wenn ja, dann will ich etwas erreichen und überzeugt sein, dass ich gut genug vorbereitet bin. Gleichzeitig will ich musikalisch weiterkommen.

Und was denkt dein Umfeld?
Viele Leute, gerade ältere, fragen mich, ob ich nicht mal richtige Musik machen könnte. Beatboxing sei doch nur Krach.

MARC HYPE
Scratch and Sax

Hinter uns schließen sich die Türen der Straßenbahn. Wir stehen an einer Haltestelle und schauen ratlos umher. Irgendwo hier ganz in der Nähe muss es sein. Noch allerdings weist kein Laut den richtigen Weg. Unsicher gehen wir ein paar Schritte und treffen auf eine Dame mittleren Alters, die umständlich einen Stadtplan studiert. Wie sich herausstellt, hat sie dasselbe Ziel. Gemeinsam biegen wir um die Hausecke, steigen eine Betontreppe hinab und stehen unvermittelt vor einem Gebäude, das wie ein Gemeindehaus anmutet. Von innen heraus strahlt Licht, durch die Fensterfront können wir Menschen hin und her eilen sehen. Die Tür öffnet sich, beim Eintreten empfangen uns die ersten Klänge.

Berlin ist weit weg. Dort, mitten in Krach und Hektik, verliert man schnell die Orientierung. Ein Ortswechsel hilft mitunter, den Blick auf die Wirk- und Spielstätten der hauptstädtischen Kulturszene wieder scharf zu stellen. Also raus aus dem Moloch und auf nach Würzburg, wo wir den Berliner DJ Marc Hype eine Nacht lang bei der Arbeit begleiten.

Alljährlich im Spätherbst findet das Würzburger Jazzfestival statt. Nicht ohne Grund, denn in der Bischofsstadt an den Ufern des Mains, umgeben von Weinbergen, wo Bayerns älteste Universität sowie eine Musikhochschule mit 28 Chören zu Hause sind, hat sich ein anspruchsvolles Bildungsbürgertum etabliert, das über die engen Grenzen klassischer Arrangements längst hinausgewachsen ist und Jazz in allen Facetten zu schätzen weiß. Auch zum diesjährigen Festival haben sich Hunderte Gäste im Felix-Fechenbach-Haus versammelt, um dem Genre an sich sowie den musikalischen Reflexionen von Künstlern und Instrumenten ausgiebig zu huldigen. Immer dann, wenn die musizierenden Feingeister auf der spartanisch beleuchteten Bühne besonders virtuose Klangorgien fabrizieren, applaudiert das Publikum frenetisch.

„Bei uns liefen Hitparade und deutscher Schlager", beschreibt Marc Hype, Spross einer Neuköllner Arbeiterfamilie, mit bürgerlichem Namen Marc Gärtner, seinen musikalischen Bildungskanon. Eine Kindheit zwischen Dieter Thomas Heck und den West-Berliner Alliierten. Zwei Welten, die herzlich wenig miteinander zu tun haben, wäre nicht Musik der kleinste gemeinsame Nenner gewesen. Denn die Präsenz der GIs führte bei vielen Jugendlichen jener Zeit zu einer unbändigen Begeisterung für die Werte des amerikanischen Hiphop. „Zum Sprayer hat das Talent nicht gereicht", bekennt Marc Hype lächelnd, um sich kurz darauf an die Schlüsselszene seines Lebens zu erinnern. 1988. Das Berliner Tempodrom wird von Public Enemy, Run DMC und DJ Scratch beehrt. „Alles war dunkel. Die Spots auf die Mitte. Dann ist die Halle ausgeflippt." Von diesem Tag an habe es kein anderes Ziel gegeben, als irgendwann selbst einmal als DJ im Epizentrum zu stehen und der Menge einzuheizen.

Um dorthin zu gelangen, geht er Kompromisse ein. Der Neuköllner schließt tagsüber eine ordentliche Lehre als Industriemechaniker ab und beruhigt so die Eltern. In den Nächten tüftelt er an Tracks und Sounds, bespielt allerlei Kaschemmen für weniger als nichts. Im Steglitzer Hip Hop Haus, in dem auch Kool Savas als Lehrer arbeitet, hält er Workshops für jene, die den gleichen Traum träumen. Einer seiner Schüler ist Martin Klaus aka DJ MK 1, den es später zum Royal Bunker sowie ins Atzenuniversum verschlägt.

1998 und 1999 gewinnt Marc Hype zwei Mal in Folge die Championships der International Turntablist Federation. Von da an geht es aufwärts. Der DJ steht im Rampenlicht, bespielt bis heute internationale Bühnen zwischen Berlin, Mumbai und New York. Er ist Mitinitiator von Dusty Donuts, Vinyl-Label und Veranstaltungsreihe zugleich. In seiner Heimatstadt, wo er zuweilen als DJ-Legende angekündigt wird, legt er seit Urzeiten in Clubs wie Die Bar, im Gretchen, Cassiopeia, Lido oder in der AMANO Bar auf.

Und manchmal eben in Würzburg. Hier hat er in den letzten Jahren schon bei diversen Clubprojekten mitgewirkt. Heute soll der DJ weit entfernt von seiner musikalischen Heimat zwischen Hiphop, Funk und Soul überzeugen. Es gilt, sich dem Jazz und seinen Mitstreitern vom Würzburger Art Ensemble zu öffnen. Wahrlich ein Experiment, das für den Mut seiner Initiatoren spricht. Mit Schlagzeuger Uli Kleideiter und Saxophonist Dirk Rumig hat Marc Hype schon früher improvisiert. Daraus entsteht die Idee eines gemeinsamen Auftritts von Ensemble und DJ im Rahmen des Würzburger Jazzfestivals.

Backstage im Felix-Fechenbach-Haus. Die Künstler versammeln sich in einem länglichen Raum, in dem sonst Kegelvereine eine schnelle Kugel schieben. Dort haben sich neben Marc Hype, Uli Kleideiter und Dirk Rumig sieben weitere Musiker des Ensembles eingefunden. Ihr Auftritt, er wird der dritte im Festivalprogramm sein, soll in einer Stunde beginnen. Noch begeistert eine andere Band die Fans. Hin und wieder dringt Beifall durch die dicken Wände. Anspannung liegt in der Luft. Die Männer plaudern sie lässig beiseite, während Sängerin Rayka Wehner an ihrer Strickjacke nestelt und nachdrücklich um eine letzte Abstimmung bittet. Der Laie erwartet nun ein klingendes Zusammenspiel der beteiligten Instrumente, eine Kostprobe kammermusikalischer Klangwelten, getragen von Streichinstrumenten, Saxophonen, Klavier und Schlagzeug. Heute jedoch ist alles etwas anders. Die Instrumente bleiben im Kasten. Nur Notenblätter rascheln. Die Gruppe nimmt kreisförmig auf abgewetzten Stühlen Platz.

„Was machen wir im Satz bei A3?"

„Play what you feel."

„Ich spüre da nicht immer die Inspiration."

„Es wird nicht eingezählt, wir atmen einfach gemeinsam."

„Hat jemand ein klingendes D an der Stelle?"

„Eigentlich ist die Idee, dass sich das Thema aus dem Rest raushält."

Themen. Reste. Buchstaben. Gemeinsames Atmen. So klingen musikalische Improvisationen, wenn sie in Sprache übersetzt werden. Schwere Kost für die anwesenden Zaungäste. „Wäre es übel, wenn sich irgendwo ein Solo aufdrängt?", fragt Dirk Rumig unvermittelt. Er hat sich in schillernde Schale geschmissen. Mit dunkelrotem Glitzer-jackett und glänzenden Lackschuhen ist er der bunte Hund inmitten des Ensembles. Der Rest scheint sich auf ein fröhliches Schwarz verständigt zu haben.

Marc Hype ist Teil der Gruppe. Aufmerksam und gleichzeitig gelassen folgt er der Abstimmung des Ensembles. Sein Einsatz ist klar, Noten benötigt er nicht. Er muss weder singen noch ein Instrument spielen, zumindest keines, das gestimmt werden müsste. Der DJ benötigt nicht mehr als einen Plattenspieler nebst Mixer und Kopfhörer, seinem HD-25. Den mehr als 30 Jahre alten Klassiker von Sennheiser nutzt auch Uli Kleideiter: „Zum Schlagzeugspielen ist der klasse. Sitzt perfekt." Zwei weitere Ensemblemitglieder bekennen sich ebenfalls als aktive Nutzer, worauf die Vorzüge des Kopfhörers in den Raum gestellt werden, bis es endlich losgehen kann.

Die Musiker eilen schleunigst auf die Bühne. Stöpseln hier, räumen da. Jeder packt mit an. Marc Hype erklimmt ein Podest neben dem Schlagzeug, rückt die Schiebermütze zurecht und ist startklar. Die Jazzfans im Saal nehmen Platz, beenden ihre Gespräche und blicken erwartungsvoll in Richtung Bühne. Das letzte Flüstern erstirbt. Stille.

Nichts als Stille, die sich hinzieht. Die Musiker lassen sie gewähren und den Raum in Besitz nehmen. Dann, erst zaghaft, erklingen Instrumente. Es folgt ein Spiel in piano und forte, verstörend und fesselnd zugleich. Rayka Wehners Stimme schwebt über allem, präsentiert dem Auditorium ungewöhnliche Töne und Melodiebögen. Nach wenigen Minuten ist klar, dieser Auftritt bietet weder Alltagsjazz oder poppigen Einheitsbrei noch einfältig dahinplätschernde Hooklines im Jazzgewand. Ein solcher Ansatz kann schnell die fragilen Bande zwischen Musikern und Zuhörern zerschneiden. Doch das Publikum folgt dem kammermusikalischen Ausflug gebannt und ohne sichtbare Ermüdungserscheinungen, lässt sich buchstäblich mitreißen.

Einsatz Marc Hype. Als Einstieg bewegt er nur zaghaft den Plattenteller. Seine ganz persönliche Art von Vorstellungsrunde. Zum Eingewöhnen für eine Zuhö-

Obey

rerschaft, die mit dem DJ und seinem Metier noch nicht allzu viele Berührungspunkte hatte. Alle Augen richten sich auf dessen Performance. Der Mann an den Turntables rückt merklich ins Zentrum des Geschehens und erhöht den Druck. Das Schlagzeug gesellt sich hinzu, bildet von nun an den Teppich für die Kollagen des Berliners, bis sich das Saxophon die Ehre gibt. Scratch, Sax und Percussion. Spätestens jetzt wird klar, dass der gute alte Plattenspieler durchaus als Instrument für gemeinsames Musizieren geeignet ist.

Schließlich ist der Auftritt vollbracht, das Würzburger Auditorium applaudiert einmal mehr ausdauernd. Die Musiker verbeugen sich. Marc Hype würde diesen Moment liebend gern auskosten und dem Auftritt des Headliners folgen, der Jazz-Legende Ernie Watts, der in seinem Leben mit unzähligen Größen wie Frank Zappa, Miles Davis, Aretha Franklin oder den Rolling Stones gespielt und Musikgeschichte geschrieben hat. Doch der DJ muss einpacken. Die zweite Schicht steht an.

Mitternacht. Kein Licht in den Fenstern der Wohnhäuser, Würzburg schläft. Drei Gestalten stehen einsam an einer Straßenbahnhaltestelle. Nur die Anzeigetafel ist wach und verspricht die Ankunft einer Tram in 15 Minuten. Zeit für ein paar Nachtgedanken. „Ich mag das noch immer“, sagt Marc Hype. Die Welt sehen, Dinge ausprobieren, sogar hier in Würzburg. Ein Performer zu sein, viel mehr als ein stiller Tüftler im Studio. Einer, der immer wieder raus muss, selbst aus der Hauptstadt.

„Jetzt kommt was ganz anderes“, erklärt er, kurz bevor wir bei Kurt & Komisch eintreffen. Ein echtes Gegenprogramm zum gediegenen Jazzfestival. Würzburg habe viele Seiten, man müsse sie nur entdecken. Der Club befindet sich in der Sanderstraße, offensichtlich die Partymeile der Stadt. Überall rauchendes Volk, das Trottoir ist übersät mit Kippen und leeren Bierflaschen.

„Ich bin der auf dem Plakat.“ Souverän bezwingt Marc Hype den Einlass zum Club, klettert schwungvoll diverse Treppen hinab, durchquert eine neblige Tanzfläche, begrüßt fröhlich den Resident DJ, um nur wenig später selbst die Regie zu übernehmen und mit Klassikern wie den Beastie Boys, De La Soul, Roots Manuva, Gangstarr und Run DMC einmal mehr ins Epizentrum des Abends zu rücken.

Das junge Volk zeigt sich erfreut, verfällt zunehmend in Bewegung und honoriert besonders groovige Klänge. Musik wird eher körperlich aufgenommen, ganz wie es Hans Nieswandt in seinem Buch „plus minus acht“ beschreibt: „DJs verführen ihr Publikum oberflächlich zu gleichzeitig nutzlosem wie auch irgendwie konformem Verhalten, nämlich zum Tanzen.“

Am Pult herrscht derweil entspannte Arbeitsatmosphäre. Der Techniker dirigiert Disco-Nebel, Lichter und Stroboskop-Strahler. Marc Hype lässt Vinyl von hier nach da wandern. Seine Finger flitzen über Rillen und Regler. Verbinden, fusionieren und instrumentalisieren verschiedenste Stile. Professionell. Routiniert, solide, konzentriert. Präzise auf den Moment. Turntablism at its best. So, als könnte alles auch blind funktionieren. Vielleicht sogar taub, weil er Musik im Blut hat.

Nach seinem Soloauftritt legt der Entertainer back to back mit Kollege DJ Jayl Funk auf. So geht es ein Weilchen. Bis gegen 5:30 Uhr Schluss ist. Wir fallen ins Bett, nehmen eine Mütze Schlaf und schließlich den Mittagszug Richtung Hauptstadt. Zufrieden mit dem Tag? Klar doch. Oder frei nach Hans Nieswandt: Die Arme waren in der Luft, die Vibes vom deepsten.

KOOL SAVAS
Der Feind in seinem Rap

„Wenn ich einen Text schreibe, stelle ich mir einen imaginären Gegner vor.“ Eine Herangehensweise, die unweigerlich zu Reflexionen über Konfrontation führt. Die wiederum sei nicht so schlecht wie ihr Ruf, befand schon Richard von Weizsäcker. Sie diene der Verdeutlichung von Standpunkten, ist somit Basis jedweder Konfliktlösung, wenn Regeln zu ihrer Austragung bestünden. Denn ihre nahen Verwandten heißen Kampf und Krieg. Bastarde, wenn man so will, die vorsätzlich physische und psychische Schäden in Kauf nehmen, um ihr Hauptziel, den vernichtenden Sieg über einen Gegner, zu erreichen.

Das ist S.A.V.A.S., „Krieg“ übersetzt.
Mit diesem Flow, der von dir nicht mehr als Knochen übrig lässt.
Ruft eure Truppen, denn ich drop Bomben in der Booth
bis Napalm auf dich prasselt, als würdest du gerade duschen.
Ich lade, schieß und treff dich und back dich
pack dich auf den Esstisch und ess dich!

Krieg oder Frieden? Rund 40 Jahre erleben Ostblock und Westmächte erbitterte Konfrontation. Den Kalten Krieg. Sein Namensvetter, Kool Savas, wird 1975 als Savaş Yurderi mitten hineingeboren. Die Eltern sind linksgerichtete Sozialisten und geben ihre revolutionäre Mission über den Vornamen an den Erstgeborenen weiter. Ob Namensgebung ganz allgemein zu einem erhöhten Interesse an Auseinandersetzung und Widerstreit führen kann und hier im Speziellen der Lebenslauf des Rappers quasi auf Konfrontationsmodus vorprogrammiert wurde, ist bislang unbekannt.

Familie Yurderi führt zunächst ein beschauliches Dasein in Aachen. Die Mutter ist Deutsche, der Vater türkischer Abstammung. 1976, Savas ist gerade ein Jahr alt, entscheiden sich die Eltern für ein Leben in der Türkei, um dort einen Kindergarten zu eröffnen. Der Vater will näher bei den Genossen sein, was fünf Jahre lang gut geht. Bis er verhaftet und gefoltert wird. Mutter und Sohn verstecken sich bei Freunden. „Oft war es so, dass die Familie geholt und als Druckmittel genutzt wurde, um Namen zu erfahren. Die wollten natürlich das ganze Netzwerk hinter Schloss und Riegel bringen.“ Der Anwalt rät zur Flucht. Nach fünf Jahren wird der Vater aus dem Gefängnis entlassen. Die Familie findet in Aachen wieder zusammen und zieht kurze Zeit später in die Frontstadt Berlin. Der elfjährige Sohn gerät in die Kampfzone Kreuzberg. Zwischen Freaks und Punks, Migranten und Gastar-

beiter. Waldemarstraße 68. Gegenüber ein Abenteuerspielplatz.

„Also bin ich da hin und treffe einen kleinen Türken, der mich gleich vollgesülzt hat. Zeig mal deinen Pimmel und so krankes Zeug. Das fängt ja lustig an, dachte ich. Blieb es auch. Stets und ständig war man in irgendwelchen sinnlosen Heckmeck verwickelt, was voll ätzend und extrem unangenehm war." Savas besucht die Nürtingen-Grundschule. Gleich nebenan befindet sich eine Sonderschule. „Da ging's richtig ab. Jede Pause Prügeleien. Aachen war eher lieb und nett, Berlin ein Kulturschock."

Doch der Krieger steht nicht auf verlorenem Posten. „Ich hatte meine Jungs." Ein Deutscher, ein Grieche, ein Türke und einer aus Ghana. „United Nations in Kreuzberg. Mit denen habe ich Musik gemacht. 1989 fing das an. Eigentlich wollte ich Sprüher werden." Sleepwalkers heißt die erste Crew. Mit dabei: Melanie Wilhelm aka Melbeatz, seine spätere Freundin und Produzentin. Berlin gilt als Graffiti-Metropole gleich hinter New York. „Es gab krasse Leute wie beispielsweise AMOK. Die waren heftig. Da konnte ich nicht mithalten."

Beim Besuch einer Tante in den USA, die wie fast alle Familienmitglieder Pädagogin ist und in einer Kita arbeitet, schreibt Savas einen Text, der sich an LL Cool Js Song „I need love" orientiert. Zurück in Berlin geht es Schlag auf Schlag. „Ich bin in der Kreuzberger Naunynritze aufgetreten. Rhyme Guns hieß unsere Band." Der Beginn einer Karriere im Sperrfeuer. „Ich wuchs mit klassischem Westcoast-Rap auf. Der war offensiver, provokanter, einfacher zu verstehen für Leute, die nicht so gut Englisch konnten." Parallel dazu verfolgt er Bands wie The Pharcyde und Hieroglyphics. „Das war noch spezieller und nur wenigen Leuten ein Begriff."

Savas nennt sich anfangs Juks und rappt englisch, wie zu dieser Zeit üblich. Im Rahmen einer ABM-Maßnahme wird ihm die Leitung eines Workshops im Hip Hop Haus in der Steglitzer Schildhornstraße übertragen. „Englisch wollte dort aber keiner. Also bin ich auf den Trichter gekommen, deutsch zu rappen." Das endgültige Umschalten erfolgt 1996 anlässlich eines Battles auf dem Gelände der Arena. Von nun an wird die Wortgewalt der deutschen Sprache zur Waffe. Gleichzeitig fragen die Organisatoren nach einem Namen für den Flyer. „Also hab ich gesagt, schreib KKS drauf, King Kool Savas. Das war provokant, arrogant, übertrieben. Ziemlich dick aufgetragen. Egomäßig, wie im Rap üblich. Viele nannten sich damals Cool Irgendwas, auch mit K geschrieben."

Im Hip Hop Haus lernt er Marcus Staiger kennen. „Ein netter Kerl aus Stuttgart, der in Berlin Großstadtluft schnuppern und rappen wollte. Deswegen war er bei mir im Workshop. Er hatte eine Radiosendung, zu der er uns einlud. Also sind wir da hin und haben gerappt. Staiger selbst war nicht sonderlich talentiert. Aber er war nett, man mochte ihn. Später habe ich ihm von meiner Reise mit Mel in die Staaten erzählt."

Eine Wallfahrt ins Ursprungsland des Hiphop, die sich zur Arbeitsreise mausert. „In L.A. gab es das Good Life Café, in dem das Independent Label Project Blowed junge Rapper zusammenbrachte. Ich hab gesehen, wie die ihre Raps freestylen, ihre Songs aufnehmen, Kassetten produzieren und auf der Straße verkaufen. Die Zeitspanne zwischen Produktion und Geldverdienen war kurz. In Deutschland hingegen dachte man immer noch: Irgendwann bring ich mal eine Platte raus. Es gab ja nur Majors und diesen Mist. Was wir in Amerika erlebten, war revolutionär. Das brauchen wir auch, habe ich zu Staiger gesagt. Der war zuverlässig, konnte reden, sich kümmern, Sachen umsetzen. Keiner von uns hätte das geschafft." Staiger wird Jahre später bekennen, er sei Savas' größter Fan gewesen, habe dessen Ideen nicht zuletzt für sein Idol umgesetzt. Und wird im gleichen Atemzug von „wahrer Liebe" sprechen.

In den 90er-Jahren lassen die Nachwehen des Kalten Krieges neue Streitmächte entstehen. Gangs wie Black Panthers, die Cobras oder die Araber Boys beziehen Stellung. Kreuzberg, das frühere Refugium im Schatten der Berliner Mauer, gibt es nicht mehr. Mittendrin formiert sich in der Mittenwalder Straße der Royal Bunker. Eine Drogenkaschemme, die offiziell als

Musikkneipe von einem Nigerianer namens Jimmy geführt wird. Dort moderiert Staiger sonntags nun Jung-Rapper auf die Bühne, die verbale Aufrüstung führt zur Geburt des deutschen Untergrund-Raps.

„Heute wird das oft romantisiert. Es gab einen Keller, ein Mikro und zwei abgeranzte Boxen. Null romantisch, aber cool. Trotzdem war nach knapp einem Jahr die Luft raus. Immer die gleichen 20 Fressen. Heute würde da kein Mensch hingehen. Jetzt gibt es professionellere Events. Mit richtiger Bühne, ordentlichen Boxen und anständigem Sound." Wie Rap am Mittwoch.

Nach dem Aus der Veranstaltung erblickt ein Tape Label das Licht der Welt. Anfangs heißt es Mikrokosmos, dann Monopol, schließlich Royal Bunker. „Reef, DJ MK 1, Staiger und ich. Wir wussten alle nicht so richtig, was wir da sollten. Es gab nur ein Tape, dann Pause, dann ein Release mit nicht mehr als 50 Kassetten. Alles spielte sich bei Staiger zu Hause ab. Das war kein Label. Das war ein Verein."

Der Rest ist Geschichte. Savas befeuert mit M.O.R. und Westberlin Maskulin die Bühnen des Untergrunds. Er besteigt den deutschen Battle-Rap-Thron, während oberhalb der Kellerpartys Befindlichkeiten hochkochen. Seinen Stücken wird frauenverachtendes, homophobes und pornografisches Gedankengut unterstellt. Selbstredend landen sie auf dem Index. Dennoch stellen sich ab 2002 kommerzielle Erfolge ein. Das Album „Der beste Tag meines Lebens" erreicht Platz 6 der Charts. „Aura" und „Märtyrer" rangieren mehrere Wochen auf Platz 1 und erreichen Gold. „Gespaltene Persönlichkeit", eine Gemeinschaftsproduktion mit Xavier Naidoo, gelingt Platin. Gemeinsam gewinnen sie 2012 den Bundesvision Song Contest.

Doch Kritik bleibt selbst bei diesem Erfolg nicht aus. Nachdem Savas, so Die Welt, mit „heiteren" Liedern wie „Lutsch mein Schwanz" quasi im Alleingang den Berliner Straßenrap etabliert habe, sei ihm leider der Witz verloren gegangen. Als ob das deutsche Feuilleton für überbordenden Spaß bekannt wäre.

Jeder traut sich heut, Zweifel in den Mund zu nehmen.
Sie sagen, du wärst alt geworden,
hättest deinen Style verloren,
KKS der King of Rap rappt nicht mehr in der gleichen Form.

Zweifel oder Bestätigung? „Aggressivität ist eine Form des Energieflusses. In der Musik wie im Film. Nimm Tarantino. Seine Filme sind voller Gewalt, die mir keine Angst macht, da ich sie als stilistisches Mittel sehe, als Entertainment. Mein Stilmittel, mein Instrument ist Battle Rap. Manchmal klingt es brachial wie die Drums beim Hard Rock. Das kommt auf die Stimmung an. Jeder Tag ist anders. Vielleicht wird morgen ein Tag sein, an dem ich nur Ficktexte mache. Sinnfrei, verblödet, dumm. Ich fühle mich immer mit dem am wohlsten, was ich aktuell mache, weil es mir zu diesem Zeitpunkt am meisten entspricht. Im Nachhinein muss man häufig irgendwelche Statements bringen, da die Leute einen so krass reduzieren."

Werte und Vorstellungen ändern sich ohnehin. Früher beispielsweise sei Erfolg ohne Bühnenpräsenz undenkbar gewesen.

„Als MC musstest du das Publikum überzeugen. Heutzutage spielt das keine Rolle mehr. Rapper kann jeder sein. Wichtig ist, dass du im Video geil aussiehst, Trendmarken trägst und was Angesagtes machst. Auf der Bühne so zu performen, dass es wie auf Platte klingt, können nur noch wenige." Das aber sei sein Anspruch.

Um dem gerecht zu werden, müsse die Arbeit spezifischer, detaillierter, komplexer werden. „Meine ersten Sachen, Stücke wie ‚King of Rap', waren super einfach, zugleich innovativ. Jetzt geht es darum, einen Beat zu finden, der zu mir passt. Battle Rap wird mein Werkzeug bleiben. Die Technik ist ausgefeilter geworden. Ich achte sehr darauf, wie ich meine Texte setze. Die müssen über Headphones und auf der Bühne wirken. Der Beat muss mit mir sprechen. An erster Stelle steht die Kunst. Und nicht irgendein Hit, der durch die Decke geht." Eine Attitüde, die Kollege Frauenarzt bestätigt: „Savas ist eben Savas."

Selbst sein Vater sei mittlerweile stolz auf ihn. Anders als früher. „Dass ich so schlecht in der Schule war und meine Tischlerlehre abgebrochen habe, fanden meine Eltern überhaupt nicht lustig. Obwohl sie so links und fortschrittlich waren, haben sie mein Leben erst akzeptiert, als das Geld kam. 1300 D-Mark für einen Auftritt. Plötzlich war alles gar nicht mehr so schlecht."

Nach mehr als zwei Jahrzehnten Battle Rap wünscht sich Savas das Gefühl anzukommen. „Ich habe eine Familie gegründet und versuche, für sie da zu sein. Gleichzeitig bleibt ein innerer Kampf. Ich bin es gewohnt, rauszugehen, mein Ding zu machen, einfach mal ein paar Tage wegzubleiben. Viele Sachen, die für andere normal sind, kann ich nicht akzeptieren,

weil sie mich bedrücken und einengen. Räumlich wie sozial." Über seine musikalische Zukunft mache er sich keine großen Gedanken. Natürlich habe man als Künstler Angst, dass alles vorbei sein könnte und man die Familie nicht mehr ernähren kann. „Die Kinder sollen eine gute Schule besuchen. Vielleicht kann ich sie durch die Uni begleiten. Bei mir hat das nicht funktioniert. Da war null Konzentration. Vielleicht ist das bei meinen Kindern anders. Wichtig ist, dass sie ein glückliches Leben führen. Ob als Tischler, Chirurg oder Rapper."

Idylle pur, Konfrontation ade? Frieden mit sich und der Welt für den Battle King? Im Sinne Mark Twains ließe sich kontern: Man vergisst vielleicht, wo man die Friedenspfeife vergraben hat, aber man vergisst niemals, wo das Beil liegt. Demnach gäbe es kein Entrinnen aus der fortwährenden Auseinandersetzung mit dem Feind in seinem Rap. Im Kopf wie auf der Bühne. Ein stetes Brennen, bis die Flamme erloschen ist?

Ah, sie sagen, bring' dich mal um.
Töte dich, tu's für uns, tu's für die Kunst.
Tu' alles, was nötig ist, mach 'n Punkt.
Zöger' nicht, gib den Dingen 'n Grund.
Nimm dir dein Leben, werd' ein Märtyrer!

„Besser einander beschimpfen als einander beschießen", erkannte selbst Kriegsminister Winston Churchill. Ein Bonmot, das die Erkenntnis eines anderen Haudegens trefflich unterstreicht: „Es gibt amüsantere Dinge, als Leute zu verhauen", so Muhammad Ali. Durch Hiphop muss also niemand sterben. Nicht einmal als Märtyrer.

FRAUENARZT UND MANNY MARC
Ganz normale Atzen

Frei nach Spiegel Online sind sie das dritte Ungemach nach Wirtschaftskrise und Schweinegrippe. „Hinterhofrapper mit Ludenattitüde", ergänzt Der Tagesspiegel. Ihre Shows ein „Megakracher" aus „Untergrund-Hiphop, Sauf- und Proletenkultur", zwischen „Techno, Schlager und Grölrap", finden andere.

Deutschland im Jahr 2009. Wirtschaft und Bevölkerung schleppen sich durch die Finanzkrise. Die Atzen hingegen feiern ausgelassen durch das depressive Sommerloch. Brot und Spiele statt Bankenrettung und Kurzarbeit. Geplant war das nicht. Umso heftiger ist die Resonanz. Ihre Musik beschallt Partys zwischen Kap Arkona und El Arenal. Was der elitären Journaille ganz und gar nicht gefällt. Spitzzüngig ätzt sie über das schrille Amüsement und haut ordentlich drauf. So hat jeder seinen Spaß.

Party machen, nicht abkacken,
Weiter lachen, schnell aufwachen,
Weiter zappeln, weiter zappeln,
Lasst uns heut den Club abfackeln.

Jahre danach betreten wir die frisch sanierte Malzfabrik in Tempelhof-Schöneberg. Der Industriekomplex steht seit 100 Jahren. Von hier lieferte die Mälzerei von Schultheiss-Patzenhofer Zutaten für die Bierherstellung. Heute bevölkern Firmen unterschiedlicher Branchen das Areal. Auch Frauenarzt und Manny Marc sind eingezogen, mit Studio und Management. Wir wollen die Inkarnation des Atzionismus vor Ort treffen und erwarten ... ja, was eigentlich? Joints, so groß wie Zuckertüten? Partymucke und Adelskrone zum Frühstück?

Ich hab dieses Gefühl,
das wird hier heut ein riesen Ding,
das wird die Party des Jahres,
ja das sagt mir mein Instinkt.
Heut sind alle dabei,
es haben sich hier alle getroffen.
Wir feiern bis zum Abwinken,
hier wird Konfetti geschossen.

„Ich trinke ganz selten Alkohol", bekennt Frauenarzt und nimmt einen Schluck aus der Wasserflasche, während Manny Marc eine Dose Red Bull aufzischt. In ihrem Studio geht es ziemlich spartanisch zu. Nix mit „Zicke Zacke Hühnerkacke, Fitze Fatze, Ritze Ratze". Der helle Raum gibt sich nüchtern. Mischpult und Keyboards stehen wohlgeordnet mit Blick zum Fenster. Dazu eine telefonzellengroße Aufnahmekabine, Sitzmobiliar in Schwarz nebst Tisch und Spielautomat. Das war's. Kein Konfetti, kein Alkohol. Geraucht wird draußen. Kein Raum zum „Party machen und auf alles andere kacken"?

„Früher vielleicht, zu unseren wilden Zeiten. Dennoch eher selten. In Magdeburg gab es einen megageilen Backstage-Bereich mit Whirlpool, Duschen und Sauna. Plötzlich tauchten nackte Punk-Gören auf und feierten Champagnerparty. Oder die Nacht in diesem doofen Dorfhotel. Am nächsten Morgen bin ich aufgewacht, und mein Waschbecken war kaputt getreten. Der Fernseher lag schräg auf dem Boden, das Bett war umgedreht." Frauenarzt weiß nicht mehr, was passiert ist. „Wir hatten das Glück, unser Hobby zum Beruf machen zu können. Was uns gegeben wurde, haben wir immer als Segen betrachtet. Und letztlich darauf geachtet, alles gut zu behandeln."

Wenn Manny Marc gewollt hätte, könnte er heute ganz seriös im Hilton arbeiten. Er ist gelernter Hotelkaufmann, hat an der Steigenberger Akademie gebüffelt, dem Land in der Bundeswehr gedient und einen Pilotenschein in Angriff genommen. All das ist 20 Jahre her. „Nachts sprühen, tagsüber mit Anzug an der Rezeption stehen. Eine sehr verrückte Zeit." In Anlehnung an den Serienmörder der Filmreihe „A Nightmare on Elm Street" nennt er sich eine Zeit lang Freddy Krüger, später DJ Manny Marc. „Als ich früher meine Solosachen machte, war er mein Tour-DJ", ergänzt Frauenarzt. „Rap doch auch mal, meinte ich irgendwann. Seitdem ist das so." Und Manny Marc einer der beiden Oberatzen.

„Wir kennen uns seit der Schule, waren Sprayer und hatten die gleichen Interessen." Womit die Atzenwurzeln freigelegt sind. Sie liegen im Graffiti-Milieu, wo weniger ein Schein benötigt wird, um Karriere zu machen, als vielmehr eine Crew. In den 90er-Jahren gründen sie ORX, eine eigene Gang, und verbinden sich mit der Spandauer CNF Crew, einer der ältesten Berlins. Es entsteht Berlin Crime. „Eine der größten Hiphop-Vereinigungen der Stadt. Wir hatten Leute von überall." Und natürlich Stress mit der Polizei.

Auf der Mauer, auf der Lauer,
sitzen grüne Männchen.
Auf der Mauer, auf der Lauer,
wir sind blaue Lämpchen.
1, 2, Polizei,
3, 4, noch mehr Bier.

„Irgendwann ist man dafür zu alt. Hin und wieder bin ich noch aktiv, aber die Lust am Illegalen geht über die Zeit verloren", sagt Manny Marc. Sein Leben für die Musik beginnt mit Mixtapes, Learning by Doing während der Ausbildungszeit. „Ich habe schon mit elf Jahren Musik gemacht. Scratches, gesampelt, am Drumcomputer gespielt. Erspart vom Taschengeld", fügt Frauenarzt hinzu.

Sein Vater, ein langhaariger Alt-Hippie mit Vorliebe für Rockmusik, arbeitet als Drogentherapeut. Die Einrichtung, für die er tätig ist, unterhält eine Kooperation mit dem Schallplattenversandhandel WOM World of Music, der hin und wieder Fehlpressungen oder aussortierte Scheiben zur Eigennutzung freigibt. „Als ich elf oder zwölf war, bekam ich die erste Platte geschenkt." Ice-T, der damals noch Old School unterwegs ist. „Die Mensch-Maschine" von Kraftwerk. Run DMC.

Public Enemy. Ghetto Boys. „Eine harte Rap-Platte, die meine Mutter nicht so toll fand. Aber die Texte hab ich damals eh nicht komplett verstanden."

Auch Berliner rappen Anfang der 90er-Jahre englisch. „Es gab die Islamic Force, so eine Übergruppe, die jeder geil fand. Deswegen war Deutsch-Rap verpönt. Den musste man erst mal cool machen", erinnert sich Frauenarzt. „Natürlich waren da die Fanta4, diese schrägen Typen mit Kinderreimen und Hampelmann-Rap."

Cool sei das nicht gewesen, findet Manny Marc. Dennoch habe man sich über deutschen Rap gefreut. Über Advanced Chemistry aus Heidelberg und das Kölner Duo Äi-Tiem. „Erstmalig arbeiteten deutsche Rapper mit dem TR-808 von Roland. Die hatten einen echt fetten Sound, wo du gesagt hast, das klingt jetzt echt nach Hiphop. Wie Public Enemy auf Deutsch", so Frauenarzt. „In Anlehnung an ORX hatte ich damals eine Band mit dem Namen Overtax. Wir gehörten zu den Ersten in Berlin, die sich getraut haben, deutsch zu rappen."

1998 beginnt die Bassboxxx-Ära. „Wir wollten ein Label mit deutscher Electro- und Bass-Musik, orientiert am Miami Bass, diesem ordinären Zeug, das 2 Live Crew gemacht haben." Anfangs soll das Label Basssonic heißen. „Es gab ‚Supersonic', ein großer Hit von J. J. Fad. So kamen wir auf den Namen. Ich glaube, es war meine Idee", überlegt Frauenarzt. „Manny Marc fand Bassbox viel geiler. Ich wollte unbedingt drei gleiche Buchstaben, am liebsten drei x im Namen, wie Blowfly auf seinen Platten." Hin wie her: Es geht um Bass, um X-rated Rap. Beides muss in den Namen. Also Bassboxxx.

Musik, ich hab dich lieb,
wir lieben dieses Leben.
Wenig Text, viel Bass.
Wir wollen was erleben.
Wenig Text, viel Bass,
die Wände werden nass.
Wir geben heute Gas
und haben unser'n Spaß.

„Ich hatte damals einen EMAX-Sampler von E-MU. Die Maschine steht übrigens hinter euch", Frauenarzt zeigt in die Richtung. „Mit dem konnte ich Instrumentals produzieren, jedoch keine Vocals aufnehmen. Mein Kumpel Jope, eine Sprüherlegende der Kreuzberger VPS Crew und Mitglied der Vapeilas, kannte einen Typen mit 8-Spurgerät. MACH One. Zu dem bin

RAIDERS

ich hin." Sein Studio, das erste, originale Lätzte Loch, ist ein winziger Raum mit Flur. So klein, dass nur zwei Leute darin stehen können. Dort nimmt Frauenarzt seine erste Kassette auf. Später gibt es ein zweites Lätztes Loch, nur unwesentlich größer, welches sogar in einer 3Sat-Reportage zu Ehren kommt.

„Wir waren ein chaotischer Haufen. MC Basstard war dabei, nicht zuletzt MC Bogy. Jeder hat sein Ding gemacht. Ohne Struktur. Man hat nur kurz abgesprochen, wer wann was rausbringt", so Manny Marc. Immer mehr Leute kommen dazu. Auch AKTEone. Bassboxxx ist kein angemeldetes Label, wird zu

„Stress gab es natürlich auch. Aber erst später", so Manny Marc. „Royal Bunker war eine große Sache", ergänzt Frauenarzt. „Die hatten echt viele Künstler. Durch dieses Battle-Ding ist vieles aufgebauscht worden. Street-Leute kamen dazu, die mit ernsthaften Beleidigungen gerappt haben. Eine unschöne Zeit. Andererseits normal in der Szene. In Berlin sowieso. Wenn wir zu Jams fuhren und es Stress mit anderen Städten gab, was oft der Fall war, dann waren die Berliner cool miteinander. Sobald der Zug zu Hause ankam, haben die Leute aber schon am Bahnhof angefangen, sich wieder gegenseitig fertigzumachen."

einer Clique, einer Rap-Crew. Bis heute wurde sie nie wirklich aufgelöst und steht für Drogen-, Porno- und Gangster-Rap der Jahrtausendwende. „Mein Vater fand die Musik gar nicht so schlimm. Mutter mochte die Texte nicht. Insgesamt aber fanden sie toll, dass wir was auf die Beine stellten und eigenes Geld verdienten", erzählt Frauenarzt.

Ende der 90er finden die ersten Freestyle-Veranstaltungen im Royal Bunker statt. Dort trifft die Bassboxxx-Clique auf andere Untergrund-Rapper: Kool Savas, Taktloss, Sido, B-Tight, Vokalmatador, die DJs Marc Hype und MK 1, Fuat, Fumanschu.

Labels kommen, Labels gehen. Auf Bassboxxx folgen Rap Haus Records, Mehr Kohle Records und Ghetto Musik. Es geht Schlag auf Schlag, vieles schief. Ein Album von B-Tight und Smoky erscheint nie, weil die Festplatte zusammenbricht. Bei Megaloh und Sprachtot gibt es Probleme mit der GEMA. „Dr. Sex", ein Soloalbum von Frauenarzt, läuft zunächst gut. Auch bei MTV. „Ich bin das erste Mal mit einem Musikvideo auf Rotation gegangen und hatte gerade eine Nachpressung gemacht." Doch der Erfolg schlägt Haken. Mit Indizierung und sofortigem Verkaufsstopp.

„Porno- und Gangster-Rap waren medial präsent. Das führte zu Widerständen. Bestimmte Personen haben sich extrem dagegengestellt. Allen voran die SPD-Politikerin Monika Griefahn. Gefolgt von, wie hieß sie doch gleich? Alice Schwarzer." Im Ergebnis der Zankerei wird die Bundesprüfstelle mit Porno-Rap geflutet. „Die waren völlig überfordert. Es war eine Zeit, in der jedes zweite Deutsch-Rap-Album auf dem Index gelandet ist, sogar Intros und Instrumentalstücke", erklärt Frauenarzt. „Natürlich waren wir nicht frauenfeindlich oder rechtsradikal. Oft ging es um Ironie. Trotzdem musste ich bis zu 20 000 Exemplare meiner Alben einstampfen, zudem eine Strafe zahlen. So ist Ghetto Musik gegen die Wand gefahren."

Inmitten der Misere kommt Alexander Marcus ins Spiel. Das Gemeinschaftswerk „Florida Lady" bohrt sich ins Gehirn der Öffentlichkeit. Gleichzeitig stellt der Paradiesvogel Kontakt zu seinem Label Kontor Records her. Denn auf den Festplatten der Untergrundrapper schmoren Songs wie „Das geht ab" oder „Ein ganz normaler Atze", Electro Rap, der zu diesem Zeitpunkt ein eher schläfriges Dasein fristet, da er nicht zum Ghettoimage passt.

„Also sind wir mit diesen Songs, nicht gemastert, nicht gemischt, gar nichts, nach Hamburg zu Jens Thele gefahren, dem Chef von Kontor Records und inoffiziell vierten Mitglied von Scooter." Die Reaktion: „Geil. Können wir so rausbringen."

Das ist Atzen Musik,
bei uns da brennt jeder Club.
Es wird gefeiert wie noch nie,
schmeiß die Hände in die Luft.

So erscheint 2008 das Album „Atzen Musik Vol. 1". 2009 schlägt „Das geht ab" wie eine Arschbombe ein. „Eben noch indiziert und bekämpft, hatten wir plötzlich dieses Spaßprojekt und wurden als Könige der Partymusik gefeiert. Waren in Schulen und Jugendsendern angesagt bis zum Gehtnichtmehr. Voll merkwürdig. Dann fuhren wir nach Malle."

Jedes Wochenende, immer freitags. Riu Palace, jahrelang. Die Diskothek an der Playa de Palma gibt es seit mehr als drei Jahrzehnten. Sie hat den „kultigsten Backstage-Raum", findet Frauenarzt. „Eine Kammer mit kahlen Wänden, Toilette und einer Couch, die dort von Anfang an gestanden haben muss. Abgefuckt.

Man hatte Angst, sich drauf zu setzen." Dennoch geben sich Prominente jedweder Couleur die Klinke in die Hand. „Tim Mälzer steht plötzlich vor dir, Nenas Uwe Fahrenkrog-Petersen springt während der Atzen-Show auf die Bühne. Man hat sich immer gefragt, was die in diesem Loch machen." Doch auch das dritte Lätzte Loch ist Geschichte. Zur Saison 2016 hat das Riu Palace seine Pforten geschlossen.

Wir bleiben wie wir sind.
Wir sind immer noch, wie wir war'n.
Hey ich sag dir wer ich bin,
ich bin ein ganz normaler Atze.

Der Erfolg scheint keine Starallüren hinterlassen zu haben. Backstage geben sich Die Atzen gleichermaßen anspruchslos. „Wir brauchen nicht viel: Wasser, Handtücher, drei Funkmikrofone. Zwei leere Kübel für Konfetti. Einen separaten Raum zum Umziehen nach der Show." Kein Bier? Frauenarzt zuckt mit den Schultern. Zur Not gehe man eben zur Bar. „Unser DJ hatte mal einen Spleen und wollte Tequila mit braunem Zucker und geschnittenen Zitronen, weil er die Schnauze voll hatte, sich immer einen Drink holen zu müssen. Das haben wir dann in die Verträge geschrieben. Bis heute kriegen wir Tequila hingestellt, den kein Mensch trinkt. Nicht mal mehr DJ Reckless."

Anfang 2009 besteigen Die Atzen den Olymp. Hertha tritt gegen Leverkusen im Hauptstadtstadion an. Die beiden Freunde stehen vor 70 000 Zuschauern und orchestrieren die Ostkurve. „Hey, das geht ab. Wir holen die Meisterschaft." Die Fans brüllen sich die Seele aus dem Leib. Die Hymne findet Einzug ins Stadionrepertoire, verhilft jedoch nicht zum Titel. Die Single hingegen wird mehr als 300 000 Mal verkauft und erreicht Platin. Bis heute haben Die Atzen vier Alben veröffentlicht. „Wir hatten Auftritte ohne Ende. Malle, Deutschland, Frankreich, Österreich, Schweiz." Gold gibt es für „Atzen Musik Vol. 2", die Auskopplung „Disco Pogo" und die Single „Strobo Pop" aus dem Album „Party Chaos". „Disco Pogo" wird bei YouTube mehr als 52 Millionen Mal geklickt, das offizielle Video nicht mitgerechnet, womit es wohl das erfolgreichste Rap-Video Deutschlands ist, wahrscheinlich der meistgeklickte deutschsprachige Song überhaupt.

Dabei entsteht der Hit eher unfreiwillig. Schuld sind ein paar „Schlaumeier", die 2009 einen Song im Atzen-Stil aufnehmen, den sie „Disco Pogo" nennen und über DJ Pools verteilen. Das Lied läuft auf allen Kanälen und wird fälschlicherweise als Nachfolgehit der Atzen verstanden. Besagte Schlaumeier, „irgendwelche Leute aus Westdeutschland", haben den Atzen-Stempel draufgehauen, damit es Beachtung findet und gespielt wird. So die Vermutung. Wikipedia hingegen glaubt zu wissen, dass es durch die fehlerhafte Ansage eines Radiomoderators zu der Verwechslung kam. Wie dem auch sei: Bei einer Veranstaltung werden Die Atzen mit „ihrem neuen Song" konfrontiert und sind sauer. „Wenn die uns verarschen, verarschen wir doppelt und dreifach zurück. Die Leute wollen ‚Disco Pogo' von uns, also sollten sie ihn kriegen. Nur tausendmal geiler."

Wir lassen uns nicht verarschen.
Wir tanzen und wir toben.
Hebt die Hände nach oben
und dann lasst uns Disco pogen!

Gesagt, getan. In nur drei Stunden entsteht der Song. Drei Tage später wird er zum kostenlosen Download ins Internet gestellt. Weitere drei Tage später fleht Jens Thele durchs Telefon: „Jungs, nehmt den Song aus dem Netz. Der wird ein Hit, die Single eures nächsten Albums. Wir brauchen ein Video." Drei Wochen danach wird beides veröffentlicht. Drei Stunden, drei Tage, drei Wochen. „Wer die Geschichte kennt, weiß, dass der Titel aus Wut entstanden ist. Man kann es hören, obwohl der Song im Partygewand daherkommt."

Atzen Musik ist sehr viel erfolgreicher als der frühere Porno-Rap. Seid ihr Frau Schwarzer dankbar? Frauenarzt lacht. „Nein, natürlich nicht. Die kriegt noch ihr Fett weg." Also ein Album über Frau Schwarzer? „Jetzt kümmern wir uns erst einmal um unsere Soloalben." Manny Marc bleibt sachlich. „Bei mir wird ein Punksong dabei sein, Techno-Rap, Hiphop, alles Mögliche. In jedem Fall verrückt. Nicht unbedingt knallhart. Von der Musik her aber schon."

„Mein Album ist anders, nicht unbedingt das, was man von Atzen Musik erwartet. Eher, was man von Frauenarzt erwartet. Old School und Explicit Lyrics. Zurück zu den Wurzeln. Rappig, hiphoppig, hart." Mit seinem beim eigenen Label Proletik veröffentlichten Album „Mutterficker" zelebriert Frauenarzt einmal mehr den Duktus des Porno-Rap und holt den Rüpel aus dem Sack:

Bin ich dir zu hart,
dann verpiss dich, du Spast.
Ich drücke meinen Knüppel
in die Ritze, bis er passt.

Was wohl Frau Schwarzer darüber denkt? Dem König der Hupen und Ritzen dürfte das egal sein. Who the fuck is schon Alice?

AND YOU

RAP AM MITTWOCH
Schlachteplatte am Schlesischen Tor

DJ Pete hinter Cihan, Jonni und Tierstar.

Grüner Samt zieht durch den Raum. Selbst Mittvierziger bauen übergroße Tüten. Auf der Bühne ist die Danger Zone abgesteckt. Davor warten dicht gedrängt knapp 500 Leute, Schulter an Schulter. „Wo ist die größte Cypher Deutschlands?", brüllt MC Ben Salomo in sein Mikro. „Hier. Hier. Hier!", skandieren Jungs und Mädels. „Wer hat die geilste Crowd in Deutschland?", legt der Zeremonienmeister nach. „Wir. Wir. Wir!", pariert die Menge. Für das nun folgende Spektakel ist sie aus allen Ecken des Landes angereist. Zum Schlesischen Tor am Hauptstadtfluss. Ins Epizentrum der Kreuzberger Boheme.

Ob sich Friedrich Wilhelm I. im Grabe umdrehen würde? Zwischen 1734 und 1737 ließ der preußische Soldatenkönig eine Zollmauer errichten, um Handel und Wandel in seiner Hauptstadt zu überwachen. Das Schlesische Tor war der östlichste von insgesamt 14 Durchlässen. 1902 entstand im historischen Gemäuer der gleichnamige Hochbahnhof. Erbaut für die erste U-Bahn-Strecke Berlins, die später als Kulisse für das Musical „Linie 1" diente. Nach dem Mauerbau wurde der Bahnhof zur Endstation im amerikanischen Sektor. Er galt als Dreh- und Angelpunkt des wiedervereinigten Berlins, ist heute Fixpunkt für Partygänger und Rollkoffertouristen, Obdachlose, Klein- und Großkriminelle. Ab und an wird zugehauen. Zuweilen wortgewaltig, ganz ohne Fäuste.

Immer dann, wenn im Bi Nuu, einer Party-Location direkt im Gebäude des Bahnhofs, ein Gemetzel der besonderen Art stattfindet: Rap am Mittwoch. Eine Freestyle-Schlacht, die mit den Waffen der Sprache ausgetragen wird. Mit Reimen und messerscharfen Worten statt Schwertern.

Ihr Erfinder ist Rapper Jonathan Kalmanovich, alias Jonni aka Ben Salomo. 1977 in Rechovot geboren, 20 Kilometer südlich von Tel Aviv. Seit 1981 lebt er in Berlin. „In den 90er-Jahren war Rap in vielen Kreisen völlig unbekannt", so Jonni. „Dass ich anfange zu rappen, habe ich meinen Eltern nicht erzählt. Warum auch? Die hätten nichts damit anfangen können. Als sie schließlich erfuhren, dass ich meine Ausbildung zum Physiotherapeuten schmeiße, um Musik zu machen, hing der Haussegen sehr, sehr lange schief."

Zu dieser Zeit befindet sich die ehemalige Frontstadt auf dem Höhepunkt ihrer Gang-Kultur. Mit den 36Boys, Black Panthers oder Araber Boys legt sich niemand freiwillig an. Ende der 90er besucht Jonni den Royal Bunker. Wenngleich nur ein einziges Mal. Neue Gesichter habe man wie Fremde behandelt. Die Atmosphäre sei feindselig gewesen. „Ein Spiegelbild

Berlins und seiner Gang-Strukturen." Jonnis Blick auf Hiphop ist schon damals gänzlich anders gelagert.

„Deshalb wollte ich etwas Eigenes auf die Beine stellen und brauchte einen eingängigen Namen." In Anlehnung an die im Ersten Deutschen Fernsehen laufende Kindersendung „Spaß am Dienstag" erblickt Rap am Mittwoch 1999 das Licht der Kampfzone, hausiert zunächst in einem Kellergeschoss in der UFA-Fabrik und wird nach Schließung des royalen Bunkers zum Refugium der „heimatlos Gewordenen mit ihrer unterkühlten Attitüde". In den Anfangszeiten ist Rap am Mittwoch nicht viel mehr als ein Übungskeller mit freundlichem Klima. „Ich habe den Raum aufgeschlossen, den Boden gefegt, der Sache einen Namen gegeben und die Leute willkommen geheißen", erinnert sich Jonni.

Schon bald aber platzt die Location aus allen Nähten. Weil sich zudem „berüchtigte Menschen" unters Publikum mischen, bekommen die Vermieter kalte Füße und setzen Jonni mitsamt seinem Event vor die Tür. Rap am Mittwoch ist vorläufig Geschichte. Sein Macher verfolgt erst einmal andere Prioritäten.

Jonni will nun Musik machen. Bereits 1997 hat er mit Flow Flex die Flow Joes gegründet. Beide stehen beim Independent Label Artikulabor unter Vertrag, bis im Sommer 2000 Schluss damit ist. Jonni & Co. verlassen das Label, gründen mit Asek die Illuminaten und wenige Monate später mit Chefkoch, Damion Davis, Mike Fiction und DJ Pete die KaosLoge, eine Rap-Crew mit Gleichgesinnten aus beiden Teilen der Stadt. Ein Jahr darauf heben Jonni und Asek das Indie-Label Tempeltainment aus der Taufe. 2006 ist auch dieses Projekt in Auflösung begriffen, worauf Jonni zum Barkeeper wird.

Erst 2010 findet Rap am Mittwoch zurück in die Oberwelt. Ein ganzes Stück Wehmut sei im Spiel gewesen. Auch weil die Veranstaltung nie den medialen Stellenwert wie Royal Bunker erreicht habe, obwohl doch viele spätere Bekanntheiten am Start gewesen seien. Also initiiert Jonni einen Aufruf bei Facebook. „Wenn wir 50 Likes bekommen, mache ich die Cypher wieder auf." Da in kurzer Zeit mehr als 100 Leute den Daumen heben, muss er aktiv werden. Versprochen ist versprochen.

Rap am Mittwoch startet durch und ist heute eine professionell organisierte Show. Konzipiert „mit dem Kopf eines 30-Jährigen". Die Veranstaltung gastiert auch auswärts. Auf dem Tourplan stehen Städte wie Frankfurt/Main, Hamburg, Köln, München, Bochum und Münster.

„Mach mal Lärm, Berlin“, dirigiert Jonni die Menge, deren Antwort die Wände im Bi Nuu vibrieren lässt. Ein junger Mann aus Oberhausen betritt die Danger Zone. Schüchtern haucht er seinen Namen ins Mikrofon. Sein erster Reim geht im Gejohle unter, der zweite verliert im Kampf gegen das Lampenfieber. Blackout. Der Albtraum jedes Live Performers setzt den Bedrängten unbarmherzig schachmatt. Das Publikum buht. Jonni muss eingreifen und fordert die Einhaltung der goldenen Veranstaltungsregel: Respekt.

„YouTube kann jeder. Face-to-face ist was anderes“, mahnt er die Crowd. Die lernt: Rap am Mittwoch ist nicht nur Gaudi, sondern durchaus ein sozial-pädagogisches Projekt. „Wir geben Hinweise und Anleitung. Ermahnen das Publikum, nicht herumzugrölen, wenn ein Rapper versucht, seine Lines zu sammeln. Wie beim Gedichtaufsagen in der Schule. Wer stört, ist als Nächster dran.“ Das sei schon ziemlich lehrermäßig.

Im Verlauf der Cypher, eine Art Poetry-Slam für ambitionierte Jung-Rapper, geben sich weitere Talente das Mikro in die Hand. Sie nennen sich Tisos, Chia, Gugo oder Buchstabensalat. Danach folgt die Battlemania, ein Zweikampf für Fortgeschrittene, und schließlich die BMCL Battlemania Championsleague, bei der sich die Besten der Besten duellieren. Gestandene Szene-Kämpfer wie Ssynic, Bong Teggy, Karate Andi, Laas Unltd., Drob Dynamic, P-Zak oder MC Maik.

„Rap am Mittwoch, kommt alle mit, doch ...“, skandiert Jonni unisono mit der kampfbereiten Meute, „... wenn ihr nichts mit Hiphop am Hut habt ...“, ja, was dann? „... müsst ihr geh'n!“

Hunderte Hände sind in der Luft. Oberkörper folgen im Takt. „Ich mach die Veranstaltung gern da, wo die Leute richtig Bock haben. Berliner sind eher satt und unterkühlt. Für die ist Rap am Mittwoch nach fünf Jahren schon zur Routine geworden. Anheizer in Berlin zu sein, ist die größte Herausforderung.“

Co-Moderator Andrez Mba aka Tierstar bestätigt Jonnis Aussage. Ganz Bruder im Geiste. Aufgewachsen im gleichen Viertel. Schöneberg, rund um den Nollendorfplatz. „Dort gab es echt viele Leute aus anderen Kulturen. Türken, Russen, Juden, Araber, Deutsche. Das war exotisch, viel weniger mit Vorurteilen behaftet als heute“, erinnert Jonni. „Tierstar war der erste Schwarze, besser gesagt Halbschwarze, den ich im Kiez kennenlernte. Als der plötzlich anfing, Russisch zu reden, war das der Oberschock.“

Tierstar wird 1980 in der Ukraine, dem Heimatland seiner Mutter, geboren und lebt seit 1982 in Berlin. Sein Vater stammt aus Guinea. Mulitkulti, wie das gesamte Team. DJ Pete ist Pole. Kameramann Spooky als Deutscher die Ausnahme. Organisator und Chefredakteur Cihan Bilgin wiederum erblickt in Halfeti das Licht der Welt. Wo das nun wieder liegt? „Am liebsten wäre mir, wenn du Kurdistan schreibst", bittet der 21-Jährige in hessischer Mundart. Ein kurdischstämmiger Offenbacher, seit einigen Jahren Neu-Berliner, voll integriert im hauptstädtischen Migranten-Stadl.

Nicht minder bunt mischen sich die Akteure der Show. „Wir hatten Franzosen, Italiener, Polen, Philippinos, Ägypter, Palästinenser", zählt Jonni auf. Gerade während der Cypher werde in allen Sprachen gerappt. Das funktioniert? Cihan nickt. Rap habe mit Rhythmus, Flow und Takt zu tun. Nicht zuletzt mit Gefühl. Tatsächlich? Obwohl Battle Rap alles andere als Balsam für die Seele ist? Nirgendwo sonst, in wohl keinem anderen Show-Format, werden verbal mehr Mütter gefickt, mehr Schwänze gelutscht, Vorhäute strapaziert und Fressen poliert. Bis hin zu Fäkalerotik, von Bong Teggy genüsslich vorgetragen:

Deine Freundin, die ist echt 'ne tragische Socke.
Ihre Vagina riecht so, als ob sie badet in Kotze.
Sie hat ihre Periode ganze fünf Tage die Woche.
Und denkt sich: Och, dieses Unheil ist gar nicht zu stoppen.
Tampons kann sie sich nicht leisten, weil das ja so viel kostet.
Sie versucht, den klumpigen Blutfluss panisch zu stoppen.
Als Lösung hat sie einfach ihre Arschhaare geflochten.
Das Ding steckt sie sich dann vom Arsch in die Fotze.

„Wenn Hiphop für den Elternteil steht, dann ist Rap das böse Kind", erläutert Tierstar die Reimkunst des Underground. „Breakdance, Graffiti und Beatboxing sind die guten Kinder. Das liegt wohl auch daran, dass Bewegungen, Bilder und Töne nicht so viel Negatives transportieren können wie Worte." Beispielsweise als Laas Unltd. seinen Gegner Drob Dynamic frei nach Freud in Grund und Boden analysiert:

Du Fotze, du hast eh einen Mutterkomplex.
Jeder deiner Parts geht zu 50 Prozent um deinen Speck
und zu 50 Prozent darum, dass du über 'ne fremde
Mutter rappst.
Widmen wir uns zunächst deinem Pummelspeck,
denn deine Adipositas ist psychosenhaft bedingt.
Logisch dass ich bei dir such,
bis ich für deinen physisch problematischen Umfang jetzt
den psychosomatischen Grund entdeck.

„Solche Aussagen sind oft Momentaufnahmen", ist sich Tierstar sicher. „Wenn du einen Song schreibst, erst recht beim Freestylen im Battle Rap, lässt du Aggressionen raus, zuweilen Gewaltfantasien. Leider denken einige Jugendliche, dass Gewalt eine Lösung sein könnte. Doch gerade im Battle Rap wird vieles überspitzt. Als Künstler ist man eine Art Vorbild und sollte seiner Verantwortung gerecht werden, was oft nicht geschieht."

„Mein Rap versetzt Berge. Deswegen bin ich noch lange kein Geologe", ergänzt Jonni. „Wer sagt, ich ficke deine Mutter, ist kein Sexualstraftäter, sondern rappt einfach nur eine Punchline." Battle Rap bedient sich

unterschiedlicher Stilmittel. So genannte Mütter- oder Familienlines gehören dazu, um den Gegner zu erniedrigen oder sich selbst mit lyrischer Überlegenheit emporzuheben. Man müsse den Leuten erklären, so Jonni, dass die Protagonisten auf der Bühne eine Art Kunstfigur abgeben. Vieles sei abstrakt zu verstehen, wie in einem Theaterstück oder im Film. Death Proof à la Ssynic:

Ich fick deinen polnischen Vater in den Arsch,
mit meinem schwarzen Knüppel.
Zieh deiner polnischen Oma den Rollator ab
und schlag damit deinen polnischen Opa zum Krüppel.
Ich töte deine Mutter mit 'ner linken Rückhand,
obwohl ich sie verlassen hab.
Nehm' euern ganzen polnischen inzestösen Stammbaum
und schmeiß euch in so 'n Massengrab.

Gehören Explicit Lyrics indiziert? „Kommt drauf an", befindet Jonni. „Weniger was Liveshows anbelangt. Möglicherweise bei CDs. Dort fehlt die Konfrontation mit dem Gegner, die Erklärung des Moderators, dass eine Auseinandersetzung auf sportlicher Ebene stattfindet." Spricht's und zitiert sinngemäß den deutsch-türkischen Kabarettisten Serdar Somuncu: „Wir haben alle das Recht, diskriminiert zu werden." Ob schwarz oder weiß. Völlig egal. Sogar rassistische Witze seien im Battle Rap erlaubt. Echten Rassismus hingegen würde er sofort unterbinden.

Bei Rap am Mittwoch gehe es darum, dass sich die Leute nach dem Battle die Hand geben, sich umarmen. Dass ein Interview geführt werden könne, in dem die Rapper, eben noch wütende Gegner, der Leistung des anderen Respekt zollen. Denn am Ende heißt es immer: Peace, Alter! Womit klar werden soll, dass die Show eine Show ist und nichts mit der Realität zu tun hat. So findet bei Rap am Mittwoch all das, was die deutsche Gesellschaft seit Jahren anstrebt, ganz selbstverständlich auf der Bühne statt. Immer mittwochs. Vor allem in Berlin. Migration und Integration. Show und Realität.

Die unterkühlte Berliner Crowd ist mittlerweile heiß gelaufen. Verschwitzte Menschen honorieren das Gemetzel mit leuchtenden Augen. Johlen dem Sieger zu, als wären sie beim Gladiatorenkampf. Unter ihnen auffallend viele Frauen. Ein Rätsel, da Weiblichkeit gemeinhin mit Empathie und Sensibilität in Verbindung gebracht wird. Hier jedoch ergötzen sie sich gemeinsam mit der männlichen Meute an einem verbalsexistisch anmutenden Unterhaltungsformat, das neben praktizierter Völkerverständigung auch einen Hauch spätrömischer Dekadenz ausstrahlt.

„Muss ich ihn ansagen?", fragt Jonni zu später Stunde in die Runde.

„Nein", brüllt die Menge.

„Ich sage Fresh. Ihr sagt ..."

„Polakke!"

Eine ungelenke Gestalt, der man ungern in Kreuzberger Nächten begegnen möchte, rennt auf die Bühne. „Der König der Diebe, Albtraum aller Ladendetektive." Mehr als 13 000 Fans mögen ihn bei Facebook. Fresh Polakke ist Spezialist für derben Polenwitz und Publikumsliebling der Crowd.

Showtime am Schlesi. Die Schlachtplatte ist angerichtet.

QUENTIN

B-TIGHT
Der Neger

„Neger ist eine im 17. Jahrhundert in die deutsche Sprache eingeführte Bezeichnung, die auf eine dunkle Hautfarbe so Bezeichneter hinweist", belehrt Wikipedia. Der Duden folgt seit 1999 dem gesellschaftlichen Konsens und vermerkt, dass besagtes Wort heute meist abwertend empfunden wird.

Vor uns sitzt einer, der die geächtete Bezeichnung 2007 als Titel für sein Album „Neger, Neger" auserkoren hat. Auf der Beliebtheitsskala der Fans steht „Der Neger" seither ganz weit oben. Zumal das vermeintliche Unwort im Repertoire des Künstlers häufig Verwendung findet.

Wie hält er es mit deutschsprachlichen Befindlichkeiten? „Ist mir egal", antwortet Robert Edward Davis. „Die Leute denken, ich hätte keine Ahnung, was Schwarzsein bedeutet und welche Kultur dahintersteckt. Aber ich bin mit Afrikanern aufgewachsen. Sie gehören zu meinen Wurzeln und meiner Lebensweise." Na dann ist das ja geklärt und wir können uns auf den Mann hinter Reimen konzentrieren, die für den erfrischend derben Wortschatz des Künstlers B-Tight stehen.

1979 wird er als Sohn einer deutschen Mutter und eines afroamerikanischen Vaters in Palm Springs geboren. Seine Biografie hat er in einem Song verdichtet, ganz im Geiste der Zunft. Wie üblich, geht es direkt zur Sache: Verwahrlosung, Alkohol und Prügeleien bestimmen die Jugend unseres Helden. Eine typische Unterschichten-Biografie. Kein Wunder, dass er wie kaum ein anderer über Schwänze, Arschficken, In-die-Fresse-Hauen rappen kann. Und wahrscheinlich voll unsympathisch ist. Doch das Vorurteil trügt. Vor uns sitzt ein charmanter und höflicher Mann, den wir nur eine halbe Stunde nach Beginn des Gesprächs spontan adoptieren würden. Er ist der perfekte Schwiegersohn, was auch seine Schwiegermutter findet. Denn mit Frau und drei Kindern ist er längst vergeben.

„Früher war ich anders. Wahrscheinlich hätte ich kein Wort mit euch gewechselt. Was andere Leute fühlen oder tatsächlich sind, war mir ziemlich egal. Spätestens aber wenn du dein Kind auf dem Arm hältst und siehst, wie es wächst und mit dir interagiert, dann willst du wissen, wie es sich fühlt und was du ihm Gutes tun kannst. In einem dieser Momente habe ich erstmalig darüber nachgedacht, wie ich anderen Menschen die Welt schöner machen kann."

Bis dahin durchläuft Bobby schwierige Lehr- und Wanderjahre.

Alles beginnt unter der vermeintlich ewig brennenden Sonne Kaliforniens. Ein Trugschluss, wie Albert Hammond bereits 1972 feststellt: „It pours, man, it pours." Zehn Jahre später erkennt das auch seine Mutter und kehrt nach Deutschland zurück. Am Rockzipfel der dreijährige Bobby und die etwa ein Jahr ältere hellhäutige Schwester. „Wohnung kriegen war nicht leicht, weil der Besitzer nicht jeden nimmt, besonders keine Schlampe mit 'nem Negerkind", reflektiert der Rapper in seiner Biografie. Die Familie landet in einem Kreuzberger Asylantenheim. „Da gab es cooles Essen. Viele Kinder. Eine Ratte, die aus dem Klo kam. Es war immer etwas los", so die heitere Zusammenfassung.

Auch für den Umzug ins Märkische Viertel gibt es einen Reim: „1985 kam ein neuer Mann ins Haus. Der hat gesoffen wie ein Loch. Mama dachte sich, das kann ich auch." Der Musiker lacht, als ginge es um einen Kinderstreich. „Was soll ich sagen", versucht er zu

B-Tight und ‚Evil' Jared Hasselhoff im Bi Nuu.

erklären. „Selbstmitleid liegt mir nicht. Ein Kind von Traurigkeit war ich nie. Ich erinnere die guten Sachen, ohne die schlechten zu vergessen."

Laute Musik. Mutter und ihre Stammgäste aus der Kneipe. Bobby, der Beauftragte für Gläser, Getränke und Eis. Der Partykracher, weil er wie Michael Jackson tanzen kann. Im 4. Stock der Quickborner Straße 89 wird viel gefeiert. „Meist endete der Abend mit Streit und Prügelei. Man kennt das ja, wenn Leute betrunken sind. Dann habe ich mich in mein Zimmer verzogen. Aber die Partys selbst waren lustig."

1988 macht der Neunjährige erste Heimerfahrungen und wird zwei Jahre später erneut zwischengelagert. Nun bei der Familie seiner Tante, wo er auf Altbekanntes trifft: Alkohol und Schlägereien. Geschirr fliegt durch die Wohnung. „Da hätte ich gleich zu Hause bleiben können." Erneut lacht Bobby über beide Ohren. „Bin dann aber doch lieber ins Heim." Wo er geregelte Abläufe kennen und schätzen lernt. „Eigentlich eine schöne Zeit. Auch wenn ich damals oft traurig war und an zu Hause gedacht habe." Die Leiden des jungen B. verhindern nicht, dass er Klassenbester in der Grundschule wird. Deutsch und Englisch liegen ihm besonders. Das Experiment Gymnasium hingegen scheitert. Der schulische Bildungskanon endet mit einem Realschulabschluss.

Mutters Schuld? „Nee", beschwichtigt Bobby, ohne lange nachzudenken. „Es gab Zeiten, da habe ich sie verurteilt. Heute weiß ich, wie schwierig das Leben sein kann. Für mich war im Gymnasium das Thema Schule sowieso durch. Nicht zuletzt wegen der Lehrer und wie sie unterrichtet haben. Vielleicht hätte der mütterliche Einfluss besser sein können, aber das ganze Konstrukt hat nicht funktioniert. Also habe ich Basketball gespielt, Drogen genommen, Frauen beeindruckt und zu Hause das Entertainment Center eingeschaltet. Konsole und Fernsehen. Das war meine Welt. In gewisser Weise ist das bis heute so. Wenn mich etwas nicht interessiert, werde ich mich nicht damit auseinandersetzen."

Anders als die Mutter scheint ihr Sohn ein differenzierteres Verhältnis zu Alkohol zu haben. „Ich bin eigentlich kein Suchtmensch. Alkohol fand ich immer anstrengend. Wie andere harte Drogen ebenso. Alkohol ist für mich eine sehr harte Droge. Klar hab ich manchmal Donnerstag, Freitag, Samstag durchgesoffen. Es gab Blackouts. Nicht zuletzt auf der Bühne. Der Sonntag war in der Regel schrecklich. Deswegen habe ich lieber gekifft. Eine Zeit lang recht viel. Haarscharf am Suchtverhalten."

Doch die Sucht nach Musik ist stärker. Zur 80er-Jahre-Kindheit mit amerikanischem Lifestyle gehören Heavy Metal, Pop-Mucke mit Marky Mark and the Funky Bunch, „Sing Halleluja" von Dr. Alban oder auch MC Hammer, der Überrapper. Alles, was Sprechgesang enthält. Vor allem Frank Zander. „Hier kommt Kurt" wird zur Inspiration für seinen ersten Text: „Hier kommt Bobby, ohne Fahrrad ohne Hobby." Zwei Bars zum Start, schon mal ganz anständig.

1999 wird aus Bobby B-Tight. B steht für Bobby, der ganze Name für Zweideutigkeit. „Wenn du ein tighter

Rapper bist, setzt du die Silben eng aneinander. Du hast einen explosiven Stil, der kurz und zackig getaktet ist. Zudem habe ich mich schon immer für Schweinereien interessiert und war der Meinung: Das muss da rein. Bobby Tight gab es eine Weile, dann Bobby Dick. Manchmal haben die Leute gefragt: Wieso dick? Bist du doch gar nicht."

Bei einem Talentwettbewerb im Jugendzentrum Tegel lernt der angehende Maulheld 1999 seinen späteren Homie kennen. Paul Hartmut Würdig. „Ich kam mit meiner Neger-Crew. Sido mit seinen Milchbubis. Ich fand ihn scheiße, weil er nicht schwarz war. Er mich ebenfalls, weil er dachte, ich sei so ein Typ, der auf Überrapper macht. Also haben wir uns böse Blicke zugeworfen."

Ein Jahr später folgt ein weiteres Zusammentreffen bei einem Musikwettbewerb im YAAM. Bobby schaut wegen eines Mädels vorbei. Sido will ernsthaft rappen. „Weil ihm sein Partner abhandengekommen war, hat er mich überraschenderweise gefragt, ob ich einspringen will." Beide gewinnen. Studioaufnahmen folgen. Man kommt sich näher. Aus Sido wird Siggi. „Paul fand ich uncool. Sido klang zu fanmäßig. Schließlich waren wir jetzt beste Freunde."

Um das Jahr 2000 teilen sie sich das Weddinger „Drecksding". Eine Hinterhofbehausung mit Ofenheizung und Außenklo. Von schlauen Mäusen bevölkert, die als superintelligente Pizza-Opfer in die Geschichte eingehen könnten. Auf Dauer sind sie aber nicht schlau genug. Sie überlisten sämtliche Fallen, scheitern jedoch an Pizzakartons. „Da sind die immer rein, um Reste aufzufressen." Die Völlerei wird mit beherzten Tritten beendet. Die platten Mäuse landen in Frischhaltetüten und werden an die Wand gehängt. „Zur Abschreckung. Damit die Artgenossen sehen, was sie erwartet. Ekelig, aber was soll's. Wir waren jung. Wir waren genervt. Wir hatten Mäuse, aber kein Geld."

Dass er Ossi ist, erzählt Sido nicht einmal in der Mäuse-WG. B-Tight und andere Freunde erfahren davon erst 2009, als „Hey du" veröffentlicht wird.

HOLY WEE

Gemeinsame Projekte mit dem Master of Disguise laufen zunächst unter dem Namen Royal TS. In Anlehnung an Royal Bunker, das Label, bei dem sie anfangs unter Vertrag stehen. Wobei die Abkürzung TS wahlweise für Tighte Scheiße oder auch Tight und Sido steht. Die Zusammenarbeit mit Marcus Staiger währt allerdings nur kurz. „Wir haben gutes Geld eingespielt, dafür aber zu wenig an Support und Auftritten rausbekommen. Deswegen sind wir gegangen.“ Zwei bis drei Tapes folgen unter dem eigenen Label Sektenmuzik. 2001 schließlich stehen Specter, Spaiche und Halil vor der Tür. Specter ist Graffiti-Künstler. Spaiche Breakdancer und Mitglied der Vlinken Vuesse. Halil gilt als Hiphop-Allrounder.

„Die fanden unsere Tapes cool und fragten, ob wir Lust auf ein Label haben. Da wir zu faul zum Selbermachen waren, fanden wir die Idee gut.“ Für Sido und B-Tight wird 2001 Aggro Berlin aus dem Boden gestampft. Von nun an gibt es Leute, die sich um Grafik, Papierkram und Vertrieb kümmern. „Royal TS N° 3“ heißt das erste Album, erhältlich als Kassette und CD.

Obwohl sich das Label und seine Künstler zu einer gemeinsamen Ideologie bekennen, unterzeichnen die Aggro-Chefs 2007 einen Kooperationsvertrag mit Universal. Die Rapper erfahren davon aus der Presse. B-Tight landet Hals über Kopf bei einem Major, dessen Art der Einflussnahme ihm ganz erheblich gegen den Strich geht. Immerhin wird das Album „Goldständer“ veröffentlicht. „Es gab nur zwei Interviews. Auf Promo hatten die überhaupt keinen Bock. Ich wollte weg und habe das kundgetan. Zwei Tage später war der Auflösungsvertrag da.“ 2009 endet Bobbys Ausflug in die Welt der Majors. Beinahe zeitgleich die Label-Tätigkeit von Aggro Berlin.

Mit seinen Songs über große und kleine Schweinereien ist B-Tight seit Jahren ein verlässlicher Lieferant für den Index. Anfangs will er noch wissen, warum. Kann die Gründe allerdings nicht nachvollziehen und sagt sich: Die verstehen Rap nicht. Kunst schon gar nicht. „Als Künstler musst du machen, was du fühlst. Also habe ich oft noch eine Schippe draufgelegt“, sagt Bobby und erklärt die Philosophie seines Sprechgesangs: „Als Rapper verarbeitet man auch persönliche Dinge. Bei mir waren es negative Erfahrungen mit einer Freundin. Die Sache mit meiner Mutter. Natürlich formuliere ich dann nicht: Hey, Ladys, was völlig uncool wäre, sondern: Hey, Bitches. Und manchmal geht es überhaupt nicht um Frauen. Wenn ich sage: Du rappst wie eine Bitch, meine ich, du rappst wie ein Typ, der Stress machen will. Natürlich gibt es Texte, in denen ich jemandem auf die Fresse haue und dann in den Arsch ficke. Für Außenstehende klingt das krass und wird oft missverstanden. Für uns ist das ganz normaler Battle Rap. ‚Du bist voll doof‘ sagt kein Mensch.“

B-Tight zählt bis heute zu den bekanntesten und beliebtesten Rappern Deutschlands, obgleich seine knapp 140 000 Facebook-Likes im Vergleich zu Sidos Gefolgschaft eher bescheiden daherkommen. Sido produziert kommerziellen Mainstream. Mit Deutsch-Poet Bourani rappt er über eine bessere Welt und düst als Astronaut durch die Wärmestuben der gutbürgerlichen Mitte. Das bringt gute Verkaufszahlen, strapaziert zugleich aber seine Credibility. „Mein Block“ und sein Flow? Friede sei mit ihnen.

„Dass Siggi erfolgreicher ist, stört mich nicht“, stellt B-Tight klar. „Ich bin kein Typ, der gut zu vermarkten ist. Ich mache, was ich will, und würde nie Musik machen, um kommerziell erfolgreich zu sein. Nicht für ein paar Tausend Euro mehr.“ Die Hauptsache: ein Dach über dem Kopf. Genug zu essen. Einmal im Jahr Urlaub. Höhere Ansprüche habe er nicht. „Deswegen liege ich nicht mehr wie damals bei Universal nachts im Bett wach und denke: Scheiße, Alter. Irgendwas läuft hier schief.“

Aktuell scheint der Künstler gut zu schlafen. Er wirkt entspannt, wie nach drei Wochen Ayurveda-Kur. Erwachsen klingt sein Statement zur Stadt aller Städte: „Der Coolness-Faktor verschiebt sich. Früher hat man jemandem in die Fresse gehauen, einen gekifft und gesagt: Ey, meine Stadt ist gangsta. Heute beeindruckt mich, wie viel Kultur in Berlin steckt, dass ein Haufen Leute aus aller Welt kommt, um dieses Fleckchen Erde zu sehen. Deswegen ist Berlin noch immer die coolste Stadt, die ich kenne.“

Auch beim Rap habe sich vieles getan. Der Standard von Technik und Aussage sei besser geworden. Die Attitüde facettenreicher. Der Unterhaltungswert größer. Wie bei Fresh Polakke etwa, einem Paradebeispiel für gutes Entertainment.

Unsere Zeit ist um. Managerin Wilma schaut unruhig auf die Uhr. Einen Gedanken jedoch will Bobby noch äußern: „Letztens habe ich nachgedacht: Wie würde ich reagieren, wenn ich nur noch einen Tag zu leben hätte? Scheiße, ich wollte noch so viel machen? Überhaupt nicht. Alles, was ich vorhatte, konnte ich umsetzen. Natürlich würde ich gern meine Kinder aufwachsen sehen. Noch etwas mehr vom Rest der Welt. Doch im Grunde habe ich meine Ziele erreicht. Für den Rest meines Lebens geht es nur noch darum, das Dasein auszukosten und Spaß zu haben.“

Nicht umsonst ist er Born 2 B-Tight. The luckiest man unter Deutschlands Neger-Rappern.

AKTEone
Nomen est omen

Szenen einer 3Sat-Reportage: Die Kamera schwenkt durch eine Rumpelbude, die mit Krims und Krams zugestellt ist. Zwei junge Männer, Anfang 20, schlank, mit kantigen Gesichtern und Neun-Millimeter-Haarschnitt, sitzen vor Reglern und Knöpfen. AKTEone und MACH One. Rapper mit Graffiti-Background, die kaum voneinander zu unterscheiden sind, wie Brüder wirken, nicht nur im Geiste. Beide sind beseelt davon, mit Bassboxxx, Rap und Graffiti das Leben zu bestreiten. Doch der Mainstream kann Subkultur nicht einordnen. Wer von Arbeitslosengeld lebt, gilt als Sozialschmarotzer. „Alles, was ich erwarte, ist eher minus als plus. Wie kann man an der Jugend sparen, wenn man die Zukunft aufbauen will? Wer so was macht als Staat, dem kann ich keine Hoffnung mehr schenken", spricht AKTE in die Kamera. „Die Wahrheit ist, dass ich jeden Tag arbeite. Es ist nur nicht so ohne Weiteres möglich, damit Geld zu verdienen", ergänzt MACH.

Seit jener Reportage, die 2003 in MACHs zweitem Lätzten Loch gedreht wurde, sind mehr als zehn Jahre vergangen. AKTE ist um einige Kilo Lebenserfahrung reicher. Längst sieht er MACH nicht mehr ähnlich. Eher wie ein Bruder von MC Fitti, nicht unbedingt im Geiste. „Bassboxxx war immer dieses Underground-Ding. Wir hatten alles. Horrorcore, Drogen-, Porno-, Gangster-, Straßen-Rap und dann noch uns." Der Mann von damals trägt jetzt Vollbart und steht gewichtig im Flur seiner Wohnung. Gleich rechts das Kinderzimmer des Sprösslings. Daneben Papas „gut zugemülltes" Arbeitszimmer. Gegenüber das Schlafzimmer der Eltern sowie ein Wohnzimmer mit AKTEs Bildern an der Wand. Wir sitzen auf dem Balkon, weil dort geraucht werden kann, und schauen in einen Hof, in dem die Bäume sprießen, als gäbe es einen grünen Daumen zu gewinnen. Im Geäst zwitschern Vögel. Allzu viel scheint ja dann doch nicht schiefgegangen zu sein.

Schulabschluss? „Gerade so." Lehre? „Mit Ach und Krach." AKTE ist ausgebildeter Schilder- und Lichtreklamehersteller, heute sagt man Werbetechniker. Sein Bildungsweg verläuft durch 13 Schulen. Die Kindheit findet in Berlin und Bayern statt, zu einer Zeit, als Ostler und Westler ihre Fixpunkte diesseits oder jenseits der Mauer definieren. AKTE, bürgerlich Mark Marquardt, wächst als Grenzgänger ohne solche Fixpunkte auf. Die Familiengeschichte ist kompliziert. Man muss sie aufdröseln, um zu verstehen, warum aus Mark AKTEone wurde.

1978 wird er in Treptow-Köpenick geboren, im Berliner Osten. Der leibliche Vater ist abwesend. Seit dem zweiten Lebensjahr hat er einen Stiefvater, was die Sache nicht einfacher macht, da das neue Familienoberhaupt sein eigenes Päckchen zu tragen hat. Dessen Kindheit fand im Heim statt. Seine erste Frau verließ ihn mit einem Ausreiseantrag Richtung Österreich. Den gemeinsamen Sohn nahm sie mit. Seitdem lebt der Mann mit Marks Mutter unter einem Dach. Die wiederum marschiert 1986, drei Jahre vor der Wende, in die österreichische Botschaft und erwirkt die Ausreise für die ganze Familie. Der Grund ist rein politischer Natur: Ablehnung der Parteimitgliedschaft, gefolgt von beruflicher Degradierung. Auf Wunsch des Stiefvaters zieht es die Marquardts nach Österreich, wo sie nie ankommen. Stattdessen landen sie in Augsburg und werden bereits vor der Wiedervereinigung bundesdeutsche Staatsbürger.

Mark ist acht Jahre alt. Den deutschen Osten, wo er nie Jungpionier war und beim Fahnenappell immer abseits stehen musste, hat er hinter sich gelassen. Doch selbst in Bayern wird er nicht dazugehören. „Ich war Heide. In den Klassenzimmern hingen Kruzifixe. Jeden Morgen wurde gebetet. Wegen meiner anderen Schreibschrift hagelte es Sechsen. Ich wurde am Ohr gezogen, bis es einriss. Hin und wieder schleiften sie mich in die Kirche." Der Stiefvater arbeitet für die Berliner Union-Film in West-Berlin und pendelt auf der Transitstrecke. Seine Mutter ist der Fels in der Brandung. „Eine Bärin, eine toughe Frau", doch auch sie muss arbeiten. „Ich war oft allein."

Wegen der Pendelei des Stiefvaters beschließt die Familie, nach West-Berlin umzusiedeln. 1989 sitzen sie in dessen Lichterfelder Wohnung. Mutter, Vater, Sohn schauen fern. Auf der Mattscheibe fällt die Mauer. „Das war wie in einem schrägen Film."

Der Ost-Berliner Aussiedler mit bayerischem Kindheitstrauma ist elf Jahre alt und wird ausgerechnet in Neukölln eingeschult. In seiner Klasse sitzen überwiegend Türken und Araber. Doch selbst unter den wenigen Deutschen ist er ein Fremder. „Ich war das Opfer. Berlin ist halt so ein Kiez-Ding. Wenn man als Jugendlicher dazukommt, hat man ein Problem." Deswegen verbringt er viel Zeit im Osten, vagabundiert zwischen den Kampflinien linker Gruppen, die sich mit rechtsgesinnten Jugendlichen prügeln. Die Strahlkraft des amerikanischen Hiphop erreicht ihn nicht. Von der Graffiti-Szene bekommt er nichts mit, obwohl in Neukölln alles „zugeschmiert" ist. „Ich war künstlerisch total unbegabt. Hatte kein Talent für irgendwas. Meine Noten in Kunst und Deutsch waren immer schlecht. Ich hab jeden Aufsatz leer abgegeben."

Schließlich ist es ein Skaterspiel, genauer gesagt dessen Schriftzug, der ihn fasziniert und den Weg in die Szene weist: „Skate or Die!" Mit 13 bekommt er eine Dose in die Hand. Fängt an, unter Brücken zu sprühen oder mit Edding Laternenpfähle im Wald zu bemalen. Sein heutiges Pseudonym entsteht 1993. Sekt, ein Schüler von Kobold, einer der Großen der Berliner CAF Crew, findet die ganze Amerikanisierung scheiße. „Wir brauchen einen deutschen Namen für dich." AKTEone wird geboren. Typisch deutsch, zumindest ein Versuch.

Innerhalb der Familie ist das Verhältnis zum Lebensgefährten der Mutter schwierig. Weder kann er mit Liebe umgehen noch einen sozialen Kontakt zum Stiefsohn aufbauen. „Ein typischer Motzki, der ständig herumpöbelte. Deine scheiß Dosen. Warum musst du

schon wieder kiffen?" Alles, was AKTE tut, ist Blödsinn. „Ich musste auf Mutter vertrauen, die mir immer sagte, dass er mich lieb hat." Es gibt viel psychischen Stress. Auch deswegen findet sein Leben auf der Straße statt. Nur zum Schlafen kommt er heim. Hin und wieder geht er zur Schule. Die 90er sind die Hochzeit seines illegalen Treibens, das in einer einzelnen Akte keinen Platz finden würde. Mark Marquardt alias AKTEone verleiht seinem Namen Bedeutung.

Zusammen mit Soral gründet er in dieser Zeit TLB, deren Buchstaben anfangs für The Line Bombers stehen, später für Terror Live Berlin, heute für The Lost Boys. Familie und Crew zugleich, die ihm das gibt, was Gesellschaft und Eltern, vor allem der Stiefvater, nicht bieten können. „Ich fühlte mich immer ungewollt. Anklang, Respekt, das Gefühl, dazuzugehören, habe ich nie wahrgenommen." Nicht nur zu Hause, sondern auch draußen ist das Leben kein Zuckerschlecken. Crew hier, Gang da. Wer gehört zu welcher Gruppe, wer kann mit wem? „Das Leben auf der Straße, gerade im Hiphop-Bereich, ist übelste Politik." Es gibt Stress, Proleten, Hooligans.

„Ich bin ein Writer und ich bin stolz darauf", textet AKTE auf seinem Album „Fat Cap Rap". Schriften, Typo, Abstand der Buchstaben und Ausrichtung sind ihm wichtig. Das Schreiben jedes einzelnen Teils wie des Ganzen wird zu einem individuellen Stil, mit dem sich der Stylist in der Szene positioniert. AKTE gehört seit 25 Jahren dazu. Ein „altes Eisen", den die Jungen als Old Schooler verehren, obwohl er nicht zur ersten Generation gehört und ziemlich spät „fame" geworden ist, wie er selbst sagt. Er bringt die Werte des Graffiti mit Sprühdose und Musik zum Ausdruck und genießt den Respekt der Szene. „Wenn ich durch die Stadt geh, dann will ich meinen Namen sehn, ich will, dass meine Buchstaben an all den Fassaden steh'n", verkündet er auf bereits erwähntem Album.

Die Musikkarriere startet fünf Jahre vor der 3Sat-Reportage. 1998 entscheiden MACH und AKTE: „Wir wollen jetzt rappen." Beide verbindet eine ähnlich komplizierte Kindheit, das Gefühl von Entwurzelung, Nicht-gewollt-Sein und die Suche nach Anerkennung. Nicht zuletzt einige LSD-Trips in einen Zustand gemeinsamer Offenbarung. Zu ihren Antivorbildern gehören Deutsch-Rapper wie die Fanta4. Bürgersöhnchen aus situierten Quartieren, die gute Musik machen. Eine Musik allerdings, die sich des Credos der Straße und eines Lebens bediene, das sie selbst nie gelebt haben, so AKTE. In der Szene werde sie als heuchlerisch und verlogen empfunden, als Angriff auf

Identität und Persönlichkeit all jener, die tatsächlich von der Straße kommen. Für AKTE ist sie die größte Motivation, eigene Texte zu schreiben.

Aus MACH und AKTE werden Die Lätzten. Frauenarzt und Manny Marc stoßen hinzu. Sie bringen die Bassboxxx-Idee mit. Die MCs Bogy und Basstard sowie der Rest von Berlin Crime folgen. In den späten 90ern beginnt der Berliner Untergrund zu hypen. Mittellose Straßenpoeten finden im Royal Bunker einen Anlaufpunkt. „Wir hatten viel Stress mit denen", sagt AKTE und lacht. „Staiger, der Mann mit den dicken Eiern, war mehr Gangster als jeder sogenannte Gangster-Rapper."

2001 verpflichten sich Sido und B-Tight bei dem für sie gegründeten Label Aggro Berlin. „Das haben die marketingtechnisch wirklich gut gemacht", erinnert sich AKTE. „Wir hingegen sind nie richtig hochgekommen. Aber wer sich für Untergrund-Rap interessiert hat, kam an Bassboxxx nicht vorbei." Gerappt wird über alles, was unanständig ist: Drogen, Porno, Gewalt. Mit „(R)evolution" bringen sie ihr erstes Tape raus. „Wir haben die ganzen Freaks angesprochen. Wir waren die Bösen. Viel mehr als ein Label. Eine Clique, eine Pöbel-Crew." Das geht gut, bis Geld fließt und AKTE 2003 sein eigenes Label gründet. Mit Teroa Label bleibt er sowohl dem Underground als auch Deutsch-Rap treu: „Deutsche Produktion, deutscher Text, deutsche Probleme in Szene gesetzt. Verdammt, ich leb in diesem Land und keine Sau versteht mich, wenn ich nicht deutsch rap", verkündet er auf seinem ersten Soloalbum „Overkill". Insgesamt entstehen sieben Alben, unter ihnen das Highlight „Fat Cap Rap" mit dem wohl erfolgreichsten Video „Stylejunk", in dem AKTE sein Intro mit Vollbart gibt.

Mehr als 20 Jahre nach den wilden 90ern ist Untergrund weitestgehend passé. Einige sind komplett abgedriftet, andere haben sich neu erfunden. AKTE lebt heute von Grafikaufträgen, hält Workshops über Hiphop in Schulen, Jugendclubs und Stiftungen, verkauft seine Graffitis auf Leinwänden. Anfang 2015 gelingt ihm die erste Soloausstellung. Der Berliner Kunstsalon ART-CONSULT veranstaltet zwei Vernissagen, eine für Insider, eine für Outsider. Eine Art Salon mit Jazz-Pianist, der seine Bilder „verklimpert". Davon hätte er gern mehr. „Das Problem ist jedoch, dass ich Künstler bin und nicht Manager."

Zur Neuerfindung des einst illegalen Sprayers und Rappers gehört das Musikprojekt Splitterherz, mit dem

der Künstler einen Crossover zwischen Deutschrock und Rap versucht. Zudem ist er seit der Geburt seines Sohnes clean. Nach wie vor jedoch verbindet er mit Graffiti ein „tierisches Freiheitsgefühl", das ihm extrem fehlt, seitdem er es nicht mehr illegal macht. Was ihm nicht minder fehlt, ist sein Berlin der 90er-Jahre. Kreuzberg im Westen. Die Brachen im Osten. „Guck's dir heute an. Glashäuser, Büros, Center an Center. Mein Berlin ist zerstört, so seh ich das ganz egomäßig." Die Stadt in zehn Jahren? „Ich hab Angst, mir das vorzustellen."

Nicht zuletzt deshalb, weil er Freiraum, Malen und Musik bis heute nicht nur als Lippenbekenntnisse oder schnöde Hobbys versteht, sondern als Therapie. Als Mittel gegen Fremdsein und Ausgrenzung wie auch Sprungbrett zur Neuerfindung. Ein Medikament gegen Depression und Aggression, das ihm kein Pharmaunternehmen bieten kann.

Früher hat er die Gesellschaft gehasst, weil sie Strukturen vorgibt, die kein entspanntes Miteinander zulassen. Mit zunehmendem Alter versucht er sich zu arrangieren. „Man merkt, dass man im geringeren Übel lebt. Aber es ist immer noch ein Übel." Die Mehrheit kann damit leben. „Wer in Grauzonen aufwächst, betrachtet die Welt aus anderer Perspektive." Jugendliche in seinen Workshops etwa, die in ihm nicht selten eine Art Sozialarbeiter sehen. „Die moderne Mediatisierung ist ein extremer Feind des sozialen Umfeldes. Früher musstest du allein deshalb pünktlich sein, weil es kein Handy zum Anrufen gab. Wir sind unseren eigenen Weg gegangen, haben uns mit Liebe und Hingabe einer Sache gewidmet, trotz Kiffen, Schlägerei und Alkohol." Heute tauche das Individuum in der Masse unter. In neuen Medien, die vieles vereinfachen und verrohen, Hemmschwellen verringern. Selbst den Zugang zu Drogen, Pornos und Gewalt. „Früher mussten wir uns diese Heftchen besorgen. Heute geht das ganz schnell. Die Kids schauen sich Gangbangs im Internet an und denken, das ist normal."

Wenn Papa AKTE seinen Sohn auf dem Kinderfahrrad begleitet, dann weiß er, dass sich Dinge wiederholen können. Was, wenn der Junior eines Tages Sprühdosen anschleppt? „Ich würde ihn machen lassen. Dennoch reden, natürlich. Er soll lernen, was richtig und falsch ist, ohne durch den Dreck robben zu müssen wie ich." AKTEs Stiefvater und Sohn haben übrigens ein ausgesprochen liebevolles Verhältnis zueinander. Ende gut, alles gut? Vielleicht. Doch die Geschichte des AKTEone ist noch nicht beendet.

UNLIKE U
Law and Order

Unweit des U-Bahnhofs Eisenacher Straße steht seit über 100 Jahren die Apostel-Paulus-Kirche. Auf einer Treppe des neogotischen Backsteinbaus sitzen die Filmemacher Björn Birg und Henrik Regel. Ihre Doku-Reihe „Rap City Berlin", vor allem der Film „Unlike U – Trainwriting in Berlin", in dem auch FINO, POET und 1UP mitwirken, hat für Aufmerksamkeit gesorgt. Mit ungeahnten Folgen.

Was hat es mit dem Filmtitel „Unlike U" auf sich?
Björn: Wir sind gebürtige Berliner, kennen uns seit der Jugend und sind später über verschiedene Projekte zusammengekommen. „Unlike U" steht für Anderssein. Menschen werden porträtiert, die anders sind als die breite Gesellschaft. Sie tragen zwei Seelen in sich, die normale und die eines Sprühers.

Wie kamt ihr zu diesem Thema? Habt ihr Graffiti-Hintergrund?
Henrik: Eher eine Hiphop-Sozialisation durch meinen älteren Bruder Ende der 80er. Einen echten Graffiti-Hintergrund haben wir nicht. In Ansätzen vielleicht, was man halt so im jugendlichen Alter macht.

Ihr habt nie gesprüht?
Björn: Natürlich hab ich mich ausprobiert. Man merkt allerdings sehr schnell, was man kann und was nicht. Buchstaben und Schrift finde ich nach wie vor extrem reizvoll. Ich mag besprühte Züge, wenn sie kunstvoll gestaltet sind und durch die Stadt fahren. Aber ich hatte nie eine große Sprüher-Karriere.

Henrik: Ich hab als Jugendlicher auch mal gesprüht. Als ich 16 war, gab's sogar eine Hausdurchsuchung. Die war mehr dem Zufall geschuldet als irgendwelchen Sprühaktionen. Im Kontext von „Unlike U" und der teilweise extremen Leute, die wir dafür porträtiert haben, war unser persönlicher Bezug allerdings irrelevant.

Um einen Film dieser Art zu realisieren, muss man viel Vertrauen aufbauen. Welchen Weg habt ihr gewählt, um an die Szene heranzukommen?
Björn: Die Aufnahmen stammen nicht von uns. Graffiti ist eine vergängliche Kunst. Wer nachts losgeht und einen Zug besprüht, kann nicht davon ausgehen, dass der am nächsten Tag als rollende Leinwand durch den Verkehr ruckelt. Deswegen wird in der Szene viel gefilmt und fotografiert. Weil wir in Berlin aufgewachsen sind, kannten wir den einen oder anderen Sprüher. Auch dadurch hat sich das Filmprojekt mit der Zeit herumgesprochen. Dennoch war es ein langer

Prozess, bis wir die richtigen Leute kennengelernt hatten. Es hat viel damit zu tun, wie man mit vertraulichen Informationen umgeht.

Ist UNLIKE U eine klassische Filmproduktionsfirma?
Björn: UNLIKE U ist für mich eher ein Überbegriff für diverse Projekte. Und eine besondere Art von Lebenseinstellung.

Viele Menschen definieren sich über die berufliche Tätigkeit. Wie ist das bei euch?
Henrik: Ich sehe mich ganz klar auf zwei Standbeinen. Das eine ist der Film, das andere die Musik. Ursprünglich komme ich aus der Musikbranche. Hab selber Beats produziert, lange Jahre ein Label betrieben, bis heute einen Musikverlag. Bei den Filmsachen würde ich zwischen eigenen Projekten wie „Unlike U" und den, ich sag mal, schnöden Auftragsproduktionen unterscheiden, die man halt macht, um die Miete reinzuholen. Imagefilme, Musikvideos, Werbefilme und solche Geschichten. In diesem Bereich machen wir viel, was aber keiner mitbekommt, da wir es nicht an die große Glocke hängen. Eine Mischkalkulation, wenn man so will, damit wir uns Projekte leisten können, mit denen wir irgendwann richtig Geld verdienen können oder die wir aus purer Leidenschaft machen.

Ihr habt sieben Jahre an „Unlike U" gearbeitet. Was hat den Prozess so langwierig gemacht?
Björn: Die Phase der Vertrauensbildung hat extrem lange gedauert. Außerdem sind Sprayer nicht unbedingt die zuverlässigsten. Sie lassen sich nur schwer planen. Über einen Zeitraum von zwei oder drei Jahren haben wir uns tatsächlich mehr als zwölf Stunden täglich mit dem Projekt beschäftigt. Das Ergebnis ist ein Meilenstein der Graffiti-Geschichte. Weltweit bekannt. Menschen, die sich mit dem Thema auseinandersetzen, kennen den Film und wissen zu schätzen, was wir geschaffen haben.

Wart ihr bei den Sprüh-Aktionen dabei?
Björn: Wie schon gesagt, die Graffiti-Szene dokumentiert sich selbst. Wir hatten gar nicht die Möglichkeit, dabei zu sein, weil das extrem risikoreiche Aktionen sind, bei denen man aufeinander eingespielt sein muss. Die Aufnahmen wurden uns zugespielt.

Ist der Film im Fernsehen oder auf Filmfestivals gelaufen?
Björn: Eine Fernsehausstrahlung hat nicht stattgefunden. Aber wir sind auf Kinotour gegangen. Der Film ist deutschlandweit in sechs oder sieben Großstädten gelaufen. Er wurde in New York gezeigt, in Brasilien, Amsterdam, zahlreichen osteuropäischen Städten und in der Schweiz. Außerdem ist er millionenfach im Netz geklickt worden, illegal, was wir nicht schlimm fanden, weil er gesehen werden sollte.

Habt ihr versucht, den Film an Fernsehsender zu verkaufen?
Henrik: Der Film ist von vornherein als DVD-Projekt konzipiert worden. Wobei immer klar war, dass die Premiere in Berliner Kinos stattfinden soll. Danach kam die Kinotour. Erst dann die DVD. Ein TV-Format war nie vorgesehen. Wir sind viel zu tief in einzelne Passagen eingestiegen. Das ist nichts fürs Fernsehen, wo Themen ja eher in drei Minuten abgerissen werden.
Björn: Der Film hat eine Laufzeit von 90 Minuten. Es gibt kaum Sender, die Dokumentationen dieser Länge zu einem derart speziellen Thema zeigen. Wobei der Film bei Spiegel Online eine hohe Akzeptanz erfuhr. Wir haben viele Mails von Lehrern und Eltern erhalten, mit Sätzen wie: Danke, dass ihr uns an die Szene herangeführt habt. Jetzt verstehen wir, was dahintersteht. Sicher würde eine TV-Ausstrahlung ihr Publikum finden, aber die Formate dafür gibt es halt nicht.

Wie viele DVDs habt ihr produziert?
Henrik: Wir haben anfangs ein paar Tausend gemacht, konnten aber nur zwei Wochen verkaufen, bis die Unterlassungsaufforderung der BVG Berliner Verkehrsbetriebe kam. Ab dem Punkt gingen zwei verlorene Jahre ins Land. Als wir wieder verkaufen durften, kannte den Film eh schon jeder.
Björn: Dazu muss man ganz klar sagen, dass man mit so einem Projekt kein Geld verdienen kann. Vor allem, wenn man den Aufwand bedenkt. Zeitlich wie monetär. Durch das Verbot war es dann nicht einmal ansatzweise möglich, sich zu refinanzieren.

Um dem Gesprächsthema einen angemessenen Rahmen zu geben, laufen wir zum nahe gelegenen Berliner Kammergericht und lassen uns den rechtlichen Hintergrund des Dilemmas im Detail schildern. Wir erfahren, dass die Filmemacher im Februar 2011 eine Unterlassungsklage der BVG erhielten, die die im Film gezeigten Aufnahmen als Eingriff in ihr Eigentumsrecht bezeichnete, da „eine Erlaubnis zum Betreten der Betriebsanlagen und zur Fertigung der Filmaufnahmen nicht bestand". Im Ergebnis des von der BVG eingeleiteten Gerichtsverfahrens und des Urteils des Landgerichts Berlin von Mai 2012 wurde den Produzenten die Verbreitung des Films untersagt. Im Juni 2012 gingen die Beschuldigten mit der Begründung in Berufung, besagte Filmaufnahmen nicht selbst aufgenommen und zu keinem Zeitpunkt Interesse an einer kommerziellen Verwertung des Films gehabt zu haben. Im Oktober 2012 wurde die Klage der BVG vom Berliner Kammergericht abgewiesen: Die Eigentumsrechte der BVG seien durch die Filmaufnahmen nicht eingeschränkt. Weiterhin falle die Dokumentation in den Bereich der geschützten Meinungs- und Berichterstattungsfreiheit, da der Film Missstände von erheblichem Gewicht zeige, an deren Darstellung ein großes öffentliches Interesse bestehe.

Welchen Ansatz hat die BVG für ihre Unterlassungsklage gewählt?
Björn: Die Klage der BVG beruhte auf dem Präzedenzfall „Preußische Schlösser und Gärten". Der BGH hatte darin festgelegt, dass die kommerzielle Verwertung von Aufnahmen, die fremden Grund und Boden zeigen, gegen das Eigentumsrecht verstößt. Bis dahin war es undenkbar, eine Dokumentation zu verbieten, der Aufnahmen auf einem Privatgelände zugrunde liegen. Dieses Schlösser-Urteil hat sich die BVG zunutze gemacht. Hätten wir in zweiter Instanz verloren, wären Lizenzzahlungen fällig geworden. Allerdings war die Bemessungsgrundlage völlig unklar. Es bestand ein rechtsfreier Raum ohne Vergleichswerte. Zudem gab es Forderungen der BVG, nach denen wir für alle vergangenen und zukünftigen Schäden durch Graffiti aufkommen sollten. Völlig irrwitzig. Investigativer Journalismus wäre generell nicht mehr möglich gewesen.
Henrik: Magazine, die sich mit Graffiti beschäftigen und Fotos abdrucken, wären verklagt worden und sicherlich vom Markt verschwunden. Die BVG hätte eine Waffe zum einmaligen Rundumschlag gehabt.

Wie erklärt ihr euch die Reaktion der BVG?
Björn: Dass der Film in der Szene ankommt, war uns klar. Dass er in einer breiten Öffentlichkeit Beachtung findet, eher nicht. In den ersten zwei Wochen hat eine extreme Berichterstattung stattgefunden. Der Film wurde zur Primetime bei RTL 2 besprochen, bei Spiegel TV, stern TV, rbb StilBruch, 3sat Kulturzeit. Dadurch ist die BVG überhaupt erst darauf aufmerksam geworden.

Henrik: Das Schlösser-Urteil wurde vier Monate vor unserem Veröffentlichungstermin gefällt. Damit konnte keiner rechnen. Dass die BVG so ein Fass aufmacht, hätten wir nicht gedacht. Die fühlten sich auf den Schlips getreten und haben mit ihren Mitteln zurückgeschossen. Im Nachhinein ist klar, wie lächerlich die Argumentation war. Sie wollten den Film vom Markt haben, hatten aber übersehen, dass das im Moment der Veröffentlichung bereits zu spät war. Als ihnen das klar wurde, wollten sie sich einfach nur rächen.

Habt ihr im Vorfeld mit diesen Schwierigkeiten gerechnet?
Björn: Wir haben tatsächlich mit Konsequenzen gerechnet, aber nicht mit solchen. Natürlich macht man sich vorher Gedanken. Wir haben ein anwaltliches Gutachten erstellen lassen. Was darf man? Was nicht? Klar war: Wir dürfen keine Anleitung zu Straftaten geben, was nicht passiert ist. Wir haben nichts verherrlicht, keine Gewalt- oder Drogenexzesse gezeigt, sondern lediglich eine Subkultur vorgestellt. Wir haben mit dem Bruder eines Verstorbenen gesprochen, mit Dosenherstellern, haben alle Seiten zu Wort kommen lassen. Auch die BVG wurde um ein Gespräch gebeten. Die haben die Chance nicht genutzt und uns im Nachhinein vorgeworfen, dass wir einseitig berichtet hätten. Interviews hingegen mit der GiB, der SOKO Graffiti in Berlin, waren überhaupt kein Problem.

Wie lief das ab?
Björn: Auf eine vernünftige Anfrage folgte eine vernünftige Antwort. Wir haben mit dem früheren Leiter des LKA, Herrn Grabinski, über die Schattenseiten

der Verfolgung gesprochen. Er hat uns seine Sicht der Dinge dargestellt.
Henrik: Die beim LKA sind ja auch Menschen. Wir haben ihnen eine DVD zugeschickt. Die wollten sogar ein paar mehr, weil der Film so gut angekommen ist. Im Gegensatz zur BVG geht das LKA nüchtern mit dem Thema um. In einigen Büros hängen Leinwände mit Graffitis. Aber es ist halt ihr Job, dagegen vorzugehen.

Sollte man Graffiti legalisieren?
Henrik: Nö. Mal abgesehen davon, dass es um Privateigentum geht. Warum soll jedes kleine Kind auf eine frische Hauswand malen dürfen. Ist doch alles gut so, wie es ist.
Björn: Legalisierung? Nein. Man muss eher über die Folgen der Kriminalisierung nachdenken. Die Allgemeinheit findet, Graffiti sollte verboten werden. An meiner Hauswand bitte nicht. Bei jeder Gelegenheit wird allerdings mit Graffiti geworben, weil es irgendwie jung, trendy, cool ist. Gerade beim Umgang der BVG mit diesem Thema sieht man, wie scheinheilig das Ganze ist. Im Bushido-Film beispielsweise wurden Züge sogar offiziell besprüht. Mit Geld ist alles möglich.

Hätte es Graffiti überhaupt gegeben, wenn es legal gewesen wäre?
Björn: Der illegale Faktor macht schon einen großen Reiz aus.
Henrik: Es ist halt eine Ausdrucksform. Wie Höhlenmalerei. Die hat es gegeben, obwohl sie nicht verboten war. Sicher gibt es zeitgemäßere Arten des Umgangs mit Graffiti. Auch seitens der BVG.

Welche?
Henrik: Entweder ist die BVG dagegen, dann sollten sie alle Schächte dichtmachen. Das wäre eine konsequente Haltung. Oder sie pflegen einen offeneren Umgang. Aktuell fahren sie eine Doppelmoral. Werben auf Plakaten mit graffitiartigen Schriftzügen, parallel wollen sie es verbieten. Den Kids wird in Jugendclubs Graffiti beigebracht. Wenn sie es anwenden, ist es plötzlich verboten.

In der Urteilsbegründung des Kammergerichts wird von Missständen gesprochen, die der Film zeigt. Was ist damit gemeint?
Henrik: Der suchthafte Charakter, der schlimmstenfalls im Tod endet. Viele Leute versuchen, mit Graffiti Geld zu verdienen. Mit Trainwriting verdienst du aber ganz bestimmt kein Geld, zahlst eher drauf. Schadest dir und deiner Familie. Trotzdem ist das Verlangen, das sich aus dem Zusammenspiel von Idee, Adrenalin, Zeitdruck ergibt, extrem hoch. Die Analogie zur Sucht haben wir in allen Interviews gehört.

Ihr habt auch andere Filme gemacht.
Henrik: In einer Zeit, als Berliner Hiphop im Kommen war. Noch vor Sidos „Mein Block". Während die deutsche Rap-Szene von Stuttgartern und Hamburgern dominiert wurde, gab es in Berlin diese Underground-Geschichten. Mit unserer Band Beatfabrik waren wir ein aktiver Teil der Szene und wollten eine DVD machen, auf der alle drauf sind, und gleichzeitig die Vielfalt der Stadt zeigen. So ist „Rap City Berlin" entstanden.

Was hat es mit dem aktuellen Film auf sich?
Henrik: „Wie Männer über Frauen reden" ist eine Komödie. Als wir den ersten Prozess verloren hatten, überlegten wir, welches Thema sich als Nächstes anböte. Das Drehbuch meines Bruders hat uns sofort begeistert.
Björn: Zum Glück gab es finanzielle Mittel. Wir konnten Freunde und Bekannte überzeugen mitzufinanzieren. Ebenso schnell hatten wir die Schauspieler und das Team zusammengestellt. Und plötzlich steckten wir in einer Filmproduktion, die sonst nur mit einem Millionen-Budget realisierbar ist.

Ihr habt den Film komplett über Freunde und Familie finanziert?
Henrik: Nicht ganz. Postproduktion und Vermarktung liefen über Crowdfunding. Mit dem fertigen Film im Gepäck haben wir uns dann einen Filmverleih gesucht.

Ihr setzt euch mit sehr unterschiedlichen Themen auseinander. Wie passt das zusammen?
Björn: Wie schon gesagt, bei UNLIKE U handelt es sich um ein Lebensgefühl. Wenn uns jemand sagt, so geht das nicht, dann wollen wir das Gegenteil beweisen. Wir haben eine Doku gemacht, Musikvideos. Nun hatten wir Bock auf einen Spielfilm.

FINO
Der Weltenwandler

Der Mann gegenüber hat kein Gesicht. „Kann er uns hören?" Die Anwesenden feixen und sprechen über den Gehandicapten statt mit ihm. Gesichter schaffen Identität. Gesichtslose werden zur dritten Person. Unser Gesprächspartner hat zwei Identitäten. Und natürlich ein Gesicht. Das allerdings verbirgt er unter einem komischen Ding. Groß ist es und weiß, handgefertigt aus Pappe und Acryl, mit farbigem Punkt nebst Guckloch in der Mitte. En miniature und aus Plastik steckt es auf Sprühdosen. Ein Cap. Ein Hut eben. „Bist du der Cro der Graffiti-Szene?"

Natürlich nicht. Der Mann, der sich FINO nennt, sitzt auf einem schwarzen Sessel im Hinterzimmer des Yard 5 Shops. Keine sechs Quadratmeter ist der Raum groß. An den Wänden hängen Variationen aus Farbe und Talent. FINO ist ein Illegaler, dessen Dasein seit über 25 Jahren von Graffiti bestimmt ist, weil er sich nichts Schöneres vorstellen kann. Vielleicht auf den Mond fliegen, aber sogar dort würde er am liebsten bomben wollen. Wie lebt einer, der seine Persönlichkeit spalten und teilweise verbergen muss?

FINO wird Ende der 70er-Jahre in West-Berlin geboren und hat eine ganz normale Kindheit. Mit Zeichenblöcken, Filzern, Bunt- und Bleistiften. Seine Bilder kleben am Kühlschrank der Eltern. Selbst als er noch nicht zur Schule geht, blättert er in den Kunstbüchern seines Vaters. „Das isses", denkt er später. Malen, sich damit verwirklichen. Die französischen Impressionisten haben es ihm angetan. Manet, Monet, Renoir. Die Balletttänzerinnen von Degas. Was Kunst ist, versteht jeder anders. Für FINO sind es Werke, die Herz und Seele berühren. Andere träumen davon, Pilot zu werden und um die Welt zu fliegen. FINO will Künstler werden.

Die Wohnung seiner Eltern befindet sich in der Nähe eines S-Bahnhofs. Gleich dahinter die Abstellanlagen der Waggons. „Natürlich bin ich nicht gleich in die Lay-Ups gerannt und hab Wholecars gemacht. Damals wusste ich nicht, dass es Graffiti gibt." Freizeit findet auf Spielplätzen statt. Dort entdeckt er eines Morgens komische Zeichen. Die habe er abgemalt und zu Hause zu entziffern versucht. „Am nächsten Tag ging ich mit einem Stift los, weil ich es geil fand, unbeobachtet meinen Namen zu hinterlassen. Den echten. Ich hatte ja keine Ahnung."

Später wird ihm klar, dass man sich Kunstnamen zulegt. Wie in Comics, wo jeder Superheld eine zwei-

te Identität hat. FINO ist verrückt nach Comics und schließlich nach Graffiti. Eine neue Welt, in die er eintauchen kann. Wie in Vaters Kunstbücher. Nur eben anders. Eine Erfüllung, wie die 90er-Jahre an sich. Es wird gelebt, und FINO will mitleben. Er schaut zu den Old Schoolern auf, zu SOS und den Criters. Diese Welt ist mystisch, fantastisch, wunderbar.

„Als ich mitbekam, dass man Züge illegal bemalen kann, war das ein Traum“, erinnert er sich und steht dazu bis heute. „Es gibt nichts Besseres. Man hört den Schotter, die Züge, Tonnen Stahl, die vorbeirasen. Alles ist dabei. Adrenalin, Nervenkitzel, Gefahr“, sagt FINO am Ende einer langen Redeminute, die Sätze schießen stakkatohaft wie Gewehrsalven aus ihm heraus. Als müsse er sich die Seele aus dem Leib reden. Gleichzeitig wirkt er ernst und kontrolliert, um dann doch für einen winzigen Moment den anderen FINO durchblicken zu lassen. Der neben zerborstenen Scheiben steht und im Suff manchmal zum Randalieren neigt. „Es gab Situationen, da hättest du mich nicht wiedererkannt.“

Manchmal werde in seiner Anwesenheit über einen Sprayer namens FINO gesprochen, das sei witzig. Zwei Identitäten – kein Problem. FINO gibt es seit 1995. Mit einem Pseudonym zu leben, sei nichts Außergewöhnliches. Musiker tun es, Maler und Schriftsteller. Wie sie verwendet er einen Künstlernamen, um seiner Leidenschaft nachzugehen. FINO ist sein wahres Leben. Zugleich eine Identität, die das bürgerliche Dasein von der Illegalität abschirmt und der Ordnungsmacht den Zugriff erschwert. In der Szene wandeln viele zwischen zwei Welten.

Denn es geht um mehr. Wer ernsthaft Graffiti betreibt, braucht nicht nur Disziplin und Kraft, sondern vor allem Geld. Das Equipment ist teuer. Zudem erfordern Aktionen in der Illegalität Organisation im Sinne der Vor- und Nachbereitung. Wenn FINO konzentriert an seinen Skizzen arbeitet, hat er einen Begleiter, der den Raum füllt. Er liebt Musik. Rock der 70er- und 90er-Jahre. Rap. Klassik. Beethoven 1–9, je nach Stimmung. Diszipliniertes Planen und Arbeiten ist nichts für Leute, die den ganzen Tag abhängen.

Man rennt nicht einfach so los. Nicht, wenn es gut werden soll. Etwa vier Mal pro Monat zieht FINO seine Aktionen durch. Meist nachts. Dann heißt es, früh ins Bett gehen, um 2 Uhr aufstehen, gegen 4 Uhr zurück in die Koje, bis der Wecker erneut klingelt. Alles eine Frage von Willen und Verzicht. Rauchen und Alkohol sind für ihn tabu, wenn Action angesagt ist.

„Ich liebe Wholecars", sagt FINO, aber eigentlich mache er alles. Line- und Bahnhof-Pieces, Bombings, Tags. Das ganze Spektrum. Vom Bleistift bis zum dicksten Astro Fat Cap. Berlin ist Message und Inspiration zugleich. Man läuft durch die Stadt und lässt sich von Eindrücken fluten. Von Zügen, Schächten, Gerüchen und maroden Ecken. Ein bisschen Osten, eine Prise Westen. Die Stadt ist der Style, und den will er weiterentwickeln. Mit echten FINOs, die erkennbar sind. „Wenn's geil aussieht und die Stelle stimmt."

Stellen, die nicht stimmen, seien Kirchen, Friedhöfe, Grabsteine, frisch renovierte Häuser, alter Stuck. Davor habe er Respekt. Auch vor Privatautos. Selbst vor einem schicken Porsche. „Ich bin kein Sozialneider." Dennoch sei Kunst eine Waffe. Gegen den Staat? „Ein Truck von DB Schenker wäre eine Einladung."

Dieses ethische Konzept nimmt regelmäßig in komplexen Projekten Gestalt an, wie beispielsweise im U-Bahnhof Eisenacher Straße an der U7. Zwölf Bilder für die zwölf Monate eines Kalenderjahres. Von zwölf Künstlern wie STEREO, TRIK, FACH, DISEK und dem Mastermind persönlich in einer Aktion gesprüht. Thematisch stimmig und ineinander übergehend. „Um den Kampf der Elemente zwischen den einzelnen Jahreszeiten darzustellen." Die Mehrheit der Passanten glaubt, dass die Graffitis im Auftrag der BVG entstanden sind. Sie sind jedoch illegal. Ihr Auftraggeber und Projektleiter heißt FINO. Wann und wie genau die Aktion stattgefunden hat, wissen nur Eingeweihte. Wichtig sei ihm gewesen, dass die Künstler ihr Handwerk verstehen, dass keine Werbung, keine Hinweisschilder übermalt und keine Kameras zerstört würden. „Wir haben zwei Stunden gearbeitet und hatten mächtig Angst. Wegen der Dämpfe. Es gab einen Kameramann und einige Checker." Einer davon die Nase. Denn bereits nach einer halben Stunde habe es so sehr nach Farbe gestunken, dass alle dachten: Wo bleibt die Polizei?"

Tags darauf betritt FINO erneut den Bahnhof. Der ist voller Leute, die die Bilder bestaunen. Sogar jene, die

mit Graffiti nichts am Hut haben. Unbekanntes beflügelt bekanntlich die Fantasie. Der Eisenacher Bahnhof ist zu einer Open Gallery geworden. „Weil Farbe lebt", glaubt FINO. Und selbstredend Qualität. Das scheint die BVG ähnlich zu sehen. Mehr als zwei Jahre nach der Aktion sind die Kunstwerke noch immer da. „Man könnte meinen, die BVG mag uns. Wir lieben sie ja schon lange. Es glaubt uns nur keiner."

Man stelle sich vor: Im Yard stehen drei Züge. Während einer bemalt wird, werden die zwei anderen zerstört, damit der Bemalte fährt. Einmal habe er das gemacht. Im Ergebnis seien alle drei nicht gefahren. „Ein anderes Mal habe ich einen Wholecar gemalt, und plötzlich stand der Bifi, sprich Fahrer, vor mir. Ich zu ihm: Bin gleich fertig. Er hat mir ins Gesicht geschaut. Ich war nicht vermummt, hatte keine Waffen. Also ist er in seine Bahn gestiegen und hat gewartet." Gegenseitiger Respekt? Klar ist, es handelt sich um Sachbeschädigung. „Aber selbst überzeugte Veganer töten kleine Käfer, wenn sie über Wiesen spazieren."

Graffiti bedeutet Arbeit und Entwicklung. Über die Jahre habe er Gleichgesinnte kennengelernt. „Aus dem Einzeller wurde eine Gruppe. Wenn du jung bist, ist die Crew der Booster. Allein wirst du übermalt, abgezogen, verarscht." Nur gemeinsam sei man stark, wenngleich sich die Spreu regelmäßig vom Weizen trenne. „Einer studiert, der andere ist ein Arschloch, der Dritte findet Graffiti plötzlich kacke. Wenige bleiben übrig. Und schließlich ist man wieder mit sich allein. Wie bei einer Apollo-Rakete", erklärt FINO. „Zehn Stufen, nur eine überlebt. Wer mitkommen will, findet in meiner Kapsel immer Platz. Aber meist schwebe ich allein durch den Weltraum. Klar fliegt auch irgendwo TCR, meine Crew. Wenn ich Hilfe brauche, genügt ein Anruf. Aber die Rakete – die bin ich. Als Kapitän allein verantwortlich. Für all meine Fehler."

Seit mehr als 20 Jahren lebt er für die Szene, mit und in ihr. Im Dokumentarfilm „Unlike U" werden Generationen von Berliner Sprayern in Szene gesetzt. 17- bis 40-jährige. Auch FINO. Während einer Action mit ACID sitzt er mit Panamahut im Yard und gibt ein Interview.

Was bewegt einen Illegalen, was wünscht er sich? „Eine Uhr, mit der man auf Knopfdruck die Zeit anhalten kann. Kinder natürlich. Am liebsten eine ganze Crew." Was ärgert ihn? Früher die Kombination Chrom-Schwarz. Bis heute schlechte Graffitis. „Feuerlöscher-Tags, die immer scheiße aussehen. Entweder geben sich die Leute keine Mühe, oder es geht nicht. Aber dann würde ich es lassen." Qualität gehe vor Quantität. Deswegen mag er kein Haltestellen-Bombing. „Ein One-Man-Wholecar, den man in drei Minuten macht, kann nur Mist sein."

Ebenso stört ihn das schlechte Image der S-Bahn. „Dabei sind Züge etwas voll Cooles", befindet er. Jetzt seien sie runtergewirtschaftet. „Ich kann nicht mehr rausgucken, da die Fenster mit Werbung zugekleistert sind. Draußen wird man mit Nachrichten und Botschaften bombardiert, drinnen vom Berliner Fenster. Ich steige in die U-Bahn, und der Fernseher ist an. Vergewaltigte Frauen. Haufenweise Werbung. Keiner fragt mich, ob ich das sehen will." Zu Hause entscheide er allein, ob er TV sehen wolle oder nicht. Im öffentlichen Nahverkehr sei er visuellem Terror ausgesetzt. Den mache er natürlich auch. Seine Werbung aber werde sofort entfernt.

„Als Berlin Hauptstadt wurde, kam der Kommerz. Die Brachen sind weg. Du kannst nicht mehr erkennen, ob ein Zug aus dem Osten oder Westen kommt. Heute ist alles einheitlich. Die Neuen malen mutwillig scheiße, crossen alte Bilder, haben keinen Respekt. Die Alten sind halt die Alten. Das, was Berlin groß gemacht hat, King City, die Stadt der 1000 Styles, gibt es nicht mehr." Doch immerfort jammern bringe nichts. Graffiti müsse sich anpassen.

Schließlich sei Kunst, somit Graffiti, immer ein Spiegelbild der Zeit gewesen. „Heute geht es um Snapshots und Mapshots. Alles muss schnell gehen. Manche sagen: Was länger als drei Minuten dauert, ist kein Graffiti mehr. Denen würde ich gerne aufs Maul hauen. Das sind Internetschlaubis, die keine Eier und nach drei Minuten die Hose voll haben. Deswegen sieht alles hässlich aus."

Ausgebrannt, Burn-out? „Ich bin Gefangener im Graffiti-Knast und kann nicht ausbrechen. Wenn man mich in eine andere Zelle steckt, dann muss ich mich halt umgewöhnen." Wenn überall Kameras sind, müsse man darauf scheißen, sich vermummen, woanders hingehen oder sich einen toten Winkel suchen. „Schau dir Banken an: Seit 100 Jahren versucht man, Banken zu schützen. Trotzdem werden sie immer wieder überfallen. Obwohl man sagen müsste, das geht nicht. Und so wird es mit Graffiti sein. Man wird immer irgendwo ein Piece oder einen Train machen können. Wer sich ständig beklagt, sollte aufhören. Graffiti ist wie vieles im Leben: eine Herausforderung."

Geh weiter, mach weiter, gib nicht auf. Graffiti ist der Weg, den FINO weiterhin beschreiten möchte. Egal, was die Gesellschaft sagt? Die sei eh nicht mehr zu retten. „Vor Jahren wurde gegen den gläsernen Menschen protestiert, heute sind alle bei Facebook." Ein Wandel, den Graffiti so nicht durchlaufen habe. „Viele ordentliche Menschen, die pünktlich ihre Steuern zahlen und immer einen Fahrschein kaufen, wollen damit nichts zu tun haben. Gucken sich höchstens bunte Bilder im Internet an. Distanz ist wichtig. Der Sprayer ist verpönt. Echte Berührungspunkte machen Angst. Hilfe, ein Illegaler steht vor mir. Geh doch zu Facebook, dann können wir Freunde werden und du kriegst 'n Like. Ich will aber kein Like", protestiert FINO.

Stattdessen will er seine Träume verwirklichen, was unendlich viel Energie erfordert. Manchmal sei Ebbe und der Akku leer. Dann fährt er mit Interrail durch Europa, um aufzutanken. Um nicht Gefahr zu laufen, in diesen Trott zu geraten, Alltag genannt, wo Träume keinen Platz haben, weil der Mensch immer parallel zum realen Leben träumt. Man muss Kraft aufbringen, um Visionen und Träume zu verwirklichen. „Ich liebe meine Träume, ich muss sie beschützen."

Einer davon spielt auf fünf Kontinenten zugleich. In Tokio, Kairo, Buenos Aires, New York und Glasgow eine U-Bahn malen. In 20 Jahren eine Ausstellung in San Francisco. „Mein Lager ist so voll und schreit nach Veröffentlichung." FINO legt nach: „Und eine weitere dicke Wall mitten in der Stadt machen. Wie in der Eisenacher Straße. Mit allen Leuten, die ich kenne."

Weil Graffiti von der Straße kommt und nicht von der Uni.

BVG
U
U

BVG
Ist das Kunst oder muss das weg?

„Kunst hat mit Geschmack nichts zu tun", befand der Maler Max Ernst. „Wenn ich wüsste, was Kunst ist, würde ich es für mich behalten", erwog hingegen Picasso. Ob er Graffiti als Kunst betrachtet hätte? Klammheimlich, vielleicht.

Die Internetseite des LKA 264, der Gemeinsamen Ermittlungsgruppe Graffiti in Berlin, lässt keine Fragen offen: „Das Besprühen oder Bemalen von Wänden oder Zügen ist eine Sachbeschädigung, die strafrechtlich verfolgt wird, sofern keine Erlaubnis des Eigentümers vorliegt." Also nichts mit Kunst, nur schwarz oder weiß?

Wir wollen einen Blick hinter die Kulissen wagen. Vor allem jene befragen, die vom Handwerk des Farbauftragens Jahr um Jahr geschädigt werden. Wir verfassen zwei Briefe: Einer ist an die S-Bahn Berlin gerichtet, ein zweiter an die BVG Berliner Verkehrsbetriebe. In beiden bitten wir um ein Interview in Sachen Graffiti.

Die S-Bahn Berlin ist eine Tochtergesellschaft der Deutschen Bahn, der Betrieb eines Teils des hauptstädtischen Nahverkehrs ihr Kerngeschäft. Ganze sechs Wochen warten wir auf eine Antwort der Geschäftsführung: „Ihr Angebot, in diesem Buch die Perspektive und Sicht der S-Bahn Berlin zur Graffitiszene darstellen zu können, haben wir aus verschiedenen Sichtweisen geprüft und entschieden, uns nicht mit einem Beitrag an dem Buchprojekt zu beteiligen." Weiterhin führt die Geschäftsführung aus: „Graffiti an S-Bahn-Zügen und Infrastrukturanlagen ist keine Kunst und kein Kavaliersdelikt, es ist eine Sachbeschädigung, die durch uns strafrechtlich verfolgt wird." Infolge von Graffiti entstünden dem Unternehmen, allein bei der S-Bahn Berlin, Schäden von jährlich circa sechs Millionen Euro. Also nichts mit einem Gespräch. Schade, aus unserer Sicht eine vertane Chance.

Parallel zur S-Bahn betreibt die BVG den nicht unerheblichen Rest des öffentlichen Nahverkehrs der Hauptstadt. Ihre 1238 U-Bahn-Wagen, 353 Straßenbahnwagen sowie 1321 Omnibusse befördern jährlich rund 980 Millionen Fahrgäste kreuz und quer durch die Stadt. Das Unternehmen beschäftigt mehr als 13 000 Mitarbeiter und erwirtschaftet einen Umsatz aus Fahrgeldern von knapp 700 Millionen Euro, womit die BVG um einiges größer ist als ihr Pendant bei der Deutschen Bahn.

Doch der Platzhirsch schickt zunächst eine Absage, per Mail aus dem Vorstandssekretariat. Wir haken nach. Es folgen Telefonate und E-Mails mit der Pressesprecherin und Leiterin des Vorstandsstabs Medien. Wir geben alles, reden mit Engelszungen auf sie ein. Unsere Bitte um einen Interviewtermin vor Ort wird jedoch weiter abgelehnt. Eine schriftliche Anfrage zu Daten und Fakten würde die BVG hingegen beantworten. Gesagt, getan:

Wie hoch sind die unmittelbaren Schäden durch Graffiti?
Die der BVG pro Jahr durch Vandalismus entstandenen Schäden können unserem öffentlich zugänglichen Sicherheitsbericht entnommen werden, die Schäden durch Graffiti werden dabei gesondert aufgeführt. Demnach betrugen die Kosten für die Beseitigung von Schäden durch Graffiti 2008 noch 4,9 Millionen Euro gegenüber 0,8 Millionen Euro in 2014.

Wie hoch sind die mittelbaren Schäden durch Zerstörung oder Stilllegung von Fahrzeugen?
Diese Kennzahlen werden nicht gesondert erfasst. Sie gehen in den Bereich der sonstigen Vandalismusschäden ein. Diese Kosten schlugen 2008 mit 4,9 Millionen Euro zu Buche gegenüber 3,1 Millionen Euro in 2014.

Sind auch Busse oder Dienstfahrzeuge der BVG von Graffiti-Schäden betroffen?
Im Jahr 2014 wurden Busse mit Graffiti beschmiert. Graffiti an Dienstwagen gab es hingegen nicht.

Haben sich die vorgenannten Schäden in den letzten zehn Jahren eher erhöht oder verringert?
Wie die bereits genannten Zahlen zeigen, ist der Trend bei den durch Graffiti verursachten Kosten für die BVG eindeutig rückläufig, das heißt, unsere Maßnahmen zeigen Erfolg. Auch Graffiti an Bussen nehmen ab.

Wie viele Anzeigen wegen Graffiti wurden 2014 von der BVG erstattet?
Rund 1500.

Hat sich die Anzahl dieser Anzeigen in den letzten Jahren eher erhöht oder verringert?
Im Zeitraum 2009 bis 2011 sanken die Zahlen. Ab 2012 stiegen die Zahlen wieder leicht an. Die Prognose für 2015 ist rückläufig.

Wie hoch ist die Aufklärungsquote?
Die Aufklärungsquote für die Jahre 2009 und 2010 lag bei rund 15 Prozent. Für den Zeitraum danach ist eine Angabe noch nicht möglich, da die strafrechtliche Bearbeitung der Vorgänge zum Teil noch andauert.

Welche Anti-Graffiti-Maßnahmen ergreift die BVG?
Es findet eine zunehmende Kameraüberwachung statt. Außerdem werden verstärkt Tunnelbereiche wie zum Beispiel die Kehranlagen besetzt.

Die BVG fährt eine generelle Anti-Graffiti-Strategie. Im Bushido-Film „Zeiten ändern dich" fahren bemalte Züge durchs Bild. Gleichzeitig werden Sprüher-Szenen gezeigt. Das bedeutet: Mit Erlaubnis der BVG darf die Coolness der Szene stattfinden. Wie passt das mit Ihrer generellen Strategie zusammen?
Ja, wir sind strikt gegen Graffiti. Nicht nur wegen der hohen finanziellen Schäden, die uns dadurch Jahr für Jahr entstehen. Vor allem die Gefahr für Leib und Leben, der Sprayer sich und andere bei ihren illegalen „Ausflügen" aussetzen, besorgt uns sehr. Dennoch können wir nicht verleugnen, dass es in Berlin eine entsprechende Szene gibt, und auch nicht generell verhindern, dass diese in Film und Fernsehen als vermeintlich „cool" dargestellt wird. Was eine Unterstützung entsprechender Filmvorhaben anbelangt, sind wir allerdings sehr zurückhaltend, wie Sie folgender Passage aus dem Presseheft zu „Zeiten ändern dich" entnehmen können: „Mehr Sorge um ihr Eigentum hatten die Berliner Verkehrsbetriebe (BVG). Sie wollten dem Filmteam nicht erlauben, dass ihre U-Bahnen mit Graffiti besprüht oder auch nur beklebt werden. Die bunten Werke spielen aber eine entscheidende Rolle im Film, wenn Bushido in der Besserungsanstalt auf Fler und andere neue Freunde aus der Berliner Sprayerszene trifft. Uli Edel zog in Betracht, die betreffenden Bilder in Polens Hauptstadt Warschau zu drehen, deren U-Bahnen den Berliner Waggons ähneln. Doch Co-Produzentin Christine Rothe konnte die Umzugspläne verhindern: ‚Wir haben der BVG freundlich erklärt, dass wir beim Film arbeiten und hinterher auf jeden Fall eine besprühte

Berliner U-Bahn im Film haben werden. Notfalls mit Computertricks.' Das sah auch die BVG ein und war zu einem Kompromiss bereit: Die Gruppe von Sprayern, angeführt vom echten Fler, durfte auf dem Betriebsgelände der BVG eine ausrangierte Bahn besprühen. Dagegen sind die bunten Motive auf der U-Bahn, die man im Film in den Bahnhof Deutsche Oper einfahren sieht, nachträglich digital entstanden."

Die Macher des Films „Unlike U" beklagen die ablehnende Haltung der BVG hinsichtlich eines Gesprächs sowie den späteren Vorwurf der BVG, der Film hätte einseitig über die Szene berichtet. Wie stehen Sie heute dazu?
Über unsere Position zu dem Film wurde im Zuge unserer Klage hinlänglich berichtet. Hieran hat sich nichts geändert.

Unser Fragenkatalog möchte nun die Graffitis im U-Bahnhof Eisenacher Straße thematisieren: Wurde seinerzeit Anzeige erstattet? Wie lange werden die Bilder erhalten bleiben? Gibt es bereits einen „Renovierungstermin"? Die zwölf Bilder sind ziemlich zeitaufwendig: Wissen Sie, wann und wie die Aktion stattgefunden hat? Welche Formen der Zusammenarbeit mit der Graffiti-Szene gibt es? Doch die BVG entzieht sich der Beantwortung und übergeht unsere Fragen. Wir fassen nach:

Unsere Fragen zur Eisenacher Straße wurden möglicherweise übersehen. Wie stehen Sie dazu?
Zum Bahnhof Eisenacher Straße – kein Kommentar. Wie Sie an vielen unserer Bahnhöfe und zahlreichen Kunstprojekten sehen können, gibt es vielfältige Zusammenarbeit mit der Berliner Kunstszene. Mit dem, was Sie als „Graffiti-Szene" bezeichnen, eher nicht.

Letzte Frage: Warum gibt die BVG kein Interview zum Thema Graffiti?
Dies hier ist ein Interview ...

1UP
Das Phantom

Später Nachmittag. Heinrichplatz. Lokal Zum Elefanten. Neben uns die Rote Harfe. Es nieselt. Wir sitzen unter breiten Markisen. Mit Blick auf den Skateshop Search & Destroy. Etwas entfernt, über die Mariannenstraße hinweg, verkauft der Naturkostladen Kraut und Rüben. Weiter hinten lockt das SO36.

Da ein Termin verschoben wurde, vertrödeln wir wertvolle Lebenszeit. Vier Stunden ziehen sich hin. Der Gesprächsfaden wird dünner. Ab und an heißt es aufstehen und hüpfen, um das Blut in die Beine schießen zu lassen. Die Kellnerin, eine resolute Person mit Kurzhaarschnitt und herben Gesichtszügen, bringt die zweite Runde Bier. „Können wir etwas zu essen bestellen?" Kopfschütteln. Nicht hier. „Können wir uns einen Döner vom Imbiss gegenüber holen?" Genervtes Schulterzucken. Kreuzberg. Die denken, wir sind Touristen.

1001 Falafel packt liebevoll Schawarma ein. Zurück an den Tisch. Essen und warten. Noch immer viel Zeit bis zum Treffen mit 1UP, einer Berliner Graffiti-Crew, die für ihren markanten Schriftzug über die Stadt- und Landesgrenzen hinaus bekannt ist. Selbst in Havanna, wo die musealen Fassaden der Castro-Brüder unter Denkmalschutz stehen und der kapitalistischen Abrissbirne seit Jahrzehnten trotzen, hatten wir ihr Wirken entdeckt und kurzum beschlossen, die Jungs unbedingt persönlich treffen zu wollen.

Leichter gesagt als getan. Die Crew ist vor allem eins: sehr diskret. Anfragen über Facebook? Werden nicht beantwortet. Wochen gehen ins Land. Wir sprechen mit diesem und jenem. Ja, ja, die kenne ich über fünf Ecken. Hoffnungsschimmer, die immerfort verschwinden. Schließlich kommt die richtige Person ins Spiel, es folgt ein vermittelnder Anruf. Daraufhin üben wir uns in Kommunikation. Es geht hin und her. Bis ein konkreter Tag im Kalender eingetragen werden kann. Ort und Zeit folgen. So soll es sein. Bald wird die elende Warterei ihr Ende finden.

Bis dahin trödelt das Gehirn im Leerlauf. Erinnerst du dich an den Autor David van Reybrouck? Der saß auch mal fest. In einem Kaff irgendwo im Kongo, wo er auf ein konspiratives Treffen mit einem Rebellenführer warten musste. 1UP sind keine Rebellen. Sicher? Sonst hätte die Geheimniskrämerei doch keinen Sinn. Siehst du übrigens den alten Daimler? Der fährt schon zum dritten Mal vorbei. Und der Alte mit seiner Obdachlosenzeitung guckt die ganze Zeit in unsere Richtung. Ein Späher? Vielleicht beobachten die uns, um ganz sicher zu gehen, dass wir sie nicht an die Polizei verraten. Wie viele werden wir treffen? Einen oder

zwei. Vielleicht mehr. Und dann? Werden wir in einen düsteren Raum geführt, wo uns der Rest der Crew grimmig gegenübersitzt. Ali Baba und die 40 Sprayer? Mit vermummten Gesichtern. Lass uns schnell noch ein Bier bestellen.

Bald schlägt es 20 Uhr. Unauffällig schlendern wir zum vereinbarten Hauseingang. Vier junge Männer treffen nacheinander ein. Einer ergreift die Initiative. „Seid ihr wegen des Interviews hier?" Wir nicken. Kurzes „Hallo" und „Freut uns". Dann geht es los. Still folgen wir der Crew durch einen dunklen Hinterhof und das Treppenhaus hinauf. „Bitte leise sein und nicht so laut trampeln", mahnt einer der Jungs. Vier Etagen und eine Luke später betreten wir das Dach. Zwar hat der Nieselregen aufgehört, doch die Schrägen sind gefährlich rutschig, was unseren Begleitern nichts auszumachen scheint. Leichtfüßig huschen sie durch ihr Revier. Kamera und Blitz werden aktiviert. Eine Pose mit Schornstein. Ein Shoot an der Luke. Dann stehend auf dem First. Noch ein Bild von der Dachkante mit atmosphärischem Blick über das nächtliche Berlin? Danke, nein. Lieber nicht. Wer will schon ein letztes Foto.

Vorsichtig krabbeln wir zur Luke und klettern zurück ins Haus. Auf dem Dachboden wollen wir reden und hocken uns auf einen Balken. Die Gastgeber organisieren Stühle, nehmen Platz und mustern uns skeptisch. Professionell sitzen wir die Situation und kritische Fragen aus. Natürlich dürfe die Crew den Text vor Veröffentlichung sehen. Wie sich später herausstellt, wird sie sogar einen guten Teil ihrer Aussagen streichen, nicht selten die knackigsten. Außerdem bestehen die Jungs auf ein eigenes Aufnahmegerät und wollen uns im Nachgang einen Mitschnitt mit verfremdeten Stimmen zukommen lassen. Wer von ihnen sich wie geäußert hat, sei egal. Man spreche mit einer Stimme. Der Stimme von 1UP:

„One United Power wurde im September 2003 in Berlin gegründet. Aus anfänglich vier Gründern ist heute eine größere Gruppe geworden. Genauere Zahlen wollen wir nicht nennen. Es findet keine Klassifizierung statt. Ob einer nun aufpasst, die Kamera hält oder ein Haus aufschließt, jeder ist Teil der Crew. Das Alter unserer Mitglieder liegt zwischen 20 und 35 Jahren, unter ihnen sind viele Mädels. Die meisten von uns kommen aus Kreuzberg oder Neukölln.

Die Crew wächst und entwickelt sich ständig weiter. Doch wir nehmen nicht wahllos Leute auf, eigentlich nur ganz wenige. Entscheidend ist nicht, ob jemand geile Graffitis malt. Mitgliedschaft entsteht durch Freundschaft. Wir unternehmen viel, reisen gemeinsam um die Welt, lernen uns kennen, spüren Verbundenheit. Was muss ich tun, um dabei zu sein? Anfragen dieser Art funktionieren nicht. 1UP ist eine Beziehung, an die man sich herantasten muss. Mit einigen Leuten haben wir erst jahrelang gemalt, bis die Aufnahme in die Crew erfolgte.

Ob jemand in die Gruppe aufgenommen wird, entscheiden wir nicht per Stimmzettel. Vielmehr setzt sich das Kernteam der Familie zusammen und überlegt. Da wir viel Zeit miteinander verbringen, sind wir meist ähnlicher Meinung. Wir spüren, wer passt und wer nicht. Es gibt im Kern eine Art Basisdemokratie. Keine formelle Abstimmung, wenngleich schon so etwas wie Konsens.

Wir sind keine Sekte oder Graffiti-Mafia. 1UP bedeutet Zusammenhalt, Liebe, Freundschaft, Action, Familie, Leidenschaft und Eier. Jeder bringt seine Stärken in die Gemeinschaft ein. 1UP kann als Marke gesehen werden, das ist uns bewusst. Aber wir wollen damit kein Geld verdienen. Eher eine gute Zeit haben. Es geht um gemeinsame Stärke. Um One United Power. Wir wollen Aufsehen erregen. Das schafft man bestimmt nicht allein. Hätte jeder sein eigenes Ding gemacht, wäre 1UP nicht das, was es heute ist.

Wir nutzen Social Media gezielt, laden hin und wieder etwas auf Instagram hoch. Wir sind eine internationale Gemeinschaft, müssen jedoch nicht mit dem Rest der Welt befreundet sein. Leute, die 1UP malen, gibt es in vielen Ländern. In Indonesien fühlen sich gerade einige Sprayer mit uns verbunden und haben ihre eigene 1UP-Crew gegründet. Die tragen unsere T-Shirts, liken unsere Bilder und malen unseren Namen. Schmeichelhaft, aber nicht in unserem Sinn.

In den letzten Jahren tauchen immer mehr 1UP-Pieces auf. Meist sind sie von Kids, die noch keinen Plan haben und nicht peilen, dass man das nicht macht. Kenner sehen sofort, dass da Anfänger am Werk waren.

1UP am Malécon in Havanna? Ja, ein Original. Wir waren mehrere Male in Kuba. Wenn wir reisen, ist das meist eine Kombination aus Urlaub und Aktionswoche. Wir laufen mit Farben und Eimern durch die Straßen, bemalen hier und da Wände. Den meisten

Leuten gefällt, was wir machen. So kommen echte Begegnungen abseits des Touristenwahnsinns zustande. Man wird vom passiven Touristen zu einem Teil der Straße. Es gibt Reisen, bei denen wir mit 20 Leuten auf Tour gehen.

1UP hat sich immer aus der klassischen Writer-Szene herausgehalten. Einige Mitglieder fühlen sich mit der Hiphop-Kultur nicht einmal verbunden. An diesen Jams mit ihren Walls of Fame und Battles haben wir uns nie beteiligt. Wir machen unser eigenes Ding. Malen natürlich mit anderen Crews. Stress gibt es wenig. Hin und wieder Situationen, in denen man abgefuckt wird. Wir selbst sind ziemlich friedliche Menschen und fucken selten Leute ab. 1UP ist offen. Wir puschen nicht dieses Ego-Ding. Es gibt keine Einzelnamen, lediglich 1UP und fertig. Natürlich arbeiten einige unserer Mitglieder zusätzlich unter eigenen Namen. In der Gemeinschaft sind die aber irrelevant.

Unsere Aktionen definieren sich durch genaue Planung. Zwar ziehen wir manchmal nach ein paar Flaschen Rotwein los. Das ist aber eigentlich nicht unsere Art. Im Ausland kann man solche dummen Aktionen ohne große Konsequenzen bringen und kommt in der Regel mit kleinen Geldstrafen oder einer Nacht im Knast davon. In Berlin dagegen sind wir sehr vorsichtig. Legale Wände malen wir selten. Dafür sind den meisten von uns die Dosen zu schade.

Wir sind vorsichtig, achten auf Diskretion und machen keine Kamikaze-Aktionen, selbst wenn es manchmal so aussieht. Uns ist wichtig, dass jeder davonkommt. Keiner zurückbleibt. Wir passen aufeinander auf und versuchen, Risiken zu minimieren. Wir kalkulieren ein, was schiefgehen könnte und wie wir darauf reagieren.

Warum das alles? Graffiti ist keine bewusste Entscheidung. Es passiert eben. Manche haben Freude daran, mit Buchstaben schöne Sachen zu machen. Andere überhaupt keine künstlerische Motivation. Für sie zählt das Abenteuer. Nachts mit Dosen im Gepäck rausgehen. Du weißt, welche Wand du dir vornimmst, um deinen Teil zur Gestaltung des Stadtbildes beizutragen.

Viele Crews definieren sich über wilde Styles. Wir nicht. Wir bomben 1UP. Dabei geht es um Aktionen, die unmöglich erscheinen. Groß, viel, an krassen Plätzen. Meterhohe Schriftzüge in drei Minuten auf Wänden direkt an den Hauptstraßen.

Künstlerisch haben wir keinen Schwerpunkt. Dosen, Feuerlöscher, Rollen. Züge, Fassaden und Bahnhöfe. Alles. Viele betrachten Graffiti als Vandalismus. Aber wir schlagen keine Scheiben ein oder machen grundlos fremdes Eigentum kaputt. Da draußen gibt es eine vorgefertigte, reglementierte Welt. Die Straßen werden sauberer. Clubs schließen. Aus dieser Welt wollen wir ausbrechen und das System stören.

Unsere Ansätze sind Aktionskunst und Alternativkultur. One Crew, One Love, One Power. Andere Crews machen einen auf hart. Wir sind chillige Leute. Aber natürlich können wir auch anders. Wir haben eine gewisse Grundeinstellung, die viel mit dem alten Kreuzberg zu tun hat. Ton Steine Scherben. Besetzte Häuser. Freiräume und Multikulti.

Unsere Eltern sind relativ cool und finden in weiten Teilen gut, dass wir die Stadt ein bisschen bunter gestalten und ihr Farbe einhauchen. Sie haben über Jahre gesehen, dass 1UP eine stabile Sache ist, ihre Kinder vernünftig sind und das Leben auf die Reihe bekommen. Unser Spirit war immer, klarzukommen und nicht im Graffiti-Sumpf zu versinken. Wir alle haben irgendwie eine durchwachsene Kindheit erlebt. Früher hieß es: Ey, wir gehen jetzt bomben, Party machen und saufen. Viele hatten eine harte Kifferzeit. Aber das legt sich mit den Jahren. Wir sind älter geworden und haben uns gefunden. Alle führen ein mehr oder weniger geregeltes Leben. Dass jemand komplett durchhängt, kommt praktisch nicht vor.

Berlin ist eine der krassesten Graffiti-Metropolen der Welt. In 20 Jahren wird das nicht mehr so sein, weil es immer mehr kommerzielles Graffiti gibt. Eigentumsverhältnisse verändern sich zugunsten reicher Spießer, die sich durch bunt gestaltete Wände bedroht fühlen. Doch der urbane Raum gehört allen und darf bemalt werden. Graffiti ist keine Zerstörung. Wir reißen keine Wände ein, sondern tragen Farbe auf. Man kann danach genauso gut drin leben wie vorher. Schaden entsteht lediglich dadurch, dass Hauseigentümer oder Hausverwaltungen so etwas nicht mögen und Geld dafür ausgeben, eine Wand zu erneuern, die sie sowieso regelmäßig in Preußisch-Ocker streichen. Kosten entstehen also durch Reinigung und nicht durch Auftragen von Farbe. Ähnlich verhält es sich bei BVG, S-Bahn oder der Deutschen Bahn. Die Züge werden gesäubert und als stumpfe Werbeflächen genutzt. Manche Firmen bemalen komplette Fassaden mit Werbung. Die sind vielleicht eine größere Gefahr als der Hausmeister, der nur Tags und Pieces übertüncht.

Das Coole an Graffiti ist, dass jeder seine Ideen, Visionen oder Sorgen an die Wand bringen kann. Kommerzielle Wandmalerei ist kein Graffiti. Für Siemens eine Fassade gestalten? Kommt drauf an. Für 10 000 Euro? Wohl eher nicht. Lieber für ein Lächeln und eine warme Suppe Hauswände in Kuba oder Indien bemalen. Der nächste Flug ist schon gebucht."

POLIZEI
Abschnitt 46

LKA 264
Weihnachtsgrüße von der Crew

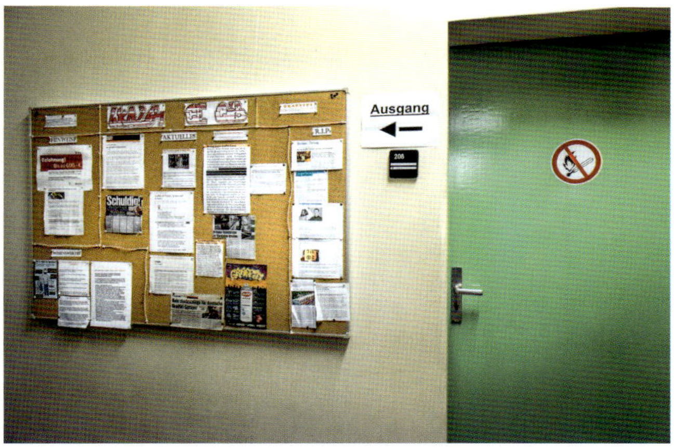

Es gibt Situationen, die scheuen sogar mutige Menschen. Den Zahnarztbesuch beispielsweise. Die Darmspiegelung. Oder ein Gespräch mit der Polizei. Wir sind auf dem Weg in den Berliner Süden und diagnostizieren latentes Unwohlsein. Blue Monday. Ankunft in Downtown Lankwitz. Unbekanntes Terrain. In dieser Gegend waren wir noch nie. Die Gallwitzallee führt durch eine Wohnsiedlung. Hier hat die Polizeidienststelle der Direktion 4, Abschnitt 46 ihren Sitz. Untergebracht in einem farblosen Gebäude, umgeben von farbloser Bebauung. Die Bäume der Allee haben bereits ihr Blattwerk abgeworfen. Kahl und knorrig ragen sie in den matschgrauen Tag. Unsere Vorladung haben wir selbst erbeten. Zwei Telefonate, eine E-Mail, tags darauf stand der Termin. Die Polizei, dein Freund und Helfer.

Wir nehmen im Büro des Kriminalhauptkommissars Platz, legen unseren Fragenkatalog auf den Tisch und starten das Aufnahmegerät. Verhör mit Andreas Langer, 48 Jahre alt, Kommissariatsleiter der GiB, Gemeinsame Ermittlungsgruppe Graffiti in Berlin. KHK Langer bietet Kaffee an. Er ist groß, schlank, sportlich. Seine Stimme klingt angenehm tief, ein wenig heiser, als hätte er den Vorabend in Herthas Ostkurve verbracht. Nicht doch, er steht auf Schalke. Dann eben Nordkurve.

„Sieht doch gut aus", beginnt der Kommissariatsleiter das Gespräch und legt ein Foto auf den Tisch. Darauf ist ein mit großem Star-Wars-Motiv besprühter S-Bahn-Zug abgebildet. „Wir sehen hier viele Bilder, die künstlerisch ansprechend sind. Man muss halt abwägen. Einerseits: Sieht gut aus. Andererseits: Es ist eine Straftat und somit verboten. Hätten die Jungs ihr Bild an einem Ort gemalt, wo es erlaubt ist, wäre das natürlich schöner."

Haben Sie einen künstlerischen Bezug zu Graffiti?
Ich selbst nicht. Eher die Sachbearbeiter. Einige Kollegen haben Graffitis in den Büros hängen. Möglicherweise würde ich mir auch eine Leinwand sprayen lassen und zu Hause aufhängen. Ich hatte in Kunst immer schlechte Noten. Deswegen bewundere ich die Fertigkeiten der Leute umso mehr. Dass sie sie am falschen Ort einsetzen, ist eine andere Sache, die mich von Berufs wegen dazu bringt, dagegen vorzugehen.

Dann lassen Sie uns über Ihre Berufung sprechen. Wer ist die GiB, warum eine gemeinsame Ermittlungsgruppe?
Die GiB wurde 1994 ins Leben gerufen, als das Phänomen Graffiti in Berlin aufpoppte und sich rasant verbreitete. Da die S-Bahn außerhalb des Ermittlungsbereichs des LKA liegt, kam Ende 1994 die Bundespolizei mit ins Boot. Seitdem sind wir ein gemeinsames

Kommissariat. Die Kollegen der Bundespolizei sind für die S-Bahn zuständig, wir für die BVG. Jede Einheit hat ihren Leiter. Ich bin zwar der Dienstgradhöchste, dennoch dem Gruppenleiter der Bundespolizei nicht weisungsbefugt. Will heißen, wir stimmen uns ab.

Seit wann sind Sie bei der Polizei?
Seit 1986. Angefangen habe ich in der Direktion 5. Dann kam ich über verschiedene Stationen als Kommissariatsleiter ins damalige LKA 713. Das war vor sieben Jahren. Mein Vorgesetzter ist Herr Spielmann. Als Dezernatsleiter hat er mehrere Kommissariate unter sich.

Im Film „Unlike U“ wurde ein Beamter des LKA interviewt?
Das war Herr Grabinski, der Vorgänger von Herrn Spielmann.

Welche Ziele und Strategien hatte die GiB zum Zeitpunkt ihrer Gründung?
In den 90er-Jahren war Graffiti bei den Behörden noch relativ unbekannt. Wir mussten der Sache Herr werden und haben versucht, die Szene zu verstehen. Wo treffen die sich? Was sind das für Leute? Was bewegt sie? Warum machen die das? Das war mit vielschichtiger, auch operativer Arbeit verbunden, also draußen rumfahren und gucken.

Wie viele Leute gehören zur Ermittlungsgruppe?
Heute etwa 20 Kollegen. Plus zehn von der Bundespolizei.

Gibt es eine Art Arbeitsteilung?
Die gab es. Beispielsweise hatten wir eine territoriale Aufteilung, die aber im Zuge von neuen Prioritäten und Ressourcenreduzierung nicht aufrechterhalten werden konnte. Mit 20 Leuten für ganz Berlin geht das nicht. Wie überall, gibt es auch bei uns Personalmangel. Da muss man sich neu aufstellen. Frühere Zeiten, als die Stadt an sich bestreift wurde, können wir nicht mehr aufleben lassen.

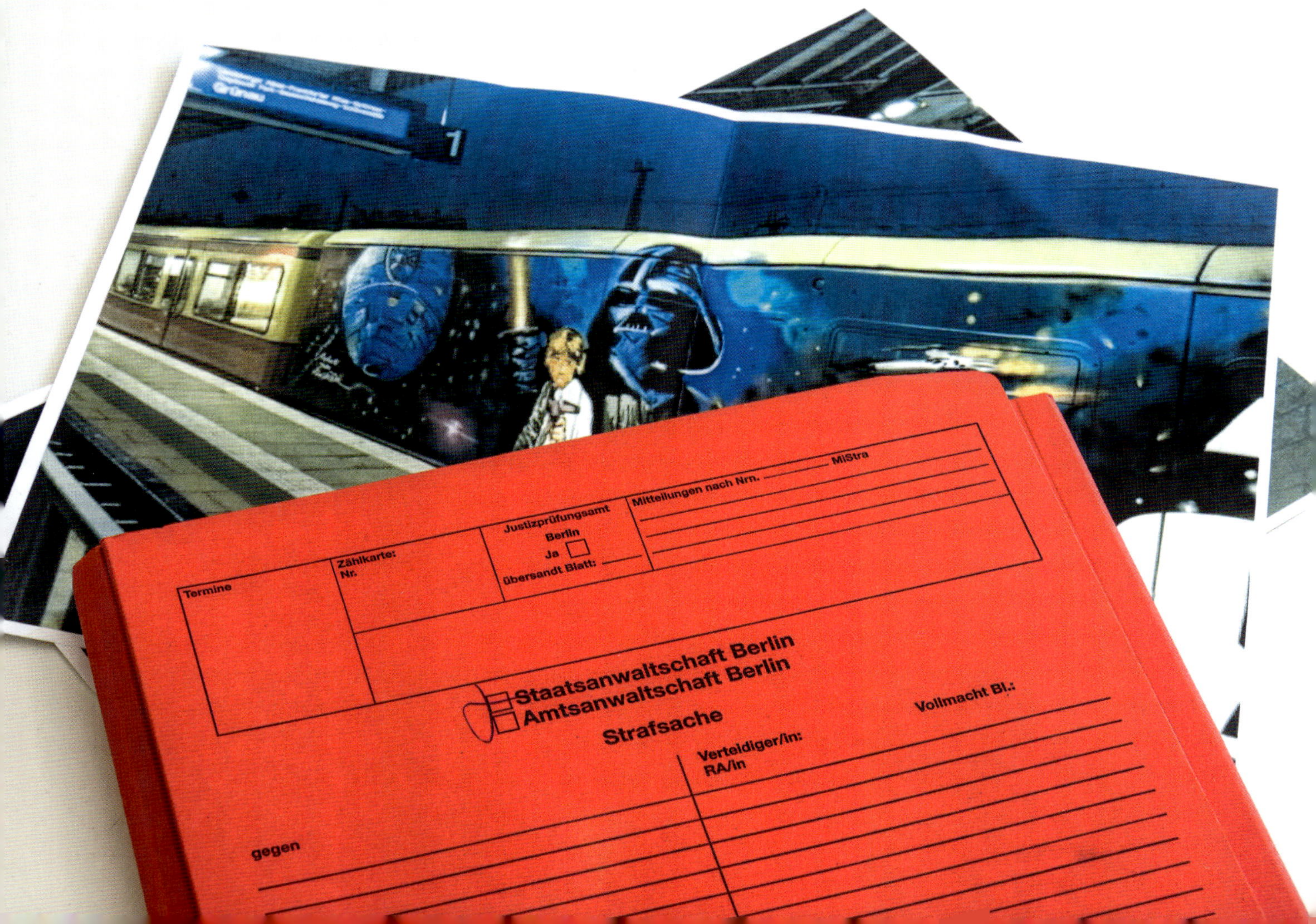

Wie ist die Arbeit organisiert?
Es gibt eine Sachbearbeitung, die sich mit Anzeigen beschäftigt, und eine operative Komponente. Das sind Kollegen, die, platt gesagt, draußen rumfahren. Wir fokussieren allerdings auf Brennpunkte und initiieren daraus Einsätze. Will heißen: Wir fahren nicht sinnlos durch die Stadt und suchen die Nadel im Heuhaufen.

Wie genau entsteht für Sie ein Fall?
Beispielsweise durch Anzeigen. Der Hauseigentümer wählt 110. Dann kommt die Streife, macht Fotos, nimmt die Anzeige auf. Die bekommen wir auf den Tisch. Dann fangen die Sachbearbeiter an zu ermitteln. Parallel dazu fertigen wir im Kommissariat Auswertungen zu lohnenswerten Zielen, die wir mit Einsätzen belegen.

Fotografieren Sie auf Hiphop-Jams?
Fotografieren nicht. Aber es kann schon sein, dass da Leute von uns rumlaufen. Präventiv, um den Jungs zu zeigen, wir haben euch im Blick. Ihr seid hier, wir auch.

Wie steht es mit der Beweiskraft?
Es gibt Szeneregeln. Die beruhen unter anderem auf der Individualität des Tags, letztlich der Unterschrift. Zudem recherchieren wir nach Merkmalen wie Style und Crew-Mitgliedschaft. Wir haben eine Datenbank, über die Täter zugeordnet werden können. Außerdem kennt jeder jeden in der Szene. Die Kollegen wissen, wo die Jungs wohnen, was die arbeiten, wer die Freundin ist. Die wiederum kennen unsere Büros. Wir haben eine Kollegin, die bekommt jedes Jahr eine Weihnachtskarte von einer Crew.

Wie haltbar sind Ihre Beweise?
Klar kann der Nachermittelte sagen, das war ich nicht. Die Entscheidung obliegt letztlich dem Richter. Liegen zutreffende Merkmale vor, sagt der vielleicht: Zu viele Zufälle, mein Freund. Natürlich gibt es auch andere Richter. Dann heißt es Freispruch. Man kann nie 100-prozentig ausschließen, dass es ein anderer war. Es sei denn, der Sprayer wird auf frischer Tat erwischt.

Was geschieht in solchen Fällen?
Zunächst erfolgt die Beschlagnahmung der Spray-Utensilien als Tatmittel. Parallel dazu die erkennungsdienstliche Behandlung vor Ort oder im Revier. Es werden Fotos gemacht und Fingerabdrücke genommen. Danach kann der Sprayer wieder gehen. Der Kollege, der ihn festgenommen hat, schreibt die Anzeige. Die kommt hierher und wird bearbeitet. In der Regel erhält der Beschuldigte eine Vorladung, um sich zur Sache zu äußern. Manche kommen vorbei, andere nicht. Schlussendlich geht der Fall an die Justiz. Die entscheidet.

Kommt es vor, dass Sprayer eine Nacht im Knast verbringen müssen?
Normalerweise nicht. Aber es gibt Ausnahmen. Die betreffen eher ausländische Sprayer, die beispielsweise keinen festen Wohnsitz haben, wodurch die Feststellung der Identität aufwendiger werden kann. In solchen bzw. im Falle von Graffiti-Delikten stellt die Nacht im Knast, wie Sie das so schön formuliert haben, eher eine Ausnahme dar. Dazu muss man ergänzen: Es geht um Sachbeschädigung, deren Beseitigung einen Haufen Geld kostet. Im Vergleich zu anderen Dingen, die im LKA bearbeitet werden, ist Graffiti aber eher ein Bagatelldelikt.

Sachbeschädigungen sind Straftaten. Was ist der Unterschied zur Ordnungswidrigkeit?
Ordnungswidrigkeiten werden mit Verwarnungen, gegebenenfalls Verwarnungsgeld geahndet. Sticking etwa bleibt in der Regel straflos, sofern sich die Aufkleber rückstandslos entfernen lassen. Der Einzelfall liegt jedoch in der Entscheidungsgewalt der Justiz. Sachbeschädigung ist per gesetzlicher Definition ein Schadensfall, der das Erscheinungsbild einer fremden Sache nicht nur unerheblich und vorübergehend verändert. Ein solches Delikt ist im Strafgesetzbuch § 303 verankert und kann mit bis zu zwei Jahren Freiheitsentzug geahndet werden, was im Graffiti-Bereich in der Regel nicht umgesetzt wird. Es sei denn, der Sprayer ist ein unbelehrbarer Wiederholungstäter. Der erhält dann auch mal eine Gefängnisstrafe. Nicht jedoch der Ersttäter, da sprechen wir eher über Geldstrafen.

Wie hoch sind die?
Das kommt auf den Schaden an. Früher ging es um Schadenswiedergutmachung. Da hieß es: Pass auf, Bürschchen. Finde dich bei der BVG ein und mach den Zug sauber. Das ging aber schon in den 90er-Jahren nicht mehr. Wir sprechen über Jugendliche, die noch im Wachstum sind. Die kämen mit giftigen Chemikalien in Berührung. Das geht nicht. Worüber man natürlich den Kopf schütteln kann, weil das, was die machen, auch nicht gerade gesund ist.

Inwiefern werden Jugendliche und Erwachsene unterschiedlich behandelt?
Erwachsene werden nach Strafgesetzbuch behandelt, Jugendliche nach Jugendgerichtsgesetz. Gerade bei Jugendlichen wird der Ausgleich zwischen Täter und Opfer gesucht. Durch erzieherische Maßnahmen wie Gespräche oder Entschuldigungsbriefe. Das Strafmaß könnte anhand der Freiheitsstrafe verglichen werden, die bei Graffiti-Delikten nach dem Jugendgerichtsgesetz eher selten ausgesprochen wird. Es berücksichtigt im besonderen Maße den Reifegrad des Täters. Beim Erwachsenen unterstellt man, dass er weiß, was er tut, und die Folgen seines Handelns einschätzen kann. Der Jugendliche weiß das in der Regel zwar auch, hat sich vielleicht aber mitreißen lassen. Durch Gruppenzwang und ähnliche Dinge. Das kann sich strafmildernd auswirken. Bei Erwachsenen wird die Strafe zudem am Verdienst bemessen.

Was ist im Zusammenhang mit Graffiti eine Anstiftung zur Straftat?
Wenn man sagen würde, Bahnhof XY ist immer ungesichert, da könnt ihr schmieren. Dann sprechen wir von einer konkreten Anstiftung zur Straftat. Ein Buch oder Film? Klar könnte das so interpretiert werden. Wäre aber meines Erachtens keine konkrete Anstiftung. Eine Schilderung über den Umbau eines Feuerlöschers für Graffiti-Zwecke mag noch als Beschreibung durchgehen. Anders bei einer Anleitung zum Bombenbau.

Wie hoch ist das Gewaltpotenzial bei Festnahmen?
Zunächst einmal: Keiner will sich festnehmen lassen. Egal ob er eine Bank ausraubt oder einen Zug bemalt. Die Tendenz, sich der Festnahme zu entziehen, auch mit Waffen, hat zugenommen. Manche Sprüher setzen Spraydosen ein, um Kollegen ins Gesicht zu sprühen. Oftmals haben sie Messer oder Schraubendreher dabei. Damit stechen sie zwar nicht zu. Aber sie bedrohen Zeugen, um diese unter Druck zu setzen.

Wie brisant ist das Thema Personenschäden?
Im Zusammenhang mit Graffiti gibt es immer wieder schwere Unfälle. Darüber hinaus ein bis zwei Todesfälle pro Jahr. Wir hatten einen 15-Jährigen, der von einem Lichtbogen erfasst wurde. Sicher ein Einzelfall. Aber selbst bei der Bundespolizei ist ein Kollege umgekommen, weil er bei der Beweisaufnahme von einem Zug erfasst wurde. Jeder Mensch, der bei Graffiti zu Tode kommt, ist einer zu viel. Gerade bei Festnahmen rennen die Sprayer manchmal wild über die Gleise. Deshalb gilt bei uns: keine Festnahme um jeden Preis. Niemand soll in Panik vor einen Zug laufen müssen. Menschenleben sollte man nicht aufs Spiel setzen.

Gibt es Undercover-Einsätze in der Szene?
Nein. In unserem Deliktsbereich ist das nicht statthaft. Um Undercover-Einsätze zu rechtfertigen, müssen Straftaten eine gewisse Schwere haben, was bei Graffiti nicht der Fall ist.

Gibt es eine Grauzone in der Zusammenarbeit?
Es gibt hin und wieder Sprayer, die eine Art Lebensbeichte ablegen. Das sind Ausnahmen, beispielsweise im Zusammenhang mit individuellen Auseinander-

setzungen. Der hat mich gecrossed, also zeig ich den an. Das ist fies und widerspricht der Szeneregel: Rede nicht mit den Bullen.

Wie sieht es mit Kronzeugenregelungen aus?
Da sind wir wieder beim gleichen Thema. Kronzeugenregelungen finden in anderen Deliktsbereichen statt, nicht bei uns.

Wie hoch ist der Frauenanteil bei Graffiti?
Verschwindend gering. Welche Rolle Frauen in der Crew spielen, ob sie Checker oder aktive Sprayer sind, kann man bei der Festnahme schwer sagen. Das ergibt sich erst bei der Vernehmung, zu der die wenigsten erscheinen.

Wie viele Anzeigen bearbeiten Sie pro Jahr?
Es sind weniger geworden. Ich kann jetzt nur für das letzte Jahr sprechen. Da hatten wir berlinweit knapp 10 000 Anzeigen. Das LKA 264 ist allerdings personell nicht in der Lage, diese Menge zu bearbeiten. Aufgrund eines Vorgangsauswahlrechts verbleiben hier in der Regel circa 1500 sogenannte Vorgänge, die von meinen Mitarbeitern bearbeitet werden. Der Rest wird auf den Polizeiabschnitten erledigt.

Wie hoch war die Aufklärungsquote?
Das LKA 264 konnte 596 Tatverdächtige ermitteln.

Gibt es Hotspots innerhalb Berlins?
Mitte. Neukölln, Kreuzberg, Friedrichshain. Graffiti-Tourismus hat extrem zugenommen. Den Ruf hat sich Berlin erarbeitet. Ich will nicht sagen, ungewollt. Bringt ja Geld in die Stadt. Kostet aber auch. Man kann das schlecht gegenüberstellen. Der eine partizipiert. Der andere zahlt.

Im Grunde führen Sie und die Szene eine Art Koexistenz. Wie beim Katz-und-Maus-Spiel.
Genau. Jeder hat seine Ziele. Die wollen sprühen und nicht erwischt werden. Wir wollen sie davon abhalten. Es gibt einen, der ist 40 und saß als einer der wenigen schon im Knast. Trotzdem sagt er: Alter, das ist mein Leben, auch wenn ihr mich noch 15-mal festnehmt. Was soll man da machen?

Was motiviert Sie dann?
Im Beruf des Polizeibeamten ist verfestigt, dass man nicht immer mit Erfolgserlebnissen nach Hause geht. Klar, bei Tötungsdelikten ist die Aufklärungsrate höher als bei uns. Unser Nachbarkommissariat hingegen beschäftigt sich mit Taschendiebstählen. Im Vergleich zu denen sind wir gut dabei. Außerdem bemisst man seine Zufriedenheit nicht nur anhand der Leute, die hinter Schloss und Riegel gebracht werden, sondern auch über erzieherische Maßnahmen wie Präventivgespräche. Was viele vergessen: Gemäß BGB hat der Geschädigte einen Titel über 30 Jahre. Dem 16-jährigen Schüler ist das zunächst egal. Aber zehn Jahre später steht er in Lohn und Brot, verdient vielleicht 2000 Euro im Monat. Dann kommt die BVG wieder vorbei und sagt: So, mein Freund, jetzt kriegen wir unser Geld. Risiken wie diese, auch die Gefahren für Leib und Leben, versuchen wir zu verdeutlichen.

Knapp zwei Stunden sind vergangen. Die Gesprächszeit ist abgelaufen. Beim Verlassen des Raums fällt unser Blick auf das Türschild: LKA 264. Ein cooler Sprayername. Dass darauf noch keiner gekommen ist? Wäre wohl ein Verstoß gegen die Szeneregeln. So als würden wir an dieser Stelle schreiben, dass das Verhör mit Herrn Langer durchaus angenehm war.

ALESH ONE
Der Preis der Freiheit

„Wie es angefangen hat, so wird es enden." Der Mann mit Vollbart verbirgt seine Augen im Schatten einer Schirmmütze und zieht die Kapuze seines Hoodies mitsamt der Mütze tief ins Gesicht. Nicht dass es kalt wäre. Die Nachmittagssonne strahlt kräftig auf das östliche Spreeufer. Der Kapuzenmann setzt eine Sonnenbrille auf. „War spät gestern." Während anderswo Familien bei Kaffee und Kuchen zusammensitzen, stehen wir an der Bar des YAAM und trinken Club-Mate. Mit Wodka.

Der Young African Art Market wird 1996 ins Leben gerufen. Seither betreibt sein Trägerverein Locations für Konzerte, Festivals, Freizeitsport, Jams und Künstler jeglicher Couleur. Von zeitlich befristeten Standortnutzungsverträgen getrieben, steht er beispielhaft für das vagabundierende Szeneleben in Berlin. Umzüge bilden einen festen Bestandteil der YAAM-DNA. Nach Zwischenspielen an verschiedenen Orten werden 2014 einmal mehr die Umzugskartons gepackt und in ein neues Domizil an der Schillingbrücke getragen. Freiheit und alternative Lebensweisen sind nicht an feste Standorte gebunden.

Alesh One hat im YAAM einen temporären Lebensmittelpunkt gefunden. Hier trifft sein zuweilen sympathisch verpeilter Lebensentwurf auf verständige Gegenliebe. Nichts und niemand könne ihn einsperren, Freiheit sei ein existenzielles Bedürfnis. „Wer bereit ist, einen wichtigen Teil seiner Freiheit zu opfern, um gelegentlich ein wenig Sicherheit zu gewinnen, verdient weder Freiheit noch Sicherheit", glaubte Benjamin Franklin. Alesh will das vermeiden. Doch was genau ist Freiheit? Vielleicht, so hoffen wir, findet sich eine Antwort auf diese Frage im Lebenslauf unseres Gesprächspartners.

„Graffiti war für mich viel mehr als nur Berufung", erinnert sich der gebürtige Prager, Jahrgang 1972. Sein Vater ist ein „begnadeter Maler". Schon als Kind weiß Alesh, dass Kunst sein Leben bestimmen wird. Nicht irgendeine Kunst, sondern jene, die im Verborgenen entsteht. Er beginnt durch die Nacht zu streifen, um Schriftzüge an den Wänden der goldenen Stadt zu hinterlassen. „Es gab mega viel Stress. Die Polizei kam. Meine Mutter konnte das nicht verstehen. Nachts hat sie mich eingeschlossen. Ich musste mich aus dem zweiten Stock abseilen." Mit 14 verlässt er sein Zuhause.

Als er einen Mercedes Benz bemalt und von der Ordnungsmacht gestellt wird, begreift der jugendliche Sprayer, dass seine Aktionen illegal sind. „Interessiert hat mich das nicht. Ich habe mir keine Gedanken darüber gemacht, wem etwas gehört", betont Alesh. „Der Drang, rauszugehen und fremdes Eigentum zu bemalen, war stärker." Am liebsten Züge. „Das machst du nur für dich. Ein super privates Ding. Danach fährst du in dem von dir verschönten Waggon durch die Stadt und keiner weiß, dass du es warst. Einfach endgeil."

Alesh One mit Tochter Georgia.

Ende der 80er-Jahre zieht die Familie ins Rhein-Main-Gebiet. Alesh geht mit, obwohl er von seiner Mutter getrennt lebt, macht Abitur und lernt an einer Berufsfachschule für Gestaltung all das, was Maler, Lackierer und Raumausstatter können müssen. Später versucht er sich in Kommunikationswissenschaften, bricht das Studium jedoch nach zwei Semestern ab. Die reale Welt ist interessanter. Reisen, kreativ arbeiten, lernen, sich ausprobieren. „Du kannst mich mit einer Sprühdose oder einem Stück Kreide in der Pampa aussetzen. Irgendwann komme ich zurück und hab was Neues gemacht." Ob in Granada, Brasilien, Frankreich, Spanien, Schweden oder England. Jahrelang vagabundiert er durch die Welt. „Reisen ist das beste Studium, Malen der beste Urlaub", so sein Motto.

Doch Alesh will mehr. Vor allem von seiner Kunst leben können. Back Pieces auf Jacken und T-Shirts, Siebdrucke und Leinwände sind sein Einstieg in die kommerzielle Welt. Auftragsarbeiten für Messen, Shops, Firmen wie Adidas und Canon folgen. Nicht zuletzt für Werbeagenturen, denen er als Freelancer Zeichnungen verkauft. „Ich habe richtig Geld verdient", erklärt der Künstler. Doch das Agenturleben sei nichts für ihn gewesen. „Zu viel Ellenbogen, zu viel Competition." Lieber will er frei sein und zurück auf die Straße.

1990 findet er in Berlin, was in Prag unerschwinglich geworden ist. Preiswerten Kunstraum. Ateliers und Gebäude, die von einer Leerstandsinitiative für nur eine D-Mark warm vermittelt werden. In Weißensee, im Prenzlauer Berg, im Café Moskau. Seine Arbeiten gehen weit über reines Graffiti-Writing hinaus. Comicartige Figuren, fantastische Welten. Mit Sprühdose, Pinsel oder Rolle. Ein Crossover, wie die Stadt selbst, „eine richtig dreckige Bitch". Prag sei zig Mal schöner und romantischer. Berlin hingegen etwas Besonderes. „Damals eine wirklich hässliche Stadt."

Ihre Einwohner begegnen ihm ruppig, zuweilen unfreundlich. „Aber sie akzeptieren dich, egal wer du bist und woher du kommst. Anderswo brauchst du eine Daseinsberechtigung. In Berlin fragt mich keine Sau, was ich mache und warum. Bis heute. Das ist Freiheit, die ich zuvor in keiner anderen Stadt der Welt erlebt habe." Die Hauptstadt der Freigeister wird zur Heimat und lässt ihn nicht mehr los.

Berlin sei das Mekka der Street Art. „Ein blöder Begriff", findet Alesh. Er nennt es Urban Art. Sein Konzept sieht Kunst und Künstler als Gesamtheit. Stile und Genres sollen ungebremst aufeinanderprallen. Klassische Malerei versus Pieces und Bombings. Collagen, Skulpturen, nicht zuletzt Musik. So entsteht das Projekt Urban Art Clash. „Ab 2006 habe ich andere Künstler eingeladen, mit mir zu arbeiten. Wir waren zwei oder drei, nicht mehr." Das Netzwerk wächst rasant und umfasst nach kurzer Zeit an die 100 Künstler, deren Arbeiten Alesh nun präsentieren will. Ergo werden die Ateliers der Öffentlichkeit zugänglich gemacht. Anfangs im Tacheles. „Den Schlüssel habe ich noch immer", schmunzelt Alesh in seinen Bart.

Nun ist er Kurator. Ganz im Sinne des Meisters, verharrt Urban Art Clash nicht an einem Ort. Die Locations wechseln. Ein ehemaliges Klohäuschen am Halleschen Tor wird zum kleinsten Kunsthaus der Stadt umgestaltet. Drumherum eine Hall of Fame. Direkt an der U1. „Abseits von allem und dennoch mittendrin", reflektiert Alesh die Standortwahl. Es folgen die Gemäuer der ehemaligen Kindl-Brauerei in Neukölln, schließlich die Kellerräume vom St. Georg in den Kreuzberger Aqua-Butzke-Höfen, wo früher Armaturen, Metallwaren und Lampen produziert wurden.

2013 trifft Alesh auf ein PLATOON. Der militärische Begriff definiert die kleinste selbstständig operierende Einheit, mobil und flexibel. Tom Büschemann und Christoph Frank haben ihn auf die Kunst übertragen und ein globales Netzwerk mit mehr als 8 000 Künstlern in über 50 Ländern etabliert. Kunst wird in schmucklos olivgrünen Containern präsentiert. Irritation gehört zum Programm. „Unser militantes Erscheinungsbild wird durch die Offenheit der künstlerischen Projekte kontrastiert." Raum für Kreativität und Irritierendes zugleich, den Alesh zu nutzen weiß. Sechs Monate gastiert Urban Art Clash im PLATOON an der Schönhauser Allee.

Alesh streckt die müden Glieder. In diesem Moment schaut Lena vorbei, „die Königin des YAAM", und berichtet von Problemen. Wie überall gehört auch am Spreeufer der regelmäßige Kontakt mit dem Ordnungsamt zur Tagesordnung. Die brasilianischen Trommler im Innenhof haben das Grundrauschen der Stadt übertönt, was die Nachbarn beunruhigt. Ein schwieriges Thema. Tag für Tag. „Wir versuchen uns zu arrangieren, obwohl wir bis 22 Uhr eigentlich machen können, was wir wollen. Trotzdem rufen die schon um 16 Uhr an", erklärt Alesh.

„Das YAAM-Gelände gehört der Stadt", erzählt er weiter. „Ich bin Mitglied des Trägervereins. Wir haben das Areal für fünf Jahre gepachtet. Mit Option auf weitere fünf." Doch die Zeiten seien unsicher. Berlin tue sich schwer mit der Erhaltung künstlerischer Freiräume. Für Alesh wird es zunehmend problematisch, bezahlbaren Kunstraum zu finden. Frei von Bürojobs, 3-Zimmer-Wohnung und „diesem ganzen bürgerlichen Scheiß". Für seine Werte müsse man leiden können. „Als Jugendlicher habe ich American Football gespielt." Du musst den Schmerz lieben, befand sein Trainer. „Also habe ich einen Finger in einen Schraubstock gespannt und zugedreht. Bis es wehtat. Dann noch zwei Runden weiter."

Während YAAM, Künstlernetzwerk und Alesh zu einer Familie zusammengefunden haben, wachsen Aleshs Kinder getrennt von ihm auf. Die Tochter besucht ihn hin und wieder. Zu seiner Mutter pflegt er distanzierten Kontakt. Sie könne nichts mit seinem Leben anfangen, habe nie seine Ausstellungen besucht. Schmerz als Preis für Freiheit? An einem Ort wie dem YAAM treffen beide Extreme aufeinander. Zwischen Bar und Liegestühlen am künstlich besandeten Spreeufer. In maroden Verschlägen und Gemäuern, die im Winter kaum beheizbar sind. Wer Freiheit finden will, muss die Wärmestuben der bürgerlichen Mitte auf Abstand halten.

Bislang scheint das zu gelingen. Mit seiner YAAM-Galerie bietet Alesh Künstlern wie POET, Phos4, Falkland, Dejoe, STEREO, CREN oder Bosso Fataka regelmäßig eine Plattform. In Ergänzung finden wechselnde Sonderausstellungen, Malkurse für Jung und Alt sowie Workshops für Graffiti, Porträt- und Aktzeichnen statt. Für Aufmerksamkeit und Lebensfreude sorgt ein weiteres Projekt: der Monkey Bus. Ein Transporter, der in seinem früheren Leben ein Doping-Kontrolllabor der Tour de France beherbergte. Ein mobiles Atelier, von El Bocho erdacht und via Crowdfunding finanziert. „Wir haben Farben dabei. Pinsel, Rollen, Dosen. Tauchen irgendwo auf und können sofort loslegen“, erzählt Alesh, der die Kunst-Safari zuweilen begleitet. „Die Karre fährt 90 km/h. Ein sehr entspanntes Reisen. An drei Tagen haben wir ganze zwei Autos überholt.“ Zwischen Ostsee und Frankfurt am Main. Der Rest Europas scheint unerreichbar zu sein. Und Alesh die Entdeckung der künstlerischen Langsamkeit nicht ganz geheuer.

Selbst 30 Jahre nach der Bemalung des Mercedes Benz führt Aleshs Auffassung von Freiheit zuweilen in brenzlige Situationen. „Normalerweise kann ich Polizisten auf 100 Meter riechen“, glaubt der Künstler. „Vor ein paar Monaten war das nicht so.“ Fünf Männer seien ihm nachts auf einem Graffiti-Trip durch die Hauptstadt gefolgt. „Die sahen aus wie normale Prenzlberger. Ich habe mir nichts dabei gedacht.“ Stunden vergehen, bis sie zuschlagen und Alesh auf einer Polizeiwache landet.

In der Tiefgarage sieht er gepanzerte Fahrzeuge und Polizisten mit Maschinengewehren. Er unterschreibt ein Geständnis, muss Schuhe und Gürtel abgeben, wird in eine Zelle gesteckt. Allein. Wie lange, weiß er nicht. „Jede Minute dehnt sich auf ein Fünffaches. Du bekommst Panikattacken, singst deine Lieblingslieder. Liest das Gekritzel an der Wand und fängst selber an, Buchstaben in den Beton zu kratzen. Du wirst verrückt in so einer fucking Zelle, die kaum breiter als eine Tür ist, nur wenige Meter lang“, erinnert sich Alesh. Es gibt eine Holzpritsche. Ein Fenster hoch oben. Neonlicht. Kein Essen. Keinen Tabak. Irgendwann geht die Tür auf. Fingerabdrücke werden genommen. Die Zeit zieht sich hin.

Er sei nun gefühlte 18 Stunden hier, beklagt sich der Delinquent bei Schichtwechsel. „Glaub ich nicht", antwortet eine Polizistin. Zehn Minuten später ist er frei. Andere seien einen ganzen Tag festgehalten worden, nur wegen illegalem Sprayen. „Scheint eine Art Tortur zu sein, damit du nachdenkst, ob dein Lebensansatz der richtige ist."

Alesh gibt sich ungebrochen. „Ich werde weiter draußen malen. Und wenn ich etwas zerstören muss, um einer Sache Ausdruck zu verleihen, dann finde ich das nach wie vor legitim. Dafür suche ich mir Plätze, die zu meiner Kunst passen." Er bemale keine Wände, wenn er irgendwo zu Gast sei. Ebenso wenig würde er Werke anderer übersprühen, er halte sich an das alte Graffiti-Gesetz: Geh nicht über fremde Sachen. „Schon gar nicht mit diesen hingerotzten Silberteilen. Wenn die erste Ebene zu war, ist man früher eine Etage höher gegangen. Deswegen war Berlin so bunt. Heute gilt das nicht mehr. Jeder übermalt jeden." An seiner Lebensphilosophie habe die Zwangsbeherbergung nichts geändert, außer dass er künftig mehr aufpassen müsse und nun einer von denen sei, die erwischt wurden. Nach dreistündiger Verfolgung durch fünf Beamte. „Liebe Steuerzahler, danke für den Polizeischutz."

Die Sonne hat einen Großteil ihres Tagewerks vollbracht und steht tief über dem Horizont. Alesh hat noch immer die Sonnenbrille auf. Wir bestellen eine weitere Runde Club-Mate. Mit Wodka. Wie es angefangen hat, so wird es enden. „Ich komme nicht davon los."

EL BOCHO
Gesichter der Melancholie

„Wenn wir die Augen rausschneiden, müsste es funktionieren."

„Mist. Zu weit. Du hast gerade 400 Euro zerschnitten."

„Egal, zieh die Kapuze drüber."

„Da ist noch zu viel Pappe."

„Besser?"

„Ja. Guck mal in den Spiegel."

„Sieht albern aus."

„Besser als der ewige Scheiß mit den Tüchern."

Es klackt, die Kamera friert den Mann hinter der Maske seines eigenen Schaffens ein. Kunst und Künstler vereint, als Produkt ihrer selbst. Noch zwei, drei Fotos zur Sicherheit, dann ist der Mummenschanz überstanden. Wir genehmigen uns ein Bier. Drumherum, in einem Atelier im Stadtteil Wedding, lagern Farben, Schablonen, Pinsel, Kartons und Leinwände inmitten aufgeräumter Arbeitsatmosphäre. El Bocho, dessen Gesicht eben noch hinter einer Maske verborgen war, lässt sich in den Sessel vor einem Nierentisch fallen und zieht die Kapuze seines Jumpsuits über den Kopf.

„Ich mache eine Mischung aus Grafikinstallationen und Kunst. Auf der Straße, weil sie meine Kommunikationsplattform ist. Im Atelier wiederum Leinwandarbeiten für die Galerie", erklärt er sein kreatives Dasein. „Und ja, ich bin Künstler." Anders jedoch als Leute, die Kunst studiert haben. El Bocho bezeichnet sich nicht als Maler, obwohl Farben zu seinem Metier gehören. Der Schwerpunkt seines Schaffens liege vielmehr im Bereich Kommunikation.

Nicht immer mit offenem Visier. Meist verbirgt er sein Gesicht vor Kameras. „Ich will möglichst frei und effektiv arbeiten. Das gelingt eher, wenn mich keiner kennt." Dennoch mag er nicht unsichtbar sein. Schon deshalb nicht, weil ihm Feedback wichtig ist. Bei Vernissagen etwa, wo er sich als Künstler zum Anfassen präsentiert, Rede und Antwort steht. Seinen Bildern ein zweites Gesicht gibt. „Mein Nachbar jedoch muss nicht wissen, was ich mache. Wenn man Interviews gibt, selbst bei einem Regionalsender, dann kannst du am nächsten Morgen nicht mehr zum Bäcker um die Ecke gehen, ohne dass du vollgequatscht wirst." So zeigen Reportagen nie mehr als den Künstler von hinten, mit Kapuze oder eben diesen scheiß Tüchern vorm Gesicht. Für den heutigen Fototermin haben Schere und Papier zu einem gänzlich neuen Look verholfen.

El Bocho wird Ende der 70er-Jahre in einer Hochhaussiedlung am Stadtrand von Frankfurt am Main geboren, wo er wohlbehütet aufwächst, viel malt, Werbe-Clips mit dem Kassettenrekorder aufnimmt, umdichtet und von einem kreativen Beruf träumt. Vielleicht Bücher illustrieren oder ein Job in der Werbung. „Meine Eltern waren kunstinteressiert und gingen oft ins Museum. Vielleicht auch wegen mir. Meine kreativen Interessen haben sie relativ früh unterstützt." Anders als die Stadt. Für junge Leute gibt es damals kaum Möglichkeiten, sich auszuprobieren. Weder an legalen Graffiti-Wänden noch in erschwinglichen Ateliers.

Notgedrungen wird der öffentliche Raum vereinnahmt. Auch El Bocho ist fasziniert von Figuren und Schriftzügen, die Häuserwände und Stromkästen in den Außenbezirken zieren, von den Werken der Frankfurter Sprüherlegende Helge Steinmann aka Bomber One. Dass es dafür keine Erlaubnis gibt, ist ihm sofort klar. Dass man trotzdem so gute Sachen machen kann, reizt ihn, bis er eines Tages Dosen für mehrere Hundert D-Mark nach Hause schleppt. „Was ist das? Fängst du jetzt auch an zu sprühen?", fragt sein Vater besorgt und lässt den Sohn gewähren.

„Es gab damals viele komische Gestalten in der Szene. Leute, die echt Stress machen konnten." Deswegen macht El Bocho sein eigenes Ding. Nachts, im Dunkeln, in gottverlassenen Ecken, wo Adrenalin pur durch die Adern schießt, wenn es irgendwo verdächtig knackt, schlimmstenfalls die Polizei aufkreuzt und man wegrennen muss. „Ich fühlte mich ziemlich allein und dachte, ich sei gut, weil einige mir das sagten."

Folgerichtig bemüht sich El Bocho um ein Studium zum Grafikdesigner. Reicht Mappen ein, führt Bewerbungsgespräche. Hat „voll Bock drauf" und schafft es trotzdem nicht. Mehrere Jahre lang muss er erleben, wie andere, bessere, an ihm vorbeiziehen. Manche, weil sie ihre Mappen mit fremden Federn schmücken. Schließlich ein letzter Versuch an einer kleinen Fachhochschule, wo er erneut nicht zu den Besten gehört. Doch er bekommt den heiß begehrten Studienplatz, trifft Gleichgesinnte und muss sich eingestehen, wie durchschnittlich das eigene Talent ist. Ein Aha-Moment, der ihn erschreckt. Aber nur kurz. „Leute, die extrem gut waren, haben dermaßen abgefeiert, dass sie später nicht mehr die Energie aufbrachten, sich weiterzuentwickeln."

El Bocho ist ehrgeizig, diszipliniert und kann die kreative Atmosphäre des Studiums trotzdem genießen. Er verbringt ein halbes Jahr in Spanien und geht 2006 nach Berlin. Viele seiner Kommilitonen verdingen sich in Werbeagenturen. Der Neuberliner hingegen findet, „dass diese Branche ein verlogener Scheißhaufen ist", mit dem er nichts zu tun haben will. „Die sind beinahe sektenartig aufgestellt, vereinnahmen dein Privatleben. Wenn du aussteigen willst, korrumpieren sie dich mit noch mehr Geld und attraktiveren Kunden." Das will er auf keinen Fall, stürzt sich stattdessen ins hauptstädtische Nachtleben, hängt in Bars und Ausstellungen herum, wo er die richtigen Leute kennenlernt. Nach drei Monaten winken die ersten Aufträge. El Bocho illustriert Bücher, Zeitungen und Zeitschriften. Entwirft Grafikkonzepte, Merchandisingprojekte und Messeauftritte. Zu seinen Kunden zählen Automobilfirmen, Plattenlabels und Medienhäuser. Bis heute kann er davon leben, weil er gelernt hat, wie man sich positioniert und vermarktet. „Ich habe mich von Anfang an als Produkt definiert. Keiner konnte mich verbiegen." So gelingt es ihm, kommerzielle und nichtkommerzielle Kreativität in Einklang zu bringen.

Unumstritten ist das nicht. Vor allem bei jenen, die keine Aufträge haben, so El Bocho. „Jeder Künstler, der die Wahl hat, bei Lidl an der Kasse zu sitzen oder einen Kunstauftrag anzunehmen, wird die kreative Arbeit vorziehen, wenn er nicht komplett hohl in der Birne ist."

El Bocho genießt Ansehen, kann Blankoverträge aushandeln. Die Kunden wissen nicht, was sie bekommen. Sie lassen sich darauf ein, weil in der Referenzliste einiges steht, was Rang und Namen hat. Daimler, FAZ, Warner Music. Kunst mit kreativen Aufträgen zu finanzieren, sei das Nonplusultra. „Solange man nicht seine Seele verkauft."

Leichter gesagt als getan. Doch er sieht sich in der glücklichen Lage, nur Aufträge annehmen zu müssen, die ihn weiterbringen. Er arbeitet auf der Straße und bedient gleichzeitig Kunden, die der Kunst Respekt entgegenbringen. Über diesen Ansatz würden viele Kollegen zu wenig nachdenken. „Stattdessen laufen sie mit erhobenem Zeigefinger durch die Welt, proklamieren Antikapitalismus-Parolen als zentrales Element ihres Schaffens und arbeiten heimlich für Tabakfirmen, verkaufen nebenbei Drogen oder lassen sich von Werbeagenturen die Identität stehlen." Schein und Sein müssen passen. Selbst in der Kunst. Wer sich mit Marketing auseinandersetzt, kann das lernen.

GOODBYE
LOVE

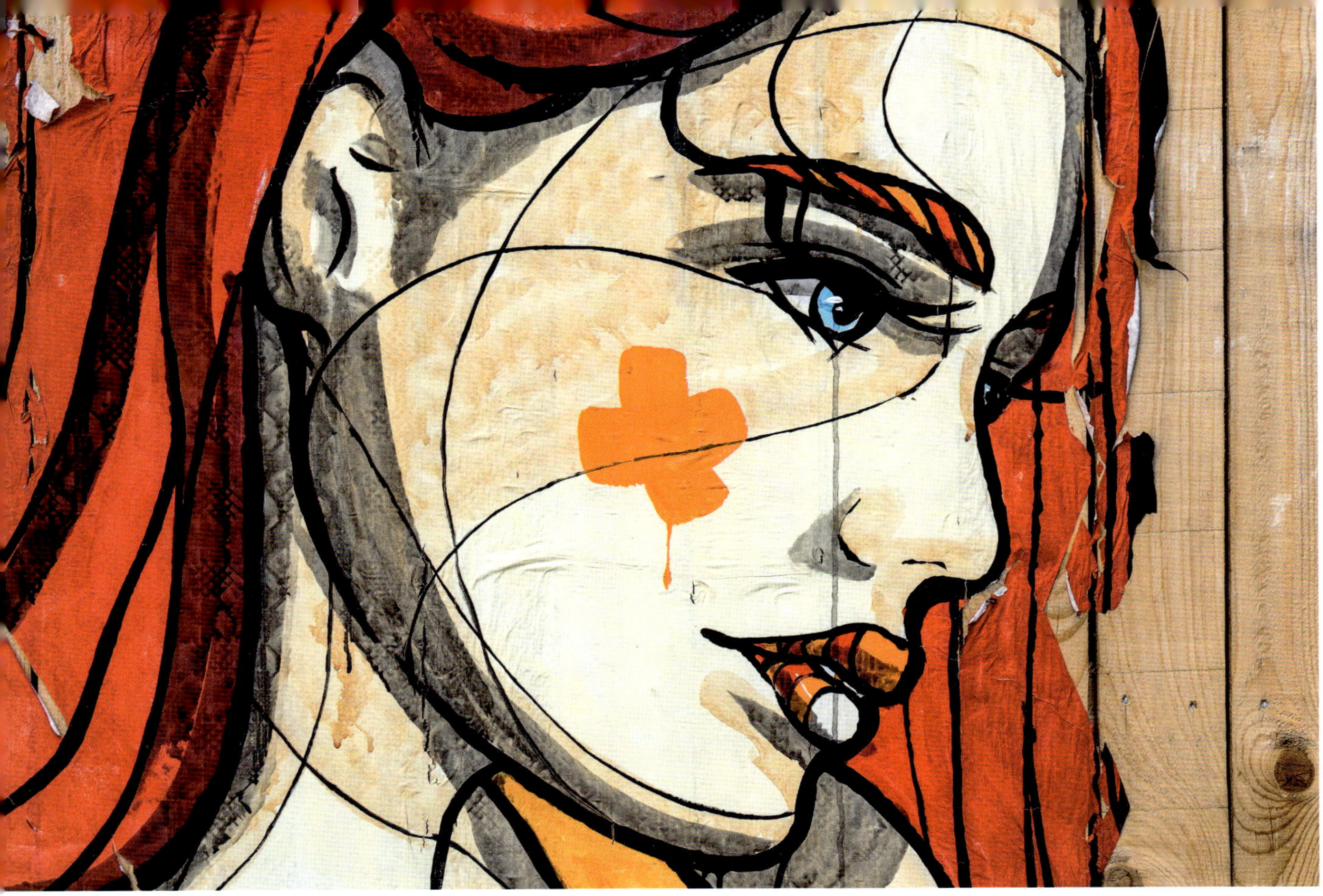

Um mehr über die Kunst des El Bocho herauszufinden, bietet sich ein Besuch der Raab Galerie an, mit der der Künstler seit 2007 zusammenarbeitet. Hier hängen regelmäßig seine Markenzeichen: großflächige, bis zu drei Meter hohe Porträts rehäugiger Frauen mit langen Wimpern. Mädchenhafte Schönheiten mit bunt gestreiften Haaren, Lippen und Augenbrauen. In Pink, Rot, Grau und Türkis. „Nie waren Frauen schöner", schreibt ein Besucher ins Gästebuch. Wer einmal vor einem echten El Bocho gestanden hat, erkennt den Stil aus 100 Metern Entfernung wieder. Farbkombinationen, Linien, die Größe der handgemalten Plakate suchen ihresgleichen. Er entwirft sie nach Fotos oder Skizzen von Bekannten, Freundinnen oder Frauen, die er in der U-Bahn sieht.

Die Bilder sprechen mit ihren Betrachtern. In einer Sprache, die in weiten Teilen von Melancholie geprägt ist. Ein Ausdruck des Verlustes jener romantischen Unbeschwertheit, die es gerade jungen Leuten ermöglicht, nicht immer alles infrage stellen zu müssen. Ein Lebensgefühl, das mit der Zeit verloren geht. Die Frauen des El Bocho bringen es zurück. Kein Wunder, dass gerade ältere Menschen seine Bilder mögen und das Gefühl haben, etwas Verlorenes wiederzufinden.

Die Freiheit der Kunst ist Motivation und Anspruch zugleich. Deswegen treibt es El Bocho bis heute auf die Straße. Dort fühlt er sich frei. Dort nimmt er keine Aufträge an. Street Art als rein legale Sache, in der Hauseigentümer über Farben, Motive und Stile mitbestimmen, findet er problematisch. Um sich trotzdem im öffentlichen Raum verwirklichen zu können, hat er seinen ganz persönlichen Kompromiss zwischen Freiheit und Legalität gefunden. Die Zeit der illegalen Graffitis ist passé. „Wer will schon, dass das SEK aufkreuzt, wenn bei einer Vernissage gerade die Sektkorken knallen." Heute ist er mit Papier, Acryl, Pinsel und Quast unterwegs. Manchmal mit Schablonen und Dosen. „Graffiti ist eine Straftat, Plakate kleben eine Ordnungswidrigkeit."

So muss er nicht mehr weglaufen, wenn die Ordnungsmacht erscheint. „Guten Abend, da bin ich aber froh, dass Sie es sind und nicht die Mafia." Ein Satz, entwaffnend und einnehmend zugleich. Wie seine riesigen Frauenplakate, die so manchem das Herz öffnen. Nicht zuletzt Menschen milde stimmen, die von einigen Zeitgenossen Bullenschweine genannt werden.

Doch sein Repertoire bietet mehr als rehäugige Schönheiten. Wer mit offenen Augen durch die Stadt geht, kann die bunte Familie seiner Kunstfiguren entdecken. Tina Berlina, eine Mädchenfigur mit schielenden Augen, die nur allzu gern Ratschläge und Deutschunterricht gibt: „Hey Tourist, the most Mauerpieces you can buy are not original." Oder: „Hey Tourist, German Lesson 1: Komm ich so ins Watergate?"

Zur Familie gehören auch Kalle und Bernd, zwei trottelige Überwachungskameras, die ebenfalls mit dem Betrachter kommunizieren. Der Künstler verpasst ihnen ein fröhliches Image und erreicht so ein breites Publikum.

Inspiriert vom tschechischen Filmklassiker „Luzie, der Schrecken der Straße" entstand Little Lucy, ein kleines Mädchen mit Pagenkopf, eine Art Berliner Maskottchen, das allerlei derben Blödsinn treibt. Für den Künstler ein Ventil, um hin und wieder die eigene Bestie rauszulassen. Denn Lucy hat eine Katze, die sie in verschiedensten Varianten mit viel Fantasie zur Strecke bringt. Im Toaster, in der Waschmaschine, am Dönerspieß. Wer die tote Katze an den Häuserwänden entdeckt, weiß unzweifelhaft: „Lucy was here." Alles halb so schlimm, Katzen haben neun Leben. Wut, schlechte Stimmungen, Melancholie, Gesellschaftskritik, Katzenmord. Alles wird positiv verpackt und mit einem gehörigen Schuss Humor versehen. Der Gedanke dahinter ist oft nicht mehr als ein Blitz, ein Fragment, den der Betrachter reflektieren muss.

El Bocho selbst bekennt sich zu Künstlern wie Kent, Atari und JUST. Wegen ihrer klaren, einfachen Formen, die oft aus der Not heraus geboren werden. Da viele Flächen besetzt sind, müssen Botschaften von Dächern heruntergerollt oder mit Feuerlöschern förmlich herausgeblasen werden. Ja doch, Kollegen wie FINO finden diese Tags einfach nur scheiße. „Sicher, das sieht wie hingerotzt aus", sinniert El Bocho. „Fasziniert aber gleichzeitig vom typografischen Aspekt, wenn man bedenkt, dass ein zehn Meter hoher Schriftzug in nur wenigen Sekunden entstehen kann."

Graffiti und Street Art sind nicht das Gleiche. Sprayer kommunizieren in erster Linie innerhalb der Szene, Street Art will die Gesellschaft darüber hinaus erreichen. Und genau da, findet El Bocho, liege einiges im Argen. „Ich weiß nicht, warum Berlin nach wie vor als Street-Art-Hauptstadt gefeiert wird." Die Qualität sei katastrophal, grottenschlecht, unter aller Sau. Der Nachwuchs mangelhaft, maximal Eintagsfliegen. „Ich bin tief enttäuscht, wie wenig der offene Raum genutzt wird." Die meisten Leute seien faul geworden, hingen zu Hause oder bei ihren Freundinnen rum und ließen sich in Büchern veröffentlichen, obwohl sie längst nicht mehr auf der Straße präsent seien. „Richtig tolle Sachen kommen meist von Ausländern." Einer wird mächtig von der Presse hofiert. Im kollektiven Rausch der schreibenden Zunft erscheint er unerreichbar. El Bocho hat einen Weg der Auseinandersetzung mit ihm gefunden und lässt Tina Berlina fragen: „Hey Tourist, German Lesson 2: Gibt es hier auch was von Banksy?"

Neben Kalle und Bernd, Lucy, Tina Berlina sowie jenseits der klassischen Frauenbilder gibt es Arbeiten, die eine Transformation, einen neuen Stil erkennen lassen. In reduziertem Rot und Orange gehalten, muten sie unvollständig an, zuweilen skizzenhaft. Sinnbilder des Übergangs und der Wandlung des Künstlers, der immerfort auf der Suche ist. Nach neuen Wirkungsstätten, Projekten, einer gänzlich anderen Richtung.

Auch wenn viele Vorhaben realisiert und Ziele erreicht wurden, Wünsche bleiben offen: nach professionellerem Zusammenwirken in der Szene. Nach Leuten, die konzentriert arbeiten, mit denen man interessante Projekte verwirklichen kann. Mit Künstlerkollegen im Monkey Bus durch Europa fahren, Häuserwände zukleben oder Pop-up-Ausstellungen veranstalten. Eine Tour nach Südostasien oder Afrika.

Trotz allen Erfolgs ist da ein Hauch von Schwermut, der den Menschen El Bocho umgibt. Vielleicht ist es jene Art von Melancholie, die einen in guten Zeiten ergreift. Von denen man weiß, dass sie zu Ende gehen, ohne zu wissen, was danach kommen wird.

JUST
Bomben für den Frieden

„Am Anfang müssen wir über Technik sprechen." Unser Gesprächspartner wuchtet eine rote Flasche aus dem Rucksack. Sie bringt stattliche sechs Kilo auf die Waage und hat ordentlich Druck auf dem Kessel. Zwei Hände packen kräftig an, um einen Gegenstand in Positur zu stellen, der fester Bestandteil unserer Gegenwart ist. Ob in Gebäuden installiert oder als mobiles Gerät für unterwegs, er steht im Zentrum jeder Brandschutzübung und ist so prominent wie das Sandmännchen. Jedes Kind kennt ihn: den Feuerlöscher.

Unser Gegenüber hat so manchen Klimmzug mit seinem Freund und Helfer absolviert. Er behauptet, jener JUST zu sein, dessen Namenszug großflächig und unübersehbar an den Hauptstadtfassaden zwischen Neukölln und Wedding prangt. „Graffiti ebbt nicht ab. Größer zu malen ist der nächste Schritt", gibt er sich sicher. Das erfordert technische Vorkenntnisse. Denn „zunächst einmal gibt es unterschiedliche Geräte. Dauerdrucklöscher und Aufladelöscher."

Letztere, wird fachkundig erklärt, bestehen aus zwei Behältern. In dem einem befindet sich das Löschmittel. Im anderen ein Treibmittel, das den Löschmittelbehälter unter Druck setzt, sobald ein Hebel nach unten gedrückt wird. „Viel besser geeignet sind Dauerdrucklöscher. Die stehen permanent unter Druck, sind sofort einsatzbereit."

Wenn eine Flasche leer ist, kann sie recycelt werden. Aus Alt mach Neu? Das liegt im Trend. Freizeitpolizisten könnten daraus einen Miniwasserwerfer basteln. Uns allerdings steht nicht der Sinn nach Wasserspielen. Der Himmel über den Dächern Berlins hat dunkle Wolken in Stellung gebracht. Schon bald wird er die Schleusen öffnen. Doch bevor wir dem Regen weichen, wollen wir

mehr über Dauerdrucklöscher und ihren Einsatz in der Graffiti-Welt erfahren. Damit uns das Vorhaben nicht um die Ohren fliegt, haben wir einen Experten engagiert. Einen Mann mit vielen Gesichtern.

„Ich bin Punk und werde es wohl immer sein", sagt JUST, dessen Eltern Linke sind, Kommis, wie er es ausdrückt. „Wir haben in einem alten Fachwerkhaus gewohnt und waren die Weasleys unter meinen Freunden." Linke Volksfeste und Nicaragua-Solikonzerte bestimmen Kindheit und Jugend. „Jede zweite Sekunde stirbt ein Mensch an Hunger" ist ein Schriftzug, den er täglich auf dem Weg in die Stadt sieht. „Das war krass. Das hat mich geprägt." Doch wie kommt ein Punk zum Feuerlöscher statt auf den Hund?

„Mit Hiphop an sich, so prollmäßig ohne Ansage, konnte ich nichts anfangen. Aber es gab auch coolen Hiphop wie Anarchist Academy, Too Strong und die

Looptroop Rockers aus Schweden, die so Straight Edge sind." Für seine Punkfreunde sei das nix gewesen. Die hätten auch kein Graffiti gemalt. Mit denen habe er „richtig lustigen Deutsch-Punk" gehört, Schlachtrufe BRD oder Die Kassierer. „Nicht wegen der Message." Oder vielleicht doch? Wer einmal bei „Zunge weg, ich muss furzen" mitgegrölt hat, kriegt das Bild nicht mehr aus dem Hirn. „Wir waren halt diese Art von Punks. Vielleicht so ein Ruhrgebietsding, das einfach ein bisschen asozialer ist", überlegt JUST, der 1982 das Licht des Potts in Essen erblickt und neben der üblichen Ruhrgebietssozialisierung auch durch das Hiphop-Magazin Backspin geprägt wird. Auf dem Schulhof finden sich Freunde, mit denen er nächtelang sketcht. Ältere Writer aus der Stadt werden Vorbilder.

Zum Leben des Graffiti-Punks gehören Hausbesetzungen am Essener Bergenplatz. Dann verschlägt es ihn nach Schottland, wo er nach einem Urlaub anderthalb Jahre hängen bleibt, aufs College geht, Fotografiekurse belegt und bei einem Bilderrahmer arbeitet. Doch selbst in den Highlands schlägt das Aktivistenherz. Mit einer Gruppe Gleichgesinnter besetzt er einen Wald, um gegen den Bau einer Schnellstraße zu protestieren.

2006 strandet er letztlich in Berlin. „Ich bin so ein bisschen Blatt im Wind, Kopf durch die Wand", sinniert er rückblickend. Die Stadt sei alternativlos gewesen. Nirgendwo anders gebe es Subkulturen jedweder Art, die so viele Anhänger finden. In Angela Merkels Deutschlandzentrale und dem Zuständigkeitsgebiet von Stadthalter Klaus Wowereit gelingt der Anschluss an die linksradikale Szene damals schnell. Er wohnt in einem besetzten Hausteil in der Rigaer Straße und verziert die Fassaden am Hauptstadtfluss.

„Ich mache Graffiti allerdings nicht für die Szene." Schon mit 16, als er zunächst mit Stift und Sprühdose unterwegs ist, sei es in erster Linie um Kommunikation gegangen. Deswegen male er groß und lesbar. Mit bis zu sechs Meter hohen Lettern. Klassische Stilmittel, die Graffiti zu Graffiti machen, seien ihm ziemlich egal. Viel mehr ginge es darum, von Freunden gelesen werden zu können und innovativ zu sein. Um Grenzen zu durchbrechen. „Nicht zuletzt um politische Kommunikation. Ein Punkt, an dem sich Punk und Graffiti vermischen."

Doch zurück zum Feuerlöscher. „Um ihn mit Farbe befüllen zu können, muss zunächst einmal das Löschmittel raus." Auf der Suche nach einem geeigneten Lernumfeld sind wir einem Gebäude im Stadtteil Wedding aufs Dach gestiegen. Über uns bereitet der Spätsom-

merhimmel weiter seinen Weltuntergang vor. Unser Feuerlöscher-Coach muss einen Zahn zulegen, wenn wir den Jüngsten Tag mit neu gewonnenen Erkenntnissen erleben wollen. Also schnell zu Schritt eins: Flasche leer sprühen, was auch ohne Brandherd möglich ist.

„Nun kann das Gerät ohne Gefahr für Leib und Leben geöffnet werden. Man schraubt den Kopf ab, der auf einem Gewinde sitzt, und kippt den Rest Löschmittel aus." Dieser Schritt zwei ist eine ziemlich staubige Angelegenheit. „Der dritte Schritt ist dann schon die Farbe. Eigentlich kann man alles reinfüllen, was flüssig ist." Doch der Teufel liegt wie immer im Detail.

„Wenn die Flüssigkeit zu dick ist, fliegt sie nicht so gut." Wichtig sei, die Komponenten gut zu vermischen. Dafür wird die Flasche zugeschraubt und ordentlich geschüttelt. „Jetzt kommt es darauf an, eine Düse zu basteln, eine Art Cap, wie bei normalen Sprühdosen üblich, damit der Strahl nicht in alle Richtungen zerstäubt, sondern auf einen Punkt fokussiert werden kann." Die Farbe müsse nun durch eine winzige Öffnung, was den Druck zusätzlich verstärke. „So erzielt man eine krass größere Reichweite. Deswegen sollte die Düse richtig fest sitzen. Sonst wird sie abgesprengt, und die Farbe landet sonst wo."

Um seine Botschaften sichtbar zu machen, arbeitet JUST nicht nur mit Feuerlöschern, sondern auch mit Rollen. Oft akrobatisch. Bevorzugt an Giebeln unterm Dach. In der Revaler Straße prangt ein solch markanter Schriftzug weithin sichtbar an einer der Fassaden. Ist der von dir? JUST sitzt die Antwort aus, wendet sich lieber praktischen Aspekten zu. „Man krabbelt zur Dachkante, lehnt sich mit Kopf und Armen drüber. Der Schwerpunkt des Körpers bleibt auf dem Haus." Gemalt wird kopfüber und natürlich verkehrt herum. Die Proportionen sind eine Herausforderung. „Genau das, was die Graffiti-Leute von der Pike auf lernen. Die stehen vor einer Wand oder einem Zug, legen los, und das Bild passt genau drauf." An einem Giebel unterm Dach sei das schwieriger.

Auch am Schacht unseres Dachs hat sich JUST in großen Lettern verewigt, in Zusammenarbeit mit dem kalifornischen Graffiti-Künstler ABOVE, der seit Mitte 2015 als Resident Artist im Urban Spree gastiert. Gegenüber rauscht die Ringbahn vorbei. Tausende Fahrgäste sehen diesen Schriftzug täglich.

Street Art, JUST bevorzugt wie Alesh One den Begriff Urban Art, habe Grenzen überwunden. „Sie öffnet den Raum für alle Künstler, nicht nur für die coolen Sprayer." Ist Street Art nicht totgekocht? „Eine zehn Mal aufgewärmte Suppe. Ist noch warm, ist noch warm", wie POET resümiert?

Nicht unbedingt. Warum Werbung Street Art aufgreife, sei völlig klar, findet JUST. „Es ist nicht so dreckig wie Graffiti, trägt aber dennoch den Code der rebellischen Jugend. Auf der anderen Seite leben wir alle in Systemzwängen. Wir müssen arbeiten gehen und Geld verdienen." Vermarktung hin oder her. Die Szene sei nicht homogen, deswegen werde das Für und Wider

kontrovers diskutiert. „Viele sagen, du musst Geld verdienen mit dem, was dir Spaß macht. Wenn du es dann machst, ist es auch wieder nicht richtig, weil du angeblich deine Ideale verrätst." JUST hat nicht den Eindruck, dass sich die Szene ausverkauft. Was sie sich allerdings erkaufe, seien Wege aus der Illegalität.

Er selbst hat mehrere Male vor Gericht gestanden. „Wenn du 17 Jahre alt bist, verstehst du nicht, was die Polizei oder der Richter von dir wollen. Erst nach und nach kapierst du, wie der Rechtsstaat funktioniert." Bei der Polizei gibt es Grafologen, die Schriften und Signaturen anhand des Drucks der Hand oder des Stiftwinkels Personen zuordnen. Bei Graffiti gehe das nicht. Vermeintlich gleiche Schriftzüge könnten von Nachahmern gemalt worden sein. Deswegen müsse jeder einzelne Tag mit Zeugen, Fotos und Videoaufnahmen bewiesen werden. „Jetzt gerade bin ich ein cooler Typ, der behauptet, JUST zu sein. Vor Gericht muss mir bewiesen werden, dass ich ein bestimmtes Piece wirklich gemalt habe. Und selbst wenn ich ein Geständnis ablege, weil ich in dem Moment ein echter Idiot bin, kann ich meine Aussage im nächsten Augenblick widerrufen. So geht Rechtsstaat."

Hinzu kommt, dass eine Stadt wie Berlin voll mit Graffiti ist. „Und Polizisten sind auch nur Menschen, die nicht mehr arbeiten wollen, als sie müssen", erklärt der Experte. „Die ermitteln nur bei Anzeigen oder wenn jemand auf frischer Tat erwischt wird." Was sonst auf der Straße passiert, sei denen scheißegal.

Arm, aber sexy for ever? „Ich finde Berlin von Jahr zu Jahr cooler", erklärt der Zugezogene. „Städte wie Barcelona, einst Street-Art-Mekka und mit Graffitis übersät, sind durch eine Zero-Tolerance-Politik unattraktiv geworden, weil die Straßen nun sauber sind." Anders Berlin. Dank Street Art sei die Stadt immer noch voll mit kreativen Leuten. Längst nicht so teuer wie Paris, London oder New York. Natürlich gebe es eine Kehrseite. „Immer weniger besetzte Häuser. Das Tacheles ist Geschichte." Dass die Spree zugebaut wird, sei blöd. Doch die Stadt müsse wirtschaften und tue es entsprechend. Hate the game, not the players.

Die viel beklagte Gentrifizierung findet JUST zunächst nicht schlimm. „Es bedeutet Aufwertung der Quartiere. Das ist gut. Kultur und Cafés sind gut, weil sich Menschen zusammenfinden." Die einhergehenden Nebenwirkungen seien natürlich nicht so gut. Aber selbst darüber könne man redlich streiten. Deutschland sei eines der wenigen Länder, in denen die Mehrheit der Bevölkerung Wohnungen mietet. „Anderswo kaufen die Menschen und werden Eigentümer." Als Mieter könne man eben rausfliegen. „Sorry, da bin ich Arschloch. Warum nehmen die Leute keinen Kredit und kaufen sich eine Wohnung?"

Ein Hausbesetzer, der für Eigentum plädiert. Ein Linksradikaler, der spaßigen Deutsch-Punk liebt und Hiphop ohne Inhalt prollig findet. Ein Fassadenbomber, der in politischen Botschaften denkt und im Gespräch zurückhaltend, beinahe schüchtern wirkt.

Ist die Farbe drin? Die ersten Regentropfen klatschen aufs Dach. Die Zeit wird knapp. Der Experte werkelt am Lehrstück. Fertig? Noch nicht ganz. Ohne Druck kein Ruck. „Man kann eine Fahrradpumpe nehmen oder zur Tankstelle fahren. Wichtig ist eine Anzeige, die den Druck im Feuerlöscher anzeigt." Klingt einfach und kann leicht gegoogelt werden. Doch so eben ist der Weg der Erkenntnis dann auch für JUST nicht gewesen.

„Ich habe eine Ewigkeit herumexperimentiert. Dann stimmte neben dem Mischungsverhältnis der Farbe endlich auch der Druck auf der Leitung. Man spürte den Rückschlag des Schlauchs. Echte Power. Ein irres Gefühl." Gäbe es eine undichte Stelle im Schraubverschluss, würde der Druck eher rauszischen, als dass der Feuerlöscher explodiert. Und dennoch: „Ein Freund von mir musste mal blind durch die halbe Stadt nach Hause fahren, nachdem der Inhalt in seinem Gesicht gelandet war." Will heißen, Windstärke und Windrichtung beachten. Dann klappt es mit der XXL-Sprühdose.

Auf dem Dach weht es nun kräftig. Endlich fertig? Der Fachmann nickt. Ein Probe-Tag? „Auf keinen Fall hier. Wer üben will, sollte in eine Industriebrache gehen, wo viel Platz ist und kein Schaden angerichtet werden kann."

Der Feuerlöscher ist ein machtvolles Gerät, gemessen an der Fläche, die man in kürzester Zeit zubomben kann. „Weniger ein Graffiti-Utensil, um den eigenen Namen zu malen. Sondern eben ein politisches Instrument, um etwa Nazi-Shops kaputt zu machen." Vergleichbar mit einer Waffe? „Eine Frage der Definition", antwortet JUST zögernd. „Ich war im Irak, im Gazastreifen, zwei Mal in Syrien. Ich habe Waffen zuhauf gesehen."

Feuerlöscher-Bombings polarisieren. Sachbeschädigung, völlig klar. Andere sehen sie als kreative Performance im Rahmen ihrer künstlerischen Freiheit. „Ob es gefällt oder nicht, ist Geschmacksfrage. Wer Graffitis nicht mag, wird an Feuerlöscher-Pieces erst recht keinen Gefallen finden." Könnte man mit Feuerlöschern ganze Fassaden auf Neu machen? Bomben, statt mühevoll streichen oder rollen? Legale Fassadenrenovierung statt Straftat? JUST ist skeptisch. Nachdenklich klettern wir zurück ins Haus und schließen ordnungsgemäß die Dachluke.

URBAN SPREE
Zeitgeist Berlin

Vom Tellerwäscher zum Millionär. Die amerikanische Erfolgsformel hat Generationen hungriger Wölfe angetrieben. Berlin hingegen tut sich schwer damit. Die DNA der Stadt, von Eigensinn und Rebellion getrieben, zieht Nachtschwärmer, Künstler und sonstige Freigeister aller Herren Länder an, bietet Spielwiesen für jedwede Versuchsanordnung. Solange kreative Projekte nichts mit Gewinnmaximierung am Hut haben, ist jeder herzlich willkommen. Geld wird anderswo verdient. In London, Paris, Hongkong. Oder eben im Mutterland der unbegrenzten Möglichkeiten.

Berlin schreibt andere Geschichten. Wie die von Pascal Feucher, der weder als Tellerwäscher startete, noch jetzt Millionär ist. Ein Getriebener, der die Zelte der Vergangenheit nicht nur einmal abreißen muss, um neue Ufer zu erreichen und im Zentrum der Spreemetropole anzukommen. Um in Friedrichshain seine ganz persönliche Versuchsanordnung aufzubauen. In einem Teil der Hauptstadt, den sich vor 20 Jahren kaum jemand als Ort für eine Existenzgründung ausgesucht hätte.

Jetzt allerdings steppt hier buchstäblich der Bär. Nicht selten auf der Warschauer Brücke, wo sich das Partyvolk trifft, um vorzuglühen, abzuhängen oder die Kult-Butzen der Gegend heimzusuchen. Entlang der Revaler Straße, wo allein Nummer 99 etliche Locations beherbergt, die sich Cassiopeia, Astra Kulturhaus, Zum schmutzigen Hobby, Badehaus, Haubentaucher oder Urban Spree nennen. Blühende Landschaften? Ansichtssache. Hot, hip, vor allem urban sind sie allemal. Trotz Mediaspree am nahe gelegenen Hauptstadtfluss, wo betuchte Bürger Luxusdomizile beziehen. Vis-à-vis vom Mercedes-Stern. Seit an Seit mit den Genossen

der Gott-hab-sie-seligen Bar 25, den klammheimlichen Erfindern des Kommunardenkapitalismus.

Kapitalistisch geht es an der Revaler Straße seit dem 19. Jahrhundert zu. 1867 wird auf dem Gelände die Königlich-Preußische Eisenbahnhauptwerkstatt Berlin II eröffnet. 1918 folgt die Umbenennung in Reichsbahnausbesserungswerk. Zum 100. Jubiläum im Jahr 1967 wird dem RAW der Name des im nationalsozialistischen Deutschland ermordeten bayrischen Kommunisten Franz Stenzer verliehen. All das ist Industriegeschichte, denn Anfang der 90er-Jahre beginnt die Phase von Niedergang und Stilllegung. Bis langsam, nach und nach, das Gelände von postmodernen Querdenkern wiederentdeckt wird.

Mit 1700 Quadratmetern Gesamtfläche zählt das Urban Spree zu den größten Arealen am Platz. Macher und Erfinder Pascal Feucher betreibt hier eine Location, die künstlerisch-programmatisch zum Eklektizismus tendiert und sich szenig klingenden Eventkonzepten wie Comic Invasion, Smachine, A MAZE oder Pictoplasma offeriert. Musikalisch wird Hiphop, Experimental-Electro, Gothic, Noise, Drone, selbst Jazz und Klassik serviert. Urban Spree sieht sich als Heimstätte für Ausstellungen, Festivals, Konzerte und sonstige Sausen. Für Künstler, die Freiräume suchen und Wände bemalen, selbst Ateliers mieten können.

„Mein beruflicher Parcours hat immer aus Krisen bestanden." Pascal blickt gedankenverloren über sein Reich im postindustriellen Ambiente, dessen ruinöse Mauern großflächige Graffitis tragen. Am Ende des Areals wittert eine rote Couch ihrer Selbstauflösung entgegen. Daneben warten Unmengen Flaschen auf sekundäre Verwertung, unter den Sohlen knirschen Glasscherben. Drumherum Freiflächen mit Blick auf Gleise, Installationen aus leeren Sprühdosen, Blümchenkübel und Bierbänke.

Noch kommt der Frühling frisch daher. Fröstelnd sitzen wir im alten Eisenbahn-Areal und lauschen einer Lebensgeschichte, in der sich Kindheit, Ausbildung und Berufswahl zunächst unaufgeregt aneinanderreihen, um dann doch von Brüchen und Neuorientierung eingeholt zu werden.

Der stattliche Mann mit grobmaschiger Strickjacke über rotem Karohemd hat die Ärmel weit zurückgeschoben. Einer, der zupacken kann. Keiner, der es in Anzug und Krawatte aushält. Doch der Schein trügt. Der Ex-Investmentbanker hat früher seine Brötchen als Heuschrecke in schicken Büros verdient. Nun, in Zilles Milieu angekommen, backt er vermutlich kleinere Schrippen und versucht als Pächter einer Industriebrache fern der Heimat kommerzielle Interessen mit buntem Berliner Kulturbetrieb in Einklang zu bringen. Von Paris nach Berlin? Ein gewagtes Unterfangen. Wie konnte es dazu kommen und wie führten die Krisen der Vergangenheit in eine Gegenwart zwischen Ruinen und Bahngleisen?

Unser Protagonist wird 1970 in die Hauptstadt der Sonnenkönige hineingeboren. Die Eltern stammen aus der Provinz, wie die Franzosen zu allem sagen, was nicht Metropole ist. Sein Vater ist gebürtiger Bretone. Die Mutter kommt aus Korsika. Ganz normale Leute, die ihm eine ebenso normale Kindheit in einer gehobenen Mittelklassefamilie ermöglichen. „Hin und wieder drängten sie mich in Ausstellungen, was mir nicht gefiel", erinnert er sich. „Doch möglicherweise bin ich so von der Kunstwelt infiziert worden." Seine Kindheit findet zwischen Skateboards und Büchern statt. Abenteuergeschichten mit philosophischen und mystischen Elementen über Flucht und Vertreibung aus der realen Welt. The Cure ist seine erste Konzerterfahrung, Joy Division eine weitere Lieblingsband.

„Mit Graffitis hatte ich nichts zu tun. Ich war ein ruhiger, zurückhaltender Mensch, der sich weder künstlerisch mitteilen noch ausdrücken musste." Ein gut situiertes Bürgersöhnchen. Ohne Fame, Spirit und Credibility. Nach der Schule, die mit Bravour absolviert wird, folgt das obligatorische Studium. „Ich wusste nicht, was ich machen sollte. Wahrscheinlich weiß ich es bis heute nicht." Am Ende steht eine Kombination aus Volks- und Betriebswirtschaftslehre auf dem Stundenplan. Die Immatrikulation am Institut d'Études Politiques de Paris, einer französischen Elite-Uni mit komplexen Aufnahmeprüfungen, gilt im gutbürgerlichen Verständnis des Elternhauses als bedeutender Schritt in

Richtung einer schillernden Karriere. Abseits von Kunst und Kultur. Nach vier Jahren Studium an dieser renommierten Schule mit ihren exzellenten Netzwerken sollte die Jobsuche kein Problem darstellen. Doch die Grande Nation der frühen 90er-Jahre schwächelt. „Die Stimmung war gedrückt, es gab kaum Perspektiven."

So beginnt eine Auseinandersetzung mit unerfüllten Erwartungen, die das künftige Leben des frischgebackenen Elite-Absolventen fortan begleiten und immer wieder eine Neuausrichtung einfordern wird. Im Fahrwasser der Frankreich-Krise verlässt Pascal zum ersten Mal die Heimat an der Seine. Mit seiner heutigen Ehefrau geht er zunächst nach Singapur, um dort einen Job zu finden. Das Paar landet schließlich in Burma, wo die Banque Française du Commerce Extérieur eine Niederlassung aufbaut.

Drei Jahre arbeitet er für die später in Natixis umbenannte Bank, bis er sich einer weiteren Krise stellen muss. Asien wird bitter krank, ausländische Firmen verlassen die Region, für teure Expatriates ist kein Geld mehr vorhanden. Pascal muss in die französische Metropole zurückkehren, wo das internationale Bankgeschäft sein Tätigkeitsschwerpunkt wird. Als 2001 der erste Nachwuchs zur Welt kommt, will er kürzertreten und wechselt die Abteilung.

„Hast du mal 100 Euro?" Ein junger Mann steht plötzlich vor uns und verlangt „100 Euro und 58 Cents, um genau zu sein". Er müsse einen Lieferanten bezahlen. „Meine Leute denken, ich bin noch immer Banker." Pascal drückt ihm ein paar Scheine in die Hand, Kleingeld habe er nicht, und wendet sich erneut dem Gespräch zu.

„2005 verließ ich Natixis, um bei einem Investmentfonds anzuheuern." 2008 folgt der Wechsel zu Sal. Oppenheim. Bis dato eine renommierte deutsche Privatbank, 1789 in Köln gegründet, Mozart lebte noch. „Das Haus hatte eine erfolgreiche und zugleich konservative Geschichte. Die Reputation vergleichbar mit Investmentbanken wie Lazard und Rothschild." Für die deutschstämmige Institution wird der Franzose nun als Geschäftsführer tätig und thront hinter einem stattlichen Schreibtisch. „Ich hatte ein super Büro am Place Vendôme. Es war fantastisch und gleichzeitig das Ende meiner Karriere." Die Finanz- und Wirtschaftskrise stellt die Märkte auf den Kopf. Sein Arbeitgeber gerät in Schwierigkeiten. Die Deutsche Bank leistet Erste Hilfe, findet in Folge aber keine Verwendung mehr für das Pariser Experiment. 2010 wird Pascal abermals überflüssig. Mit Frau und mittlerweile zwei Kindern.

Existenzängste? Nicht doch. „Es war eine großartige Zeit. Meine Frau arbeitete im Personalbereich einer amerikanischen Firma. Ich habe mich um die Kinder gekümmert." Natürlich gibt es eine Abfindung. Der französische Staat zahlt zwei Jahre Arbeitslosengeld.

„Ich hatte alles gesehen, war immer gut gewesen, aber kein geborener Banker." Also wieder Veränderung. Er sieht die Entlassung als Chance und besinnt sich auf sein Umfeld. Irgendwas mit Kunst. Die Überlegung drängt sich geradezu auf, lebt er doch, untypisch für einen Investmentbanker, im Pariser Osten, wo es viel Graffiti und Street Art zu sehen gibt. Nur wo beginnen? Am besten in einer heißen Stadt mit vielen Touristen und moderaten Preisen. Also in der deutschen Hauptstadt, schlussfolgert Pascal, obwohl er noch nie in Berlin gewesen ist.

Um das nachzuholen, urlaubt die Familie mit Kind und Kegel in der Spreemetropole. Und staunt nicht schlecht. Überall Tags und Bombings. Die Stadt habe sich chaotisch und zugleich einnehmend angefühlt. „Paris ist snobistisch. Wie ein Museum. Man wird beurteilt, bevor man etwas tut." Berlin hingegen sei voller Zeitgeist gewesen. Das Ehepaar ist überzeugt, will genau hier Neues beginnen. Was soll schon passieren? Berlin ist nicht Burma. Kein Dschungel am Ende der Welt.

Der Mann, der jahrelang mit fremdem Risikokapital und strukturierten Finanzierungen hantiert hat, ist nun Financier seines eigenen Unternehmens. Der Businessplan des Ex-Bankers, nicht mehr als eine Light-Version, gibt sich optimistisch. Alles hängt am Gelände, das erst noch gefunden werden muss.

Zurück in der Pariser Idylle, schickt der Jungunternehmer einen Emissär. Kolja Ulbrich, Musiker, Freund und Deutsch-Franzose, bekommt eine Wohnung in Berlin spendiert, um die passende Location zu finden. Sechs Monate gehen ins Land, bis der entscheidende Anruf kommt. Pascal begibt sich erneut an die Spree.

Der erste Eindruck vom zukünftigen Lebensmittelpunkt: unwiderstehlich. Ziemlich heruntergekommen, aber nicht so sehr, dass man nichts daraus machen könnte.

Dann geht alles fix. Dem Grundstückseigentümer wird ein Nutzungskonzept vorgelegt, das auf Gegenliebe stößt, da es keinen weiteren Club vorsieht. Zum Schuldeutsch des Franzosen gesellt sich Beamtenvokabular. Worte wie Bezirksverordnetenversammlung, Zwischennutzung und Bestandsschutz gehen ihm seither fließend über die Lippen. Am 15. März 2012 wird der Mietvertrag unterzeichnet. Ein historisches Datum für den Neuberliner.

Seitdem wird das Areal hergerichtet und der Kunstraum mit Leben erfüllt. Gemeinsam mit Nicolas Defawe, der sich um das Line-up der Musikveranstaltungen kümmert. Im Vergleich zu früher sei die Arbeit nicht weniger geworden. „Jetzt allerdings arbeiten wir für uns und entscheiden eigenverantwortlich, welche Vorhaben wir umsetzen." Zu den Highlights gehören Projekte mit Künstlern wie HoNeT und Zevs. Die erste Solo-Show von 1UP besuchen 2000 Gäste, obwohl der Event nur zwei Tage vorher angekündigt wurde. Urban Spree hat sich als Anlaufpunkt für Künstler positioniert. Wie zum Beweis schlendert Street Artist Falkland vorbei, kein Unbekannter auf dem Gelände, und schüttelt unsere Hände. „Hier ist jetzt mein Leben", sagt der Franzose. „Das muss funktionieren."

Tut es das? Der Frage folgt eine ausladende Geste. „Schaut doch selbst." Im Biergarten ist Frühjahrsputz angesagt. Die Blumenkübel werden emsig mit frischer Erde gefüllt, nebenan die Klos geschrubbt und 400 Quadratmeter Ausstellungshalle für die bevorstehende A MAZE vorbereitet. Das Areal wirkt noch immer roh, hat Ecken und Kanten, gibt sich unangepasst, weder schick noch fein, wird nicht durch teures Mobiliar verziert. Wozu auch? Berlins DNA muss erhalten bleiben. Gleiches gilt für das Erbgut der alten Gebäude.

„Das Budget ist gering", räumt der Macher ein. Fördermittel habe er nie beantragt. „Die Anlage profitabel zu betreiben, ist eine Herausforderung." Besonders im Winter, wenn der Biergarten, seine Haupteinnahmequelle, nicht genutzt werden kann. Obwohl Pascal eine Handvoll Angestellter bezahlen muss, ist er optimistisch. Was bleibt ihm auch anderes übrig? Die Familie lebt in Berlin. Die Kinder gehen hier zur Schule. Das Ehepaar will bleiben, weil das Urban Spree noch immer der perfekte Ort ist. 2019, wenn der Mietvertrag ausläuft, könnte es brenzlig werden. Vielleicht sogar schon eher, denn im Frühjahr 2015 hat die Göttinger Firmengruppe Kurth Immobilien einen Großteil des RAW-Geländes für 20 Millionen Euro erstanden. Großes Geld, das zurückverdient werden will. Wie man hört, sind die Göttinger auf Wohnungsbau spezialisiert.

„Ich hab nichts gegen Wohnungsbau", betont Pascal, während er auf einer Europalette sitzt, auf der ihn der Fotograf platziert hat. Ein Bilderbuch-Bretone im Blitzlicht, der sein Schiff durch Wind und Wetter zu manövrieren versucht. Von Paris nach Asien und zurück, nun ankert er an den Ufern der Spree. In einer schönen neuen Welt, wo oft Ebbe ist, weil das große Geld eben anderswo verdient wird. Wo er trotz allem das geblieben ist, was er immer war: Investor, Manager, Organisator. Einer, dessen Krisen-Parcours nun zwischen Kunst, Kultur und Kommerz, zwischen Bestandsschutz und Zwischennutzung verläuft. In einer Stadt am Scheideweg, die sich der Frage stellen muss, ob sie den rauen Charme aufgeben und eine ganz normale Stadt werden will. Wie Hamburg, Düsseldorf oder München.

FALKLAND
Nilpferd ohne Beine

„Mit 13 landete ich zum ersten Mal in der Zelle.“ Kurz darauf klingelt daheim das Telefon. Am anderen Ende der Leitung meldet sich die Polizei. Der Filius sei erwischt worden. Mutter und Vater sind schockiert. Überfordert von der Situation, die eine Wende bedeutet. Einen familiären Ausnahmezustand, der von nun an zwischen Zeter und Mordio, Abstinenz, Rückfall und regelmäßiger Konfrontation mit der Staatsgewalt bestimmt wird. Meist nachts. Bald Routine. Der Minderjährige kommt in Gewahrsam. Aus pädagogischen Gründen werden die Eltern gerufen. „Mein Vater musste mich immer abholen. Irgendwann fand er keine Worte mehr. Wir saßen im Auto und schwiegen.“

Die Sätze hängen im Raum. Zwischen Wänden, Decke und Steinfußboden, die nicht viel mehr als Leere umschließen. Ein paar Holzpaletten mit Kunstbüchern. Das war es an Mobiliar. Wir sitzen in der Ausstellungshalle des Urban Spree, wo Freiraum zum Konzept gehört, und sprechen über einen Lebensweg, der nicht selten gegen Widerstände prallt. Stets ist das Bedürfnis nach Freiheit zu riesig gewesen, um befriedigt werden zu können. Der spartanisch eingerichtete Raum um uns ist hoffentlich groß genug, um eine solche Geschichte aufzunehmen. Sie handelt von Anderssein und Verständnislosigkeit. Von Enge, Ausbruch und beständigem Fernweh. Von einem Heimatlosen, der nur unterwegs zu Hause ist.

Zwei Requisiten hat er mitgebracht. Ein Töpfchen mit himmelblau blühender Hortensie sowie eine Sprühflasche nebst Inhalt in knalligem Pink. Die Blumen sind für uns? „Nö, fürs Fotoshooting“, lacht das Modell und arrangiert den einzigen Blickfang im Raum. Natur und Farben. Wir betrachten das Stillleben und beginnen mit der Frage aller Fragen: Warum Falkland?

„Falk ist mein Vorname. Land steht für Leben.“ Eine Welt für sich, die er am liebsten immerfort bereisen möchte, um sie zu bemalen und bunter zu machen. Mit den Inseln im südlichen Atlantik hat er nichts zu tun. Durch die Namensgleichheit ist er allerdings schwer zu googeln. Am Starrsinn digitaler Medien kommt halt niemand vorbei. Nein, liebe Suchmaschine, nach Landkarten und Kriegsgeschichten steht uns heute nicht der Sinn. Wir wollen in einem direkten Gespräch mit ihm erfahren, was den Künstler Falkland hinaus in die Welt treibt.

Im Jahr von Tschernobyl in einer brandenburgischen Kleinstadt geboren, schwebt die radioaktive Wolke auch über seinem Kopf. „Alle 1986er sind irgendwie komisch.“ Er ist der Letztgeborene von drei Kindern und wächst in einer Arbeiterfamilie auf. „Ich habe ein schlechtes Gedächtnis. Meine Erinnerung besteht aus

grauen Flecken. Hin und wieder aus Lichtblicken." Und die fallen auf eine gute Kindheit. Er verbringt viel Zeit an der frischen Luft, hat Lust auf Abenteuer, keine Computerspiele. Dann erreicht ihn Hiphop „mit Sportkram wie Breakdance und Skateboarding". Doch im Zeichnen und Malen ist er talentierter, schon immer gewesen. Das Bedürfnis nach Respekt und Anerkennung treibt ihn an. Er konzentriert sich auf das, was er kann, und stellt im Alter von elf Jahren wichtige Weichen. Von nun an rast sein Zug durch eine intensive Welt, in der es nichts anderes gibt als die Sache selbst: Graffiti.

Mit allen erdenklichen Konsequenzen: Festnahme, Verurteilung, Knast. „Solange man minderjährig ist, folgen Gerichtsverhandlung, Sozialstunden oder Geldstrafen bis 500 Euro. Wenn man Glück hat, wird das Verfahren sogar eingestellt." Falkland hat oft Glück, weil sich das Jugendamt für ihn einsetzt. Er ist ein passabler Schüler, mit guten Noten in Deutsch, Geschichte, Erdkunde und Kunst. Macht sogar das Abitur. Die Eltern hoffen, dass er endlich erwachsen wird. Doch die Volljährigkeit setzt keine Zäsur. Im Gegenteil. „Ab da geht's erst richtig zur Sache. Die Polizei kann einen nicht mehr so einfach aufgreifen. Mutter und Vater sind außen vor. Man ist freier und macht umso mehr, was man will."

Falkland flieht aus der Enge des Brandenburger Landes und migriert nach Berlin. Wo die studentische Boheme in lichtarmen Hinterhöfen ihren lasziven WG-Kollektivismus inszeniert und sich gegen alles wehrt, was nach geregeltem Leben, Abschluss und Ankommen aussieht. Nicht selten um den Preis eines prekären Daseins zwischen Hörsälen und Aushilfsjobs. Dennoch ist der Himmel weit. Wenngleich sich die Prioritäten ändern. Er stoppt die illegalen Aktivitäten und folgt der Einschätzung seines Umfelds: Kunst ist brotlos. Er will jetzt gestalten und studiert Architektur. Da das Fach auf Technik, Statik und Mathematik fokussiert, was ihm nicht liegt, wechselt er zu Kommunikationsdesign. „Ich sage immer Grafikdesign, weil die Leute sonst denken, ich sei ein Telekom-Heini, der irgendwo Leitungen plant."

Seither ist eine kleine Ewigkeit vergangen und Falkland noch immer Student. Der Himmel über Berlin ist längst nicht so weit, wie es anfangs schien. Auf monatelangen Reisen entzieht er sich dem Studium, gegen das sich sein Inneres zuweilen heftig wehrt. „Ich hätte doch besser Kunst studieren sollen." Und da alles so kompliziert ist, bezeichnet er sich manchmal als Maler, weil die Bezeichnung so schön offen klingt und im handwerklichen Sinne verstanden werden kann.

Handwerker und Gestalter ist er tatsächlich. Malt großflächige Bilder mit abstrakten grafischen und realistischen Elementen. Idealerweise draußen. Gern auf Holz, wo man reintackern und raufhämmern kann, oder an Wänden. Schön verwittert sollten sie sein, mit Farbresten und Schimmel überzogen. Er nutzt Collagetechniken, Pinsel, Sprühdosen und Zerstäuber. Mit Kompositionen aus Schwarz-Weiß und Farbe, die von der Natur inspiriert sind. Von Pflanzen, Tieren und anderen Kulturen. Seine Bilder sollen sich in den Ort einfügen, von dem er sich zugleich inspirieren lässt. Wofür steht die Umgebung? Welche Tiere leben hier, welche Menschen? Wie sehen ihre Häuser, ihre gesamten Lebensumstände aus? „Zuerst kommt immer der Ort. Dann die Inhalte, die dazu passen oder ganz bewusst einen Kontrast zum Umfeld setzen."

Natürlich will Falkland berühmt werden. „In meiner Traumvorstellung sehe ich mich als globalen Maler und Gestalter, der von Land zu Land reist und große Wände malt oder Installationen erschafft." Schon mit 20 reist er anderthalb Jahre durch Australien und Südostasien. Auf Sri Lanka sind erstmals Farben, nicht mehr nur Sprühdosen im Gepäck. Er durchkämmt Abrissgelände nach dem Tsunami und malt Murals an Häuser von toten Menschen. Später folgen Tansania, Benin, Kamerun und Marokko. Selbstredend hat er nahezu alle Länder Europas gesehen. Südamerika steht auf der Agenda. Ganz sicher wieder Afrika. Auf jeden Fall ein Entwicklungsland. Weil Reisen dort intensiver ist. „Weil ich Abenteuer brauche. Die Menschen dort offener für Farbe und Ausdruck sind und das, was ich mache, nicht als Sachbeschädigung ansehen."

Dass der Kunsthandwerker irgendwie anders tickt, zeigen seine Bilder. In Tansania malt er ein Nilpferd an eine Wand. Ohne Beine. „Die Einheimischen fragten, ob ich nicht wüsste, wie Nilpferde aussehen. Das Wort und die Bedeutung von Fantasie existieren in ihrer Sprache scheinbar nicht, wodurch jegliche Erklärung schwierig wurde. Ich hatte erst meine Ruhe, als ich meinte, dass Nilpferde in Deutschland halt so aussehen. Plötzlich waren alle zufrieden."

Falkland hätte erzählen können, dass es im Land der Dichter und Denker auch schwarze Schafe gibt. Ein Phänomen, mit dem er sich bestens auskennt, weil er sich oft als Fremder fühlt. Sowohl in der Familie als auch in der Durchschnittsmenschenmenge, die ihn täglich umgibt. Die oft nicht versteht, was er macht und warum. Die ihn gern in die Schublade des asozialen Dauerstudenten steckt.

Asozial? Weil er dem Staat auf der Tasche liegt? „Mach ich ja gar nicht. Ich bekomme weder BAföG noch Sozialhilfe. Aber erklär das mal. Wenn ich von meinen Reisen zurückkomme, wollen viele nur Geschichten hören, die ihre Vorbehalte bestätigen." Um

die Verwandtschaft zu beeindrucken, könnte er doch seine Bilder über Galerien verkaufen? „Selbst wenn ...", Falkland verdreht resigniert die Augen, „sie erkennen zwar Talent und Kreativität, nur mit dem Künstlerbegriff können sie nichts anfangen." Ohnehin sei ihm das Galeriegeschäft fremd. Die eigene Person verkaufen, Hände schütteln, Klinkenputzen. Ein einziger Graus. „Wenn ich mich mit Menschen nicht wohlfühle, dann will ich mit denen nicht kommunizieren." Und schon gar nicht im Atelier sitzen und Leinwände bemalen. Noch nicht. „Kleinformate sind eine ganz andere Nummer."

Ein langer, steiniger Weg zu Ruhm und Reichtum. Bis dahin lebt der Künstler unter der Armutsgrenze. Laut Statistik. Was andere bejammern, findet er bereichernd. Im übertragenen Sinne. Seinen Lebensstandard hält er extrem niedrig und kauft nichts, was nicht unbedingt notwendig ist. Er wohnt auf 15 Quadratmetern, besitzt keinen Fernseher, kein Smartphone, kein sonstiges Gedöns. „Der einzige Luxus sind meine Reisen. Ein starker Antrieb, den ich immer spüre. Morgens. Mittags. Abends. Tag für Tag." Daher sei es überhaupt kein Problem, Abstriche bei materiellen Dingen zu machen. Erst recht nicht, wenn er durch Entwicklungsländer fahre, wo das Lebensniveau ohnehin ein ganz anderes sei.

Um Alltag und Reisen zu finanzieren, jobbt er neben dem Studium. Nimmt Graffiti- und Grafikaufträge an, hilft beim Bühnenaufbau für KISS, Meat Loaf oder Justin Bieber, bis genug Geld zusammengespart ist und ein Konzept für die nächste Tour steht.

2012 schließt er sich dem Entwicklungshilfeprojekt einer Truppe von Architekturstudenten in Tansania an. In Mwamgongo soll eine Lodge für Touristen entstehen. Das Dorf liegt am Nordufer des Tanganjikasees. Von hier aus sind es entweder vier Stunden

Bootsfahrt bis zur nächstgelegenen Stadt Kigoma oder sieben Stunden Fußmarsch bis zu einer geteerten Straße. Ein typisches Dorf tief im Herzen Afrikas, im Schatten des weltberühmten Gombe-Nationalparks. Das Projekt dient als Wiedergutmachung für die Dorfbewohner, die der Touristen wegen aus dem Park gedrängt wurden und nun ein Stück vom Kuchen zurückbekommen sollen.

Falkland unterstützt das Vorhaben und macht zugleich sein eigenes Ding. Reist durch Gegenden, in denen eine Ansammlung strohgedeckter Hütten als Dorf gilt. Wo es am Nachmittag unerträglich heiß ist und der weit und breit einzige Dorfladen warme Pepsi verkauft, weil es keinen Strom gibt.

Man stelle sich einen umgestürzten Baumstamm vor, der in der Mitte des Dorfes liegt. Dort haben sich die Einwohner versammelt. Alte und Junge palavern, die Jugend bolzt drumherum, während die ganz Kleinen friedlich im Sand buddeln. Ein träges Lüftchen weht. Die Früchte eines Leberwurstbaums baumeln lässig im Geäst. Ein dickes Schwein wackelt grunzend vorbei. Das blecherne Busschild quietscht im Wind, während Falkland nebenan Wände bemalt. Die Dorfgemeinschaft wird wochenlang über den fremden Weißen, den „Mzungu", reden. Selbst dann noch, als der seltsame Künstler längst entschwunden ist, von einer seltenen Spinne gebissen wird und mit 40 Grad Fieber in der afrikanischen Sonne vegetiert, um einmal mehr nur mit viel Glück lebend in die Heimat zurückzukehren.

Wo es ihn trotz Reisestrapazen erneut nicht allzu lange hält. Eine Tour ins westafrikanische Kamerun folgt. Gleicher Ansatz, ähnliches Projekt. Wieder keine Bezahlung. Alles finanziert vom Eingemachten. Lediglich der Deutsche Akademische Austauschdienst gibt ein paar Euros dazu. Dieses Mal wird eine Grundschule gebaut. Falkland baut mit, ist der Grafiker vor Ort und bemalt nebenbei die Häuser der Umgebung. Er lernt eine NGO-Mitarbeiterin kennen und reist spontan nach Benin, um in einem Zentrum für Straßenkinder Workshops zu geben und den Hauptraum zu gestalten. Das Reisekonzept des Lebenskünstlers: „Ich suche ein Grundprojekt. Alles andere ergibt sich." Wollte er ursprünglich nur drei Monate bleiben, sind es am Ende sechs. Und sonst so? „Durchfall, Fieber, das Übliche."

Ist der irre?, mag sich der Leser fragen. Warum tut er sich das an? Wer bitte schön braucht Graffiti und Street Art im afrikanischen Busch? In Orten, wo es nicht einmal Straßen gibt? Niemand, dessen ist sich der Künstler bewusst, weil die Menschen dort nicht

selten ums pure Überleben kämpfen. Doch Kunst und Kultur waren in allen Zeiten ein Ventil zur Befreiung von der Last des Alltags, für Betrachter und Erschaffer gleichermaßen. Der Zugang zu freiem Raum, den der schwarze Kontinent für Künstler wie Falkland bereithält, scheint für dessen eigene Befreiung essenziell zu sein. Der Himmel über Afrika ist weiter, intensiver, anziehender als jeder andere auf dieser Welt. Allen Diktaturen und Missständen zum Trotz.

Und nun? Ist er erneut auf Achse, reist beispielsweise mit El Bocho nach Kenia. Denn das Verlangen nach Freiheit bleibt. Zu tief ist der Drang verankert, als dass ihm irgendein Ort so etwas wie eine feste Heimat bieten könnte. Auf immer getrieben, für immer suchend? Bald soll Schluss sein mit dem ewigen Studentendasein. Von Projekten im Ausland leben zu können, wäre die Erfüllung. Er wünscht sich ein Kind, um „Liebe zurückgeben zu können". Muss man sich Sorgen machen? Nicht doch. Kinder leben überall auf der Welt. Seine eigenen würden in Südamerika, Afrika oder Südostasien aufwachsen. Vielleicht auch in Deutschland. Mit einer himmelblau blühenden Hortensie auf dem Balkon.

INDEPENDENT TRUCK COMPANY

JÜRGEN HORRWARTH
Zirkus Rampe

Manchmal gilt es, aus der Not eine Tugend zu machen. Anfang der 50er-Jahre passiert an der Südwestküste Kaliforniens genau das. Einige Surfer haben das ewige Warten auf die perfekte Welle satt, montieren Räder unter ihre Bretter und erschaffen eine neue Spezies: den gemeinen Asphaltsurfer. Zehn Jahre später nennt der sich Skateboarder und repräsentiert eine eigenständige Sportart. Die ersten Meisterschaften finden 1965 statt. 2020, wenn alles gut geht, werden Boarder aller Länder nach olympischen Ringen greifen.

„Mein Name ist ziemlich uncool. Die Amis hatten Schwierigkeiten mit der Aussprache", sagt einer der international erfolgreichsten Skateboarder Deutschlands. Wir sitzen mit Jürgen Horrwarth vor der Skatehalle Berlin. Die Geschichte des Doppel-Europameisters, World-Cup-Gewinners und mehrfachen X-Games-Teilnehmers, dessen Hauptdisziplin die Halfpipe ist, beginnt 1977 im baden-württembergischen Reutlingen.

Jürgen wächst im Haushalt eines Lehrerehepaares auf. Die Eltern schicken ihren Sohn auf eine Waldorfschule und entfachen in ihm die Liebe zum Sport. „Schon mit sechs Jahren war ich sportlich aktiv und vielseitig interessiert. Badminton, Bodenturnen, Fußball. Ich bin Rollerskates gefahren. Längere Zeit habe ich Handball gespielt und Eishockey trainiert. Mit elf Jahren Leichtathletik. Ich habe an Meisterschaften teilgenommen und war ziemlich gut." Leistung steht im Vordergrund, flankiert von Vereins- und Interessenmeierei, was ihm schnell zuwider wird.

„Eines Tages sah ich jemanden mit einem Skateboard an mir vorbeirauschen. Der ist gerollt wie ich mit meinen Rollerskates, ohne jedoch festgeschnallt zu sein. Das sah spannend aus. Das wollte ich auch." 1989, gerade zwölf Jahre alt, kauft er vom Taschengeld sein erstes Board. Das Interesse für sämtliche Vereinssportarten erlischt im Handumdrehen. „Ich habe mich voll und ganz diesem individuellen Ding verschrieben. Wohl wissend, dass ich mir alles selbst beibringen muss, aber eben meine eigene Lerngeschwindigkeit bestimmen kann."

Die Eltern sind zunächst skeptisch, sehen die Schrammen am Körper ihres Stammhalters und machen sich Sorgen um seine Sicherheit. „Bis ich in eine lokale Clique aufgenommen wurde, was eine Weile gedauert hat. Dort waren Ältere, die aufpassten. 16-Jährige, die wussten, wo's langgeht, und Verantwortung übernahmen." Die Clique trifft sich in einer Tiefgarage, wo auch bei schlechtem Wetter gefahren werden kann. Von nun an ist der Tag geregelt. Vormittags das schulische Pflichtprogramm, nachmittags die Kür auf dem Brett.

„Ich hatte immer auch einen musikalischen Zugehörigkeitsfaktor", erklärt Jürgen. Der allerdings sei fern vom Hiphop gewesen. Vielmehr hätten Punk und Rock 'n' Roll die Szene geprägt, jene Scheiß-auf-euch-wir-machen-unser-Ding-Mentalität, mit der Skater nach der Schule durch die Fußgängerzone bretterten. „Da war ein gutes Stück Vandalismus dabei. Es gab Leute, die waren Anti-Establishment unterwegs und haben mutwillig Dinge zerstört."

Anfang der 90er-Jahre kreuzen sich Skater- und Hiphop-Szene. „Was man heute als Streetwear kennt, hat seine Wurzeln im Skaten. Dort entsteht ein neuer Klamottenstyle: XXL-Shirts bis zu den Knien, weite Hosen, abgeschnittene Converse-Schuhe. Eine Art

Rebellion gegen das bis dahin eigene muffige Image. Zudem sind viele von uns nicht nur Skateboard, sondern auch Snowboard gefahren, was eine relativ neue Sache war. Ein trendiger Nährboden entstand, bei dem Hiphop ganz groß dabei war."

Nach dem Abitur will Jürgen Grafikdesigner werden. Für einen Job in der Werbung zieht er nach Frankfurt am Main. „In einer Zeit vor Multimedia. Webdesign war ganz neu. Wenn ich auf diesen Zug aufgesprungen wäre, hätte ich vielleicht etwas reißen können." So aber wird klar, dass Schreibtischtätigkeit keine Option darstellt. Ohnehin ist er nur halb bei der Sache. Sein Herz hängt weiter am Skateboard. Er will Profi werden und hat seine Fühler bereits ausgestreckt. Bald arbeiten erste Sponsoren mit ihm zusammen. 1998 kündigt er den Job und zieht ein Jahr später nach Berlin.

„Der Umzug war eine Entscheidung des Herzens. Ich bin meiner Freundin gefolgt, die wegen ihres Hauptstudiums hierhergekommen war. Aus heutiger Sicht wäre es besser gewesen, gleich nach Amerika zu gehen." Denn die Hauptstadt bietet für Halfpipe-Fahrer nur wenig, weshalb er in den ersten fünf Jahren fast ausschließlich Street fährt. „Das war total unorthodox. Ich habe internationale Halfpipe-Wettkämpfe bestritten. Und während meine Mitstreiter nach San Diego gingen, um dort krass zu trainieren, saß ich in Berlin und dachte: Coole Stadt, aber keine Trainingsmöglichkeiten."

Aus Not wird Tugend. Mit einem Kollegen aus Süddeutschland entwirft und baut Jürgen höchstpersönlich die Halfpipe der Skatehalle Berlin, die 2005 ihre Rampen öffnet. Auf dem RAW-Gelände in Friedrichshain, wo auch Pascal Feucher einige Jahre später sein Urban Spree ins Leben rufen wird. Die Halle ist das Ergebnis einer Gemeinschaftsaktion um Initiator Tobias Freitag und seine Five-o GmbH. „Ich war das Zugpferd in Sachen Sponsoren. Die hatten naturbedingt ein großes Interesse daran, dass ich vernünftige Trainingsmöglichkeiten bekam. So konnte das Projekt finanziert und in trockene Tücher gebracht werden", erzählt Jürgen.

„Es gibt keine bessere Halfpipe in Deutschland, vielleicht sogar in Europa." Ansonsten sei Berlin rampentechnisch pures Entwicklungsland. „In der deutschen Hauptstadt, dem Zentrum der europäischen Boarder-Szene, steckt die Regierung lieber Geld in Anlagen aus bekackten Fertigbauelementen. Am Gleisdreieck beispielsweise, wo du eine Top-notch-super-Anlage erwartest, steht für eine halbe Million Euro der größte Schrott." Eine Bowl-Anlage nach kalifornischem Vorbild. Jenen runden Becken, die früher in Kalifornien von Skatern gern als Trainingsort genutzt wurden. „Als wenn du einen fünfeckigen Fußballplatz mit drei Toren baust, weil irgendwelche Designer das geil finden.“

Skateparks, so Jürgen, werden in Deutschland als Spielanlagen geführt. Dementsprechend fehlgeleitet sei das Verständnis der Behörden. „Gebt denen was zum Spielen, dann halten die ihr Maul. Wir wollen aber nicht spielen. Wir betreiben Sport und haben ein bestimmtes Niveau. Ihr könnt nicht Anlagen wie vor 25 Jahren bauen.“ In Berlin gebe es über 40 solcher „Vergehen gegen die Menschlichkeit. Rampen, die mitten im Sandkasten stehen. Spielplätze eben.“

Trotzdem sei Berlin voller Skater. „Die meisten fahren Street und brauchen keine Hallen. Dafür ist Berlin ziemlich gut, die Stadt hat interessante Spots zu bieten. Street zu fahren ist völlig anders als Halfpipe oder Vert.“ Street Parcours sei wesentlich langsamer, vielleicht 8 km/h, jedoch extrem schwer, wenn man es richtig machen will. Technischer, was die Tricks anbelangt. Nicht so hoch in Bezug auf Hindernisse und Sprünge. Die Halfpipe misst 4,20 Meter. Skater rasen mit 35 km/h durch die Wölbung und fliegen an den Kanten bis zu zwei Meter hoch. „In der Halfpipe brauchst du ein hochwertiges Board mit maximalen Ansprüchen an Qualität, Schnelligkeit und Stabilität. Schau dir die Bretter von Street-Skatern an. Die sind häufig total räudig und fallen fast auseinander. Das Board eines Halfpipe-Skaters hingegen muss immer top in Schuss sein. Das ist wie bei der Formel 1. Wenn ein Stein im Weg liegt, musst du ausweichen können oder hast ein echtes Problem.“

Der Rampenbauer steigt in seine Sportsachen, um für die Kamera einige Tricks in der Halfpipe zu performen. Knieschoner und Helm werden angelegt. Mit weißem T-Shirt und kurzen Hosen steht er hoch oben an der Kante. „Bei Wettkämpfen gibt es nur ein kleines Fenster. Anfangs hatten wir 45 Sekunden, um unser Können zu zeigen. Später nur 30. In dieser Zeit kannst du in der Halfpipe nur elf Mal hin- und herfahren. Das ist ein enormer Druck.“ Spricht‘s, steigt auf sein Brett und rast durch das Halbrund. „Skateboarding ist ein absolutes Solo-Ding. Erst recht bei Wettkämpfen. Du hast keinen Trainer im Rücken, der dich peitscht. Was zählt, ist der eigene Anspruch. Jede Form der Progression und der Leistung, wie man im Sport gerne sagt. Ein Kampf, den man ganz allein mit dem eigenen Schweinehund austrägt.“

Im Profizirkus gibt es regionale und deutsche Meisterschaften nebst Wettkämpfen auf europäischer

und internationaler Ebene. Bis heute ist nicht alles verknüpft. So etwa führt die deutsche Meisterschaft nicht automatisch zur Teilnahme an der Europameisterschaft. Während des Jahres nehmen die Skater am WCS, dem World Cup of Skateboarding, teil und sammeln Punkte. Am Ende der Saison besteht die Chance auf eine Teilnahme an den X-Games, der Olympiade des Extremsports, die von Amerikas größtem Sportsender, dem ESPN Entertainment and

Sports Programming Network, veranstaltet wird. Je nach Sportart gibt es Sommer- und Winterwettkämpfe. Das Sommerspektakel, lange Jahre in Los Angeles ausgetragen, findet seit 2014 in Austin, Texas, statt. Voraussetzung für die Teilnahme ist eine Platzierung innerhalb der Top 20 der WCS-Punkteliste. Seit 2010 sind die Regeln verschärft. Nur noch zehn der besten World-Cup-Skater dürfen an den X-Games teilnehmen.

Als Profi im internationalen Zirkus hat Jürgen die halbe Welt bereist. Nord- und Südamerika, Australien, Asien, Europa natürlich, selbst Norwegen, wo sowohl Skateboarding als auch der Besitz und Verkauf von Skateboards von 1978 bis 1989 verboten waren.

Bis zur Professionalität ist es ein langer Weg. „Oft wollen die Kids gleich am Anfang die schwersten Tricks lernen, was totaler Quatsch ist.“ Jürgen erklärt ihnen bei jedem Workshop: „Ihr müsst erst einmal fahren lernen. Vorwärts, rückwärts. Das Board steuern und kontrollieren können. Einfache Dinge, die anfangs total langweilig erscheinen.“ Erst dann kämen die Tricks. Der Ollie, ein Sprung mit dem Board. Der Ollie 80 mit halber Drehung, in beide Richtungen. Frontside, backside. Je nachdem, über welche Schulter gedreht wird. Unendliche Variationen und technische Details, die anfangs gar nicht so wichtig seien. „Es muss vor allem Spaß machen, und der kommt beim Fahren.“ Das müsse den Kids beigebracht werden. Viele hingegen würden drei Stunden auf der Stelle herumhüpfen, um einen Trick zu lernen, den sie nicht beherrschen können, solange sie die Bewegungsabläufe nicht verstehen. „Die sehen kein Land und hören ganz schnell wieder auf.“

2010 ist Jürgen auf dem Höhepunkt seiner Karriere. Hinter ihm liegen mehrere Teilnahmen an den X-Games, Titel auf europäischer und World-Cup-Ebene. 2008 wird er Skateboarder des Jahres. Die Industrie stattet ihn von Kopf bis Fuß aus: Socken, Schuhe, Unterwäsche, Shirts, Mützen, Uhren, Knieschoner, Accessoires. Board und Helm. An ihm kleben Marken wie Nixon, Rockers, Volcom, Independent Trucks, Trap, Etnies, sogar Fiat. Er ist lange Zeit der einzige Skater mit einem Autosponsor und der erste Skater überhaupt, der für Red Bull fährt. Zwölf Jahre trägt er den Namen des roten Bullen durch die Welt. Er lebt von Start- und Preisgeldern sowie Werbedeals. Ist Pro-Model für Schuhe, Klamotten, Boards. „Was bedeutet, dass dein Name auf einem Produkt steht und du am Verkauf beteiligt bist.“

Er fährt als Werbeträger zu Wettkämpfen, Shows und Magazin-Shootings. Ein guter Skater zu sein, reiche nicht aus, um als Profi zu bestehen. „Man ist Vorbild und muss eine gewisse Gelassenheit ausstrahlen, medienwirksam und belastbar sein." Oft seien die Teams mehrere Wochen unterwegs. „Du tingelst in einem Van von Veranstaltung zu Veranstaltung. Mit anderen Chaoten, von denen jeder eine andere Sprache spricht. Das Ganze kann in Japan oder sonst wo stattfinden." Viele hätten Probleme damit. Zudem gebe es talentierte Skater, die im Interview nicht den Mund aufkriegen. „Was willst du mit denen anfangen? Der Sponsor macht dich zur Marke. Du bist derjenige, der sagt, wie toll das Produkt ist. Auch wenn du denkst, ist mir doch egal, Hauptsache, das Geld stimmt. Trotzdem musst du das glaubwürdig verkörpern."

Die Fotos sind im Kasten, Jürgen hat seine Runden in der Halfpipe beendet. Seine Auftritte im Profizirkus gehören ebenfalls der Geschichte an. 2014 lief der letzte Vertrag aus. Das Ende einer Karriere im besten Alter? „Wahrscheinlich bin ich fitter als viele, die am Schreibtisch sitzen. Natürlich haben wir Langzeitschäden und kaputte Körper." Aber die Gesundheit sei nicht der Grund für das Karriereende gewesen. Tatsächlich habe es einen Umbruch im Markt gegeben, ein Nachhall der Finanz- und Wirtschaftskrise. „Vielen meiner Sponsoren, die in der Skateboard-Szene entstanden und groß geworden sind, ging es blendend. Einige haben den Fehler gemacht, sich vor der Krise an große Unternehmen zu verkaufen. Dann ging es mit der Wirtschaft steil bergab. Überall wurde der Rotstift angesetzt, auch in den Zentralen der neuen Eigentümer. Als Teamfahrer bist du einer der Ersten, der abgeschnitten wird."

Außerdem habe es einen Prioritätenwandel gegeben. „Halfpipe war lange Zeit das Größte. Schnell, spektakulär, zirkusmäßig. Das versteht jedes Kind." Jürgen kratzt sich am Kinn. „Dann haben die Sponsoren umgedacht und auf Street Skating fokussiert. Wegen der Credibility und weil man Urbanität besser an die Kids verkaufen kann. So bin ich schließlich durch den Rost gefallen."

Als sich die Sponsorenverträge aufzulösen beginnen, versucht Jürgen etwas Neues und eröffnet mit seiner Freundin ein Café in Kreuzberg. Doch das Feuer im Herd erlischt recht schnell. „Der Ausflug in die Gastronomie war ein Ausrutscher." Bereits damals habe er eigentlich eine Skateschule gründen wollen. Zu diesem Vorhaben will er nun zurückkehren. „Ich weiß jetzt, wo ich hingehöre, was meine Berufung ist. Wenn du dein Leben lang etwas mit Passion und Hingabe machst, dann musst du das weitergeben. Besonders in Deutschland, wo Skateboarding noch in den Kinderschuhen steckt. Bald werden wir olympisch sein. Da ist viel Raum für mich. Da gehöre ich hin."

GRAFFITIBOX
Per Soll an Haben

Betreten verboten, mahnt das Schild an einem verrosteten Zaun. Dahinter die entkernten Überreste einer Fabrikanlage. Fernab schnauzen räudige Köter. Vom Mondlicht in Szene gesetzt, kriechen Nebelschwaden durch das zugemüllte Gelände. Vor der Außenwand des Hauptgebäudes bewegt sich eine dunkle Silhouette. Jemand schreit. Die vermummte Gestalt verharrt regungslos in der feuchtkalten Nacht, um schließlich blitzartig das Weite zu suchen. Von Polizisten verfolgt. Zurück bleiben leere Sprühdosen. Frische Farbe rinnt den Putz herunter.

Großes Kino oder wahres Leben? Dennis Thimm kennt beides. 1980 in Steglitz geboren, findet sein Alltag zwischen Kasernen und Alliierten statt. Die Teilung der Stadt bleibt ein abstraktes Phänomen, das lediglich bei Urlaubsfahrten entlang der Transitstrecke wahrgenommen wird. Viel mehr prägt ihn die von amerikanischen Soldaten importierte Hiphop-Kultur. Während er tagsüber brav die Gesamtschule besucht, sich tapfer ums Abitur bemüht und scheitert, mutiert er nachts zu einer jener Gestalten, die nimmermüde einsame Fabrikgelände und Bahnanlagen aufsuchen.

Viele Jahre später sitzt Dennis hinter einem Schreibtisch im Prenzlauer Berg. Er ist Unternehmer, dessen Tätigkeit von Soll und Haben bestimmt wird. Zwillinge, die unterschiedlicher nicht sein könnten, doch nur als Gesamtheit denkbar sind. Zwei vertrackte Seiten ein und derselben Medaille, die sich Graffitibox nennt. Ihr Schöpfer geht mittlerweile „stramm auf die 40 zu" und hat gelernt, schnörkellos Bilanz zu ziehen. Ein Prozess, den der Firmenchef regelmäßig durchläuft. Vermögen und Verbindlichkeiten zu buchen. Erfolge Misserfolgen gegenüberzustellen. Erzielbare Gewinne gegen

mögliche Verluste abzuwägen. Letztlich immerfort die essenzielle Sinnfrage zu stellen: Wozu das alles? Womit Dennis in seinem Element ist. Kaum angetippt, redet er leidenschaftlich, ohne Punkt und Komma. Nicht sofort über betriebswirtschaftliche Aspekte, wohl aber über die Sache an sich, Graffiti und Image.

„Wer nicht auf der Bühne gestanden hat, kann über Graffiti eigentlich nicht reden." Dennis betritt sie als 14-Jähriger. Er ist ein ganz normaler Junge, spielt Fußball wie andere auch. Sport erfordert Ausdauer, Schnelligkeit und Disziplin. Graffiti hat darüber hinaus mit Organisation, Logistik, Schlafmangel und Druck zu tun. Probleme in der Familie und mit der Staatsgewalt bleiben nicht aus. Die Belohnung ist eine heiße Mixtur aus Adrenalin, Euphorie und Stolz. Per Soll an Haben. Deshalb geht er sprayen. Seine Mutter nennt es spritzen.

1998 entdeckt der volljährige Sprayer seine fotografische Ader und beginnt, Graffiti zu dokumentieren. Anfangs analog, später digital. Für sein wachsendes Bildarchiv kommt das Internet gerade richtig. Graffitibox.de erblickt 2001 das Licht des World Wide Web und entwickelt sich schnell zum gefragten Szeneforum. Obwohl nicht die erste und einzige Plattform ihrer Art, locken Content und wöchentliche Best-ofs, vor allem die Authentizität der Seite einen stetig wachsenden Besucherstrom an. Doch selbst 300 000 Gäste im Monat können die bittere Bilanz nicht verschleiern. Die Homepage ist ein brotloses Unterfangen. Zeit- und kostenintensiv, weil der Webmaster stundenlang auf Bahnhöfen herumsitzt, um DEN einen Zug für DAS perfekte Foto abzupassen. Dann werkelt er am PC. Webdesign bedeutet damals schwerste Handarbeit, ist nicht vorprogrammiert wie heute. „Mach endlich was aus deinem Leben", nörgelt die Familie.

Eine Herausforderung, mit der sich Jugendliche aller sozialen Schichten konfrontiert sehen. So gibt es wohl keine Berufsgruppe, die nicht selbst schon Sprayer-Nachwuchs in die Welt gesetzt hat. Ob Ärzte, Lehrer oder Polizisten. Das Bürgertum füttert den Virus und sieht, wie er sich in seiner Mitte ausbreitet, lehnt Graffiti vielleicht deshalb größtenteils ab. Eine Attitüde, die Heranwachsende reflexartig auf die andere Seite zwingt, wo gesellschaftliche Ablehnung durch Zusammenschluss mit Gleichgesinnten kompensiert und aus dem Hobby ein Lebensstil wird. Und aus dem Hobby ein Lebensstil.

„Viele verzichten auf sehr viel, um Farbe auf den Zug zu bekommen", weiß Dennis aus eigener Erfahrung. Was bedeutet da schon eine Eins im Diktat oder die Lehre mit Abschluss? Nichts. Aus der Perspektive eines Infizierten bloß eine sinnlose Anstrengung auf der Sollseite des Lebens. Allerdings nur auf den ersten Blick, wie Dennis heute weiß. Er hat eine Ausbildung zum Gestaltungstechniker, Fachrichtung Grafik, absolviert und den Grundstein dafür gelegt, seine Graffiti-Leidenschaft zum Beruf machen zu können. Jugendlichen ist das meist nicht klar. Sie sehen nur die vermeintliche Habenseite der Szene, wo Anerkennung, Fame und Respekt ganz weit oben rangieren. Nicht zuletzt die Wahrnehmung im Kiez, obwohl Nachbarn sich meist nur lauthals über die Schmierereien echauffieren.

Ein ästhetisches Dilemma für alle Beteiligten. „Die Öffentlichkeit würde wohl gut gemachtes, illegales

Graffiti okay finden“, glaubt Dennis. Wobei niemand sagen könne, was gutes Graffiti auszeichnet. Das Bomben einer Bahn in drei Minuten, schnelle Throw-ups, mit denen der Writer im Wesentlichen seinen Namen flächendeckend in der Stadt verbreiten will, oder ein in Form, Farbe und Schrift stilistisch ausgeklügeltes Piece? Was also zählt, Ergebnis oder Aktion?

Dennis entscheidet sich für Aktion. Zu einem Zeitpunkt, als die Warnungen aus der Familie unüberhörbar werden und er die eigenen Grenzen erkennt, neigt sich die Waage, findet Dennis seine Ausrichtung. Er wird zum Macher. 2006. Seit Graffitibox-Gründung sind fünf Jahre ins Land gegangen. Das gilt es zu feiern. Jan Wagner aka User kommt hinzu. Beide entwickeln aus einer anfänglichen Partyidee die Graffitibox Summer Jam. Im Prinzip auch nichts wirklich Neues. Die Jam-Kultur stammt aus den 90ern, ist im neuen Jahrtausend allerdings weitestgehend ausgestorben. „Vor allem die Gewaltbereitschaft der Berliner Szene stand dem Gedankenaustausch und Zusammenfinden komplett entgegen“, erklärt Dennis. Zur Jam 2006 im YAAM am Stralauer Platz kommen dennoch an die 1 000 Leute. Wie in den 90ern wird gesprayt, getanzt, gechillt, Musik gehört.

Die Veranstaltung ist ein enormer Kraftakt. Sie wird mit Blauäugigkeit, Leidenschaft und viel zu kleinem Budget realisiert. Musiker müssen unentgeltlich auftreten. Unterm Strich steht eine rote Null, fällt die Bilanz zwiespältig aus. Erfolg oder Misserfolg? „Das war uns zunächst egal.“ Der „Begeisterungsflash“ habe süchtig nach mehr gemacht und „Berlin nach einer solchen Jam gelechzt“.

Sie wird zu einer jährlich wiederkehrenden Institution mit stetig wachsender Publikumszahl. Die Macher halten dem Konzept Familienfest wie auch dem YAAM die Treue. Gleichzeitig steigen die Ansprüche. Professionelle Sicherheitskonzepte, mehr Bühnentechnik und neue Musiker, die nicht mehr ohne Gage auftreten wollen. Die Jam-Leidenschaft wird zunehmend vom Kampf um Qualität und Kostendeckung überlagert. Eine Kraftanstrengung, die der Mastermind irgendwann nicht mehr aufbringen kann und will. 2012, nach sieben Jahren, wird zur letzten Summer Jam geladen. „Viele dachten, wir würden nur flunkern, um mehr Besucher zu bekommen.“ Aber das stimmt nicht.

„Ich hatte zwischenzeitlich etwas aus meinem Leben gemacht und musste mich entscheiden.“ Einmal mehr

zwischen Hobby und Broterwerb. Denn parallel zu den Jams ist ein weiteres Baby herangewachsen. Der 2008 professionell ausgerichtete Graffitiboxshop mit Onlinehandel nebst klassischem Ladengeschäft in der Schivelbeiner Straße verlangt ungeteilte Aufmerksamkeit. „Beides ging nicht. Die Jam war mein Baby, und vielen wird erst jetzt klar, was wir damals auf die Beine gestellt haben. Tief in mir lebt die Veranstaltung weiter, sie hat den Hiphop-Grundgedanken verkörpert. Jenseits des trockenen Handels, wo es nur um Zahlen und Rechnungen geht."

Zulieferer wie MTN, KOBRA, Ironlak, ON THE RUN müssen bezahlt werden. Nicht zuletzt Mitarbeiter. Um mit der Schnelligkeit des Onlinehandels mitzuhalten, Dennis nennt sie die Amazon-Krankheit, beschäftigt er sechs Festangestellte und drei Minijobber. Auch seine Mutter und die Familie sind im Boot. Zu den hauptstädtischen Wettbewerbern zählen Shops wie Yard 5, OVERKILL, Writers Corner, Legacy BLN, TAGGEN4LIFE und Wildstyle. „Eine übersichtliche Zahl", findet Dennis, der sich über die Ausrichtung seines Geschäfts zu differenzieren versucht: „Wollen wir ausschließlich Geld verdienen oder parallel dazu Kulturelles leisten?"

Auch wenn die Graffitibox-Familie seit den Summer Jams keine Veranstaltungen vergleichbarer Größe mehr auf die Beine gestellt hat, ist sie doch ständig aktiv. Aktionen im Mauerpark gehören dazu, Thank-you-Partys für Kunden, wie auf dem Gelände der früheren Willner Brauerei. Mit alten Wegbegleitern wie Liquit Walker, AKTEone, Bee Low, Soulrock, DVO und Checan nebst Newcomer MC Bomber. Zudem gibt es regelmäßig kostenlose Magazine, Gewinnspiele, Sticker- und Skizzencontests.

„Hiphop ist immer auch Wettbewerb", erklärt Dennis. „Wir wollen, dass sich die Leute mit Graffiti beschäftigen und ihre Fähigkeiten trainieren. Nicht nur so Wischiwaschi, sondern mit Anstrengung. Die Szene bereinigt sich selbst. Wie beim Sport. Wer Leistung bringt, bekommt Respekt." Alles nur Promo, sagen manche, um Leute in den Laden zu bekommen. „Ja, natürlich auch. Die Zeit der Sandkastenspiele ist vorbei." Bei Unternehmen geht es um Gewinn, nicht Verlust. Nur so können Kunst und Kultur überhaupt finanziert werden.

Betriebswirtschaftliche Aspekte treiben den Firmenchef mit all ihren Konsequenzen um. „Geld ist gesellschaftlicher Antrieb, der bislang allerdings im Berliner Hiphop nicht akzeptiert wurde. In diese Erkenntnis wächst die Szene gerade erst hinein. Ohne dass es ihr wirklich bewusst ist." Dennis lächelt. Das sei ihm durch die Events klar geworden. „Die Regeln des Systems können wir nicht ändern. Also spielen wir mit ihnen und nutzen sie für unsere eigenen Zielsetzungen. Wenn sich die Szene untereinander mehr unterstützen würde, wäre sie stabiler. Mehr Menschen könnten von dem leben, was sie machen." Es gehe um die Weitergabe von kulturellen Werten, um deren Entwicklung und letztlich die Frage, wie man seinen Kühlschrank voll bekommt. Leute wie AKTEone hätten das längst verstanden.

Andere nicht. „Neider um dich herum, die nicht begreifen wollen, was Konkurrenz bedeutet. Leute, die es nicht ins Professionelle geschafft haben, meist Blockierer." Bleibt die Frage, wie weit man sich in seiner eigenen Profession verbiegen muss. Beispielsweise im Auftragsgraffiti, aber auch anderswo. „In meinen Augen ist das nicht schlimm. Nimm Sido, Kool Savas. Oder die Flying Steps. Bei mir ist das ähnlich. Ich will zu den Kids cool sein, gute Preise bieten und etwas Echtes mitgeben. Muss zugleich am Ende des Tages die Rechnungen bezahlen." Momentan gehe es darum, das Geschäft zu konsolidieren und finanzielle Stabilität aufzubauen. Leider habe er nur wenige Gesprächspartner, mit denen er sich über diese Themen austauschen könne.

„Graffiti ist und bleibt mein Leben." Als eine Art Vermögen in der Unternehmensbilanz? Kopfschütteln. Nicht nur. Er möchte die Szene prägen und prophezeit seine ganz persönliche Verbindlichkeit: „Leider steht heute der Nutzen im Vordergrund. In zehn oder 15 Jahren werden einige Leute etabliert sein, ihre Netzwerke bündeln und zurückkommen. Ich will Teil davon sein und dann etwas weitergeben, ohne gleich wieder Nutzen daraus ziehen zu müssen."

Nutzen hin oder her. Ein Gespräch ohne Pause wird zur Tortur. Wir trinken veganen Kaffee, weil es hier im Prenzlauer Berg nichts Normales mehr gibt. Kann man in deinem Büro rauchen? Dennis schüttelt vehement den Kopf und entschließt sich dann doch zu einer illegalen Aktion. Wir öffnen das Bürofenster, inhalieren Verbotenes und blasen den Qualm in den Abendhimmel. Von irgendwoher ist K.I.Z. zu hören. Erinnerst du dich an die gute alte Zeit?

Einen Moment lang hängen wir unserer Melancholie nach. „Ich bin bald 40 und will immer noch Kinder haben", unterbricht Dennis. „Die wollen oft nicht wie ihre Eltern werden, aber ich hoffe, dass ich sie bei ihren Vorhaben unterstützen kann. So, wie ich es von meiner Familie erfahren habe. Ohne sie wäre dieser Laden nie entstanden." Gerade am Anfang sei Unterstützung wichtig und eher selten. „Wenn du groß und stark bist, kommen ganz viele."

Bist du jetzt groß und stark? Der Unternehmer wirkt unsicher. „Wir sind in vielem besser als früher, das Geschäft ist etabliert. Dennoch gilt es pausenlos an die Sicherung der Zukunft zu denken. Finanziell wie strukturell. Leute kommen, Leute gehen. Firmen wachsen, müssen sich neu erfinden oder gehen pleite."

Und wie steht es um die Szene selbst? „Früher bist du durch die Straßen gelaufen und jede Fassade war bemalt. Seit zwei oder drei Jahren ist die Stadt richtig clean geworden. Was den Nachwuchs beeinflusst", glaubt Dennis. „Eigentlich müssten 25-Jährige die 15-Jährigen ausbilden. So war das zu meiner Zeit. Heute scheint der Antrieb, der Kampf, das Durchhaltevermögen verloren gegangen zu sein. 15-Jährige wollen gleich krasse Künstler sein."

Früher sei das anders gewesen. „Da bist du mit deinen Pieces extrem aufgefallen. Heute sind sie nach einem Tag weg. Die Stadt wird hart gereinigt. Alle rennen mit Handys herum. Du wirst fotografiert, gefilmt. Menschen gelangen in die Überwachungssysteme des Staates. Den Leuten bleibt weniger Zeit. Was dabei herauskommt, ist nicht mehr so dolle. Damit kannst du keinen begeistern. Ohne Leute wie POET, den Graffiti-Gott schlechthin, oder mich in aller Bescheidenheit, die alle Entwicklungsphasen persönlich durchlebt haben, wird es Graffiti in seiner Reinkultur wohl bald nicht mehr geben."

Dennis nimmt nachdenklich einen letzten Zug. „Der Kitzel war unbeschreiblich." Einen kurzen Moment wünscht er ihn zurück. Wäre doch toll, noch einmal mit einer Handvoll Dosen durch die Nacht zu ziehen, um Verbotenes zu wagen. Der flüchtige Traum eines erwachsenen Mannes, der mit beiden Beinen in seinem Geschäft steht.

MOLOTOW
Plum Crazy

Südwestdeutschland. Dreiländereck. Wir fahren zu einer Firma, deren Namen außerhalb Baden-Württembergs wohl kaum jemand kennt. Ein Besuch der Feuerstein GmbH steht auf dem Programm. Am Rande des Schwarzwalds. Fernab von arm und sexy. In einer beschaulichen Ecke Deutschlands, wo Ortschaften adrett und deren Bewohner bodenständig daherkommen. Höflich obendrein, ganz im Gegensatz zum großmäuligen Berliner. Ausgerechnet hier, im ländlichen Lahr, wurde eine der bekanntesten Graffiti-Marken erdacht. Eine, die Assoziationen weckt: MOLOTOW.

Der Molotowcocktail ist eine finnische Erfindung, die auf eine Lüge des Russen Wjatscheslaw Michailowitsch Molotow zurückgehen soll. Als die Sowjetunion während des Zweiten Weltkriegs Finnland angreift, behauptet der Politiker medienwirksam, russische Bomber würden Brot für die Zivilbevölkerung bringen. Selbstredend erzürnt das die Finnen. Sie nennen die vermeintlichen Almosen „Molotows Brotkörbe" und erfinden ein passendes Gegenstück, ein „Getränk", das sich erfolgreich gegen russische Panzer einsetzen lässt. Bis heute kommt der Molli weltweit bei Guerillakämpfen, Straßenschlachten und Krawallen zum Einsatz.

Doch Lahr empfängt uns friedlich. Mit derlei Kriegswerkzeug hat man nichts am Hut. Dass ausgerechnet hier der Markenname MOLOTOW auserkoren wird, zumal von einem Firmeninhaber mit dem brenzligen Namen Jürgen Feuerstein, ist keck wie aberwitzig zugleich. Der Inhaber erzählt, wie es dazu kam:

„1995 hatten wir eine völlig neue Sprühdose entwickelt. Ohne Mischkugeln. MOLOTOW sollte für diese zündende Idee stehen. Viele denken ja, unser Geschäft sei von Anfang an auf Graffiti spezialisiert gewesen. Das stimmt aber nicht. Ursprünglich waren wir ein ganz normales, traditionelles Farbengeschäft. Farben Feuerstein wurde 1959 von meinem Vater Wilhelm gegründet, der damals neben Farben und Lacken auch Pinsel und Tapeten anbot. Ergänzt von einem umfangreichen Farben-Know-how. Die Geschäftsräume befanden sich mitten in der Innenstadt. Direkt neben der Polizei.

Ich wurde 1965 hier im Ort geboren, ging auf ein Internat und war wohl ein schlimmer Schüler. Nach der Ausbildung zum Groß- und Außenhandelskaufmann mit Schwerpunkt Farbentechnik und Vertrieb kehrte ich ins Unternehmen zurück und habe dort 1985 eine Abteilung für Autodesign und Zubehör eröffnet – ganz zur Freude meiner Eltern. Da ich abends als DJ auftrat, kam tagsüber die entsprechende Laufkundschaft, was auf Dauer nicht gut ging. Also eröffnete ich 1997 einen Graffiti- und Streetwear-Shop. Drei Jahre später habe ich den gesamten Familienbetrieb von meiner Mutter übernommen. Vater war bereits 1996 gestorben.

Meine Jugend wurde durch amerikanische Kultur und Werte geprägt. Durch Musik wie Funk, später Hiphop. Vor allem durch Autos, insbesondere Muscle Cars, amerikanische Modelle aus den 60er- und 70er-Jahren mit großvolumigen Motoren. Durch meine Autozubehörabteilung bekam ich recht schnell Kontakt in die entsprechende Szene. 1986 hatte unsere Firma als Zubehörlieferant ihren ersten Auftritt bei der Motor Show Essen. Ich begann mit Autolacken zu experimentieren. Als sich die Hiphop-Szene etablierte, kamen Breakdancer wie die Rockin till Death Crew oder der Sprayer Stefan Strumbel in den Laden und fragten: Jürgen, warum machst du nur Autolack, waum keine Farbe für Graffiti?

Zu dieser Zeit wollte das kein Produzent. Sprayer mussten sich in Baumärkten ausstatten und klauten wie die Raben. Also machte ich mich auf die Suche nach langfristigen Partnern für Sprühdosen und Farbkonzepte, was nicht so einfach war. Ich wollte keine Billigprodukte, die nicht halten, was sie versprechen.

In dieser Zeit sind wir in die Graffiti-Welt eingestiegen und haben seither viel dazugelernt. Wir dürfen die Szene begleiten, verstehen uns als Gast und müssen dem Gastgeber dankbar dafür sein. Für uns heißt das: nachhaltig denken. Andernfalls werden wir von Unternehmen verdrängt, die einfach nur billiger produzieren. Wir hingegen kreieren. Das bedeutet Zukunft.

Ich selbst war nie Sprüher. Bin eher der Klaus vom kleinen Nikolaus. Das Strichmännchen. Das Schöne, Kreative überlasse ich anderen."

Jürgen lacht über das ganze Gesicht, was er während unseres Beisammenseins oft und gerne tut. Immer dann, wenn er in bester badischer Mundart über seine Liebe, sein Leben, seine Leidenschaft erzählt. Der Zuhörer erfasst die Begeisterung für die Materie und weiß intuitiv, dass sein Gegenüber stundenlang über Kunst, Farben und eben MOLOTOW referieren könnte. Doch der Firmenchef ist weit mehr als eine Schwarzwälder Frohnatur. Er ist ein Mensch mit Prinzipien und eigenen Regeln. Ein Mann, der weiß, was er will, was nicht und warum. Was er in einem Geschäft tun muss, das Utensilien verkauft, mit denen Tische und Wände nicht immer nur legal verschönert werden.

Um dieses Spannungsfeld besser begreifen zu können, lassen wir uns durch das MOLOTOW-Reich führen. Ein knapp 15 000 Quadratmeter großes Areal, auf dem sich rund 30 Mitarbeiter weitläufig verteilen. Unser Rundgang beginnt in der Galerie K31, mit einem

Werk des Sprayers Krell als zentralem Blickfang. Darauf ein Panzer, der mit Buchstaben und Farbe geladen ist. Ein Sinnbild für das, was Graffiti vom Kern her ist, den Jürgen in einem Wort zusammenfasst: Buchstabenarchitektur. Dann führt er weiter aus:

„K steht für Kaserne. Wir befinden uns auf einem ehemaligen Armeegelände. Französische Truppen waren hier stationiert, später Kanadier. Jedes Gebäude hatte eine Nummer. Dieses hier trug die Nummer 31. 1989 stand das Areal zum Verkauf und keiner wollte es haben. 2003 habe ich zugeschlagen. Und glaubt mir, ich wusste nicht wirklich, was ich unterschreibe.

Die Galerie ist Präsentationsfläche und Inspirationsquelle zugleich. Wir sind ein Familienunternehmen, ein Farbengeschäft. Unsere Triebfedern sind Qualität und Inhalt. Wir sagen, Farbe muss schmecken, begeistern, ansprechen. Über Ausstellungen in der Galerie können wir diese Philosophie erlebbar machen.

Bevor ein Künstler einen Strich auf eine weiße Leinwand setzt, nimmt er sich viel Zeit. Dann erst greift er zum Werkzeug. Es sollte dem entsprechen, was er im Kopf hat, und eine Explosion seiner Anstrengung ermöglichen. Will heißen: Ein Strich muss reichen. Wenn der Künstler nachziehen muss, reißt der kreative Prozess ab, die Dynamik ist weg. Genau da setzen wir an. Wir entwickeln Werkzeuge zum Applizieren von Kreativität."

Jürgen ist voll in seinem Element und lässt sich von Marketingmanagerin Laura Wolf einen Stift reichen. Damit zieht er einen dicken Strich über ein großes Blatt Papier. Schwarz glänzend, kompakt, präzise, plastisch. Die Unternehmeraugen glänzen.

„Das ist unser aktuelles Meisterstück. Ein sechs Zentimeter breiter Marker, der breiteste Pumpmarker der Welt. Teilweise handgefertigt mit Farbkanälen, die den gesamten Filz betropfen, sodass die Farbe absolut gleichmäßig verteilt wird. Auf dieser Breite kann das kein anderer Marker.

Manchmal ist der Spagat zwischen meinen Herstellern und den Wünschen der Künstler nicht leicht. Ob Hausfarben, Industriefarben, Autofarben, Farben für Künstler. Von der Basis her sind alle gleich. Je nach Anwendung und Werkzeug gibt es unterschiedliche Zusatzstoffe. Ich bin die Verbindung zwischen Indusrie und Anwender. Ich verstehe, was der Künstler will. Ob es um Malen, Markieren, Zeichnen, Streichen oder

Sprühen geht. Dem Produzenten ist das oft nicht so klar. Hersteller brauchen Ausstattungshinweise. Für die, sprich für Techniker, bin ich dann der Künstler. Durch diese Konstellation haben wir Standards schaffen können, die heute weltweit in jeder Dose zu finden sind.

Übrigens ein entscheidender Punkt: Wir machen Vertrieb und lassen produzieren. Dazu suche ich mir gezielt deutsche Spezialisten. KWASNY ist unser Sprühdosenproduzent, die Marker werden von ratioplast hergestellt. Ich bin kein Chemiker, ich bin Praktiker. Ich muss riechen und hören. Wenn ich eine Dose höre, kann ich dir sagen, welches Gas drin ist. Manchmal stehe ich im Labor und sage, mach mal noch ein Mückeschisserle von dem rein. Wie soll ich das einem Chinesen erklären?

Unsere Kundenstruktur hat sich über die Jahre verändert. Als ich anfing, lieferten wir zu 95 Prozent in den Untergrund. Heute ist das umgekehrt. Selbst in Lahr gibt es illegales Graffiti. Aber sehr wenig. Ich sag den Jungs immer: Wenn ich Stress kriege, dann kriegt ihr ebenfalls Stress.

Den gab es 2007 mit der Deutschen Bahn. Ausgangspunkt waren Fotos mit Zügen. Ohne Graffiti. Bei MOLOTOW gab es nie Fotos mit besprühten Zügen. Das Ganze war wohl eine Art Kampagne der Deutschen Bahn. Alle Dosenhersteller, die irgendetwas mit Zügen gezeigt hatten, bekamen eine Abmahnung. Und weil keiner so richtig damit umzugehen wusste, gab es eine Mediation. Also bin ich mit meinem Anwalt dahin. Schön mit Anzug, wie es sich gehört. Dann saßen wir in einem Konferenzraum. In der Mitte der Richter. Acht Anwälte von der Bahn. Mein Anwalt und ich gegenüber. Ihr denkt also, ich stifte die Leute zu Straftaten an? Was ist, wenn Vincent van Gogh einen Zug malt? Ist das etwas anderes? Wenn ja, dann habt ihr Kunst nicht verstanden.“

Jürgen steht selbstbewusst vor uns. Auf unserem Rundgang haben wir den MOLOTOW-Verkaufsraum, den einzigen Graffiti-Shop in Lahr, erreicht und schauen uns ausgiebig um. Dann passieren wir die Vertriebsabteilung, in der Kunden aus mehr als 50 Ländern betreut werden, durchmessen den Bereich Grafik und Marketing, betreten schließlich die Versandhalle, früher ein Armeedepot, aus der das Unternehmen seine Endkunden beliefert. Pro Tag eine Tonne rein, eine Tonne raus. Großkunden erhalten ihre Ware direkt vom Hersteller. Auf einem der Regale lagern Erinnerungsstücke. Unter ihnen die älteste MOLOTOW-Dose aus dem Jahr 1995. Plum Crazy. Damals noch Unterbodenschutz für Autos. Auf der Dose ist ein Dodge Super Bee abgebildet. Jürgens damaliger Wagen.

Als die Halle durchschritten ist, treten wir in einen Innenhof. Direkt vor uns der MOLOTOW Train, ein musealer Mannschaftswagen der Deutschen Bahn. Wofür steht dieser Wagen und wie seid ihr dazu gekommen?

„Das war nicht leicht. Über einen Freund, der wiederum einen Freund mit Kontakten zur Deutschen Bahn hatte. Als der Waggon hier ankam, sah er aus, als sei er noch am Vortag genutzt worden. Mit Betten und Matratzen, selbst Unterhosen. Der Kühlschrank war voll. Es gab Bücher mit Aufzeichnungen der Bauarbeiter, was sie abends gesoffen hatten. Schaut euch die Fotos an den Wänden an, Gina Wild in Bestform. Wie in einem Jugendzimmer.

Mit unserem Förderprogramm MOLOTOW & Friends unterstützen wir ausgewählte Künstler, laden hin und wieder Leute ein, die unseren Zug bemalen dürfen. Künstler wie FINO, Soten, RIOT 1394, OMSK167, Boogie, Slider und Caparso, sogar Kool Savas war hier. Natürlich dient der Zug nicht zuletzt der Prävention. Wenn Schulklassen vorbeikommen, sagen wir: Bemale einen Zug nur dann, wenn er dir gehört. Ergänzend fördern wir Künstler außerhalb dieses Kreises, sofern ihre Projekte langfristig und nachhaltig ausgelegt sind. Zusätzlich Printvorhaben wie Bücher und Kalender. Nicht zuletzt die Internetplattform ILOVEGRAFFITI.DE, das Sprachrohr der Szene schlechthin.

Lahr ist ja nun nicht gerade ein Szene-Zentrum und über 750 Kilometer von der Graffiti-Hauptstadt entfernt. Dennoch ist uns Berlin immer nah gewesen. Wir haben dort viele Anhänger und beliefern Shops wie OVERKILL, Writers Corner, Legacy BLN und Yard 5. Die Stadt an sich ist eine Sensation. Dass jeder dort sein muss, empfinde ich heute allerdings nicht mehr so. Manchmal denke ich, Berlin hat sich mit dem, was es sein möchte, selbst überholt. Dass der Döner so billig ist, kann nicht gut sein. Ich bin gern für ein oder zwei Tage da. Dann wird es mir zu unpersönlich. Schaut euch um, wie ich hier lebe. Das ist etwas völlig anderes."

Zwei Stunden sind in den Vormittag gegangen. Die Sonne steht hoch im Kurs. „Habt ihr Lust auf Mittagessen?" Jürgen zeigt auf seinen Wagen. „Wir laden euch ein, der Gasthof ist gleich in der Nähe." Tief in die Ledersitze seines 68er Chryslers gedrückt, düsen wir kurz darauf durchs Ländle. Der Fahrer ist spürbar

stolz auf sein Baby. Zur Flotte gehört ein alter Porsche und wahrscheinlich noch manch anderes Schmuckstück. „Alles 8-Zylinder", klärt Jürgen auf. „15 Liter auf 100 Kilometer sind normal. Wenn man richtig Spaß haben will, kommen 25–30 Liter zusammen." Warum 8-Zylinder? „Wollt ihr das wirklich wissen?"

Der Unternehmer lacht einmal mehr breit über das ganze Gesicht, tippt lässig aufs Gaspedal und lässt sein Geschoss durch den herbstlichen Schwarzwald schießen. Yeeha! MOLOTOW, Alter.

ILOVEGRAFFITI.DE
Das CNN der Szene

Johannes Gensfleisch, Gutenberg genannt, ersann den Buchdruck. Der Amerikaner J. C. R. Licklider gilt als Vordenker des World Wide Web. Zwei bahnbrechende Erfindungen, die in ihren jeweiligen Epochen zu revolutionären Veränderungen geführt haben. Denn wie der Buchdruck die Verbreitung der Schrift ermöglichte, trug das Internet zur globalen Popularisierung des Hiphop bei, dem mit Erfindung des digitalen Raums sowie der konsequenten Nutzung aller damit verbundenen Möglichkeiten ein rasanter Aufstieg zur weltweit führenden Jugendkultur gelang.

Das Netzwerk ILOVEGRAFFITI.DE ist Teil dieser Entwicklung. In Deutschland eines der meistbesuchten Internetportale überhaupt, ist es in Europa die Nummer 1 in Sachen Graffiti. Weltweit rangiert die Plattform unter den Top 5 ihrer Art. Über Fluch und Segen dieser Position wie auch über Hiphop und Graffiti in Berlin haben wir mit dem Gründer des Netzwerks gesprochen.

René, gab es in deiner Heimat eine Sprüher-Szene?
Nicht wirklich. 1995 verschlug es mich für elf Jahre nach Hamburg. Dort bin ich in die Szene eingetaucht und habe erste Medienerfahrungen gesammelt. Netzwerken, recherchieren, dokumentarisch arbeiten. Schwarzkopf & Schwarzkopf hat damals eine 14-teilige Buchserie über Graffiti verlegt. Bei Band 13 und 14 war ich involviert.

Wann und wie entstand ILOVEGRAFFITI.DE?
Anfang 2008, zunächst als Blog. Damals haben viele angefangen, online zu schreiben und zu dokumentieren. Sieben Jahre zuvor war Graffitibox.de an den Start gegangen, die mit ihren Montags-Updates unfassbar viele Zugriffe generieren konnten. In Anlehnung an Ralf Kotthoffs Plattform ilovehiphop.de habe ich dann ILOVEGRAFFITI.DE aus der Taufe gehoben. Anfangs auf Deutschland bezogen, kamen ab 2009 mithilfe eines Freundes aus Kopenhagen englischsprachige, sprich internationale Themen hinzu.

Warum ein Blog über Graffiti?
Die Seite ist im Zusammenhang mit meinen eigenen Aktivitäten entstanden. Ich war und bin Sprayer, kuratiere Ausstellungen, organisiere Veranstaltungen.

Warst du als Sprayer auch illegal unterwegs?
Beides. Legal und illegal. Mein Engagement erfordert, dass man tief in die Szene rein muss. Vor allem bei Vi-

deodokumentationen brauchst du eine entsprechende Biografie. Ein Zugang von außen ist nur selten möglich. Gerade bei Graffiti ist es wichtig, dass du illegal gemalt hast und ein Teil der Szene bist.

Wofür steht ILOVEGRAFFITI.DE heute?
Nicht mehr zwingend für Blog. Von außen werden wir zunehmend als Informationsplattform wahrgenommen. Wir sind das CNN für Graffiti, hat mal jemand gesagt. Dementsprechend erwarten die Leute topaktuelle News. Das ist eine echte Herausforderung. In der Szene passiert sehr viel. Wir können dem nicht gerecht werden und schaffen es schlichtweg nicht, alles zu zeigen.

Woher kommt der Content?
Ich habe mir ein riesiges Netzwerk erarbeitet, aus dem ich in vielen Fällen Informationen erhalte. Videos und Fotos, manchmal ausführliche Texte. Wie etwa eure Beiträge zu El Bocho und FINO. Alles wird von uns gesichtet. Wir prüfen lediglich, ob das Thema relevant für unsere Seite ist, und veröffentlichen dann relativ unreflektiert, häufig mit nicht mehr als einer Randnotiz. Wir sind keine Journalisten, dafür fehlen uns die Skills. Wir sind Blogger und Netzwerker.

Wie ist die Aufteilung zwischen geliefertem und eigenem Content?
70 Prozent werden geliefert. Den Rest bestreiten wir mit vier eigenen Formaten. „5 Minutes" ist eine Produktion in Kooperation mit dem crossmedialen Webprojekt ARTE Creative. Reine audiovisuelle Clips ohne viel Drumherum. Zu dieser Kooperation gehört nicht zuletzt das Format „Street Atelier". Dabei handelt es sich um längere Dokumentarfilme über Künstler, die in Ateliers oder mit Galerien arbeiten. Schließlich produzieren wir zwei Videoformate, die über YouTube und Vimeo online gehen. Die „Hello from"-Serie, bei der es um Trainwriting geht, und „Sprayday", wo man zuschauen kann, wie legale Graffitis entstehen.

Wie hat sich euer Umfeld über die Jahre entwickelt?
Wir beobachten ein großes Blogsterben. Viele haben aufgegeben. Die Macher werden älter, ihre Prioritäten ändern sich. Blogs sind ziemlich arbeitsintensiv. Wir haben damals ein Jahr gebraucht, um 3000 Besucher pro Tag zu gewinnen. Zu Hochzeiten, 2011, hatten wir 15 000. Heute sind wir bei durchschnittlich 8000. Im Team arbeiten derzeit drei Leute. Dank unserer Video-Serien und unseres starken Facebook-Auftritts gehören wir zu einigen wenigen Seiten im Graffiti-Bereich, die so lange erfolgreich sein konnten.

Wie gestaltet sich die Zusammenarbeit mit euren Sponsoren?
Wir erbringen über meine Agentur und somit auch über ILOVEGRAFFITI.DE Marketing- und Multimedia-Dienstleistungen, zum Beispiel für MOLOTOW. Es gibt aber auch andere Partner.

Illegales Graffiti ist Sachbeschädigung. Inwiefern seid ihr in Konflikte involviert?
Relativ wenig. Was mich überrascht, denn in den letzten knapp zehn Jahren habe ich mit vielem gerechnet: Hausdurchsuchungen, Staatsanwaltschaft und Polizei. Einzig und allein von der Deutschen Bahn wurden wir

belton
MOLOTOW
PREMIUM

öfter mit Fragen kontaktiert. Ob wir wüssten, wann und wo ein Zug bemalt wurde und woher das jeweilige Foto stammt. Darauf antworten wir regelmäßig, dass uns die Mails anonym erreichen und nach Erhalt umgehend gelöscht werden.

Ihr löscht alle Mails?
Ja, tatsächlich. Das ist ein automatischer Prozess. Deshalb sind wir ja für die Szene so interessant. Da ich keine Kontaktdaten oder Mails speichere, könnte ich auf die Schnelle kaum einen Sprayer erreichen. Hin und wieder muss man die Leute vor sich selbst schützen. Was manche heutzutage auf Facebook oder Instagram veranstalten, ist schon verwunderlich. Die loggen sich mit dem Smartphone ein und laden Fotos direkt aus einem Tunnel hoch. Innerhalb von Sekunden könnte die Ordnungsmacht wissen, wo die gerade aktiv sind.

Was hat sich seit Mitte der 90er-Jahre in der Graffiti-Szene verändert?
Es gibt mehr Quantität, weniger Qualität, was auch daran liegt, dass die Zeitfenster für illegales Sprühen immer kleiner werden. Wenn ich mir alte Pieces von AMOK oder POET ansehe, dann holt mich das mehr ab als manche aktuellen Sachen. Mitte der 90er gab es in Berlin schätzungsweise 10 000 Sprüher. Heute reden wir von über 25 000. Anders als in Köln, Hamburg oder München gehören Tags und Pieces zum normalen Stadtbild. Bedingt durch die schiere Masse und viele Touristen, die auch einmal einen Zug oder eine Wand malen wollen. In Sachen Graffiti ist Berlin mit Abstand das größte Freilichtmuseum der Welt.

Was siehst du am Graffiti-Horizont?
Die Straße wird als Betätigungsfeld bleiben. Züge zu bemalen, könnte in wenigen Jahren unmöglich geworden sein. Es gibt mehr und mehr Kameras, Geruchsmelder, die Security wird aufgestockt. Nicht zuletzt wegen Terror. Im Grunde zeigt Graffiti jede Nacht aufs Neue, wie einfach es ist, eine Bombe zu legen. Nimm Panama: Vor einiger Zeit wurde dort erstmalig eine U-Bahn bemalt. Ein Wholetrain von vorne bis hinten. Die Einschätzung der Behörden: Wenn Sprüher an unsere Züge kommen, dann schaffen Terroristen das auch. Also wurden Bewegungsmelder installiert. Heute kannst du in Panama keine Züge mehr bemalen.

Wird Berlin das europäische Graffiti-Zentrum bleiben?
Anders als andere Städte wirbt Berlin ja sogar mit Graffiti. Teilweise werden Immobilien mit Blick auf bekannte Murals vertickt. Die Strafen sind geringer. Wenn du in Berlin an einer U-Bahn erwischt wirst und nicht notorisch auffällig bist, dann kommst du mit 500–1000 Euro aus der Sache raus. In Leipzig hingegen reißen sie dir den Arsch auf. Aus Berlin eine durchschnittliche Stadt zu machen, müsste mit einem finanziellen Kraftakt einhergehen. Mailand etwa ist vier Mal kleiner als Berlin, sieht aber genauso aus. Wegen der Expo vor ein paar Jahren gab es eine Aufräumaktion mit härteren Strafen. Jetzt ist wieder alles beim Alten. Will heißen, phasenweise mag sich Berlin verändern, langfristig eher nicht.

Kannst du abschließend etwas über die wachsende Gewaltbereitschaft in der Berliner Szene sagen?
Sprayer, die in der Hauptstadt aktiv sind, berichten davon. Da ich weder in Berlin geboren noch aufgewachsen bin, nicht einmal dort wohne, kann ich persönlich dazu nicht viel sagen.

Sehr schade. Hatten wir doch gehofft, mehr Licht in diese dunkle Ecke werfen zu können, zumal die Unterschiede zwischen früher und heute regelmäßig thematisiert werden. Immer wieder hören wir, dass sich am Anfang die Crews zwar auch geprügelt, aber grundsätzlich miteinander geredet hätten. Dabei sei es halt um „irgendwelche Gangscheiße" gegangen, nicht um Graffiti. Heutzutage würden Berliner Stuttgarter jagen, nur weil sie Stuttgarter sind. Züge werden angehalten, Steine geworfen und Lokführer bedroht. Sprayer hauen sich gegenseitig auf die Fresse, wenn es um begehrte Spots in den Yards gehe, da einige Crews diese für sich reklamierten.

„Geh mal in ein Yard rein, das von einer bestimmten Gang kontrolliert wird. Da kommst du nicht so einfach davon. Wenn du Glück hast, siehst du die Baseballkeule auf dich zukommen", berichtete ein Sprayer. Ein anderer gibt zu, einen Spot für sich zu beanspruchen, nicht mit Gewalt, sondern mit Kommunikation.

Ein Generationenkonflikt zwischen alter und neuer Garde. Ein gärender Prozess der Großstadt Berlin mit ihren immer kleiner werdenden Freiflächen.

MC FITTI
Lachen und Weinen

Rückblick 2013. Friedrichshain gegen 19 Uhr. Marcus Staiger, damals noch Aggro.TV, verabschiedet sich. Interview Nummer sieben endet 30 Minuten später als geplant und geht nahtlos in Nummer acht über. Wir sitzen vor dem Yard-5-Shop auf einer Bank. Die Fassade hinter uns ist dick mit Graffiti besprüht. Neben uns ein Mann mit Rauschebart, Basecap und Sonnenbrille. MC Fitti sieht aus, wie er aussieht, und hat schon immer „so Sachen gemacht", wie er es gern umschreibt. Auch Graffiti.

„Einmal infiziert, kommt man nicht davon los." Sein Pseudonym beruft sich auf die Ästhetik von Graffiti-Tags, inspiriert durch Swing und Flow. Der Schriftzug „Fitti" hingegen besteht aus geraden Buchstaben und zwei Strichen mit Punkten. „Es sollte eine Herausforderung sein, den Namen zu malen."

Doch um Graffiti wird sich unser Gespräch nicht drehen. Denn im Jahr 2013 ziert Fittis Name weniger die Fassaden der Spree-Metropole als vielmehr Plakate, Promo-Boxen, Merchandise-Artikel, Vinyl und CDs. Ein Jahr zuvor hat er den Song „30 Grad" bei YouTube hochgeladen und es damit zu unerwarteter Popularität gebracht. Folgerichtig steigt sein erstes Album „#Geilon" auf Platz 2 der deutschen Charts ein.

MC Fitti, alias Dirk Witek, wird 1977 in Gifhorn, in der Nähe von Braunschweig geboren. Dort, wo die Menschen bei VW arbeiten, VW fahren, VW im Kopf, im Blut und sonst wo haben. Auch Fitti. „Ich komm mit 'nem Schnellboot von VW um die Ecke", rappt er in seinem Sommerhit. Schöne Grüße an die Wolfsburger Produktentwicklung. „Ich bin Handwerker und laut", heißt es an anderer Stelle. Fitti ist gelernter Elektroinstallateur, hat vor allem als Heizungsbauer gearbeitet. Bis die Jahrtausendwende kommt. Und er nach Berlin.

Sein Mitbewohner ist im Kulissenbau tätig. Da sei er irgendwie reingerutscht, legt mit Hand an und verewigt sich in Produktionen wie „Das Leben der Anderen" und „Verliebt in Berlin". Nebenbei beschäftigt er sich mit Videos, Design, auch Musik. Am liebsten mit Jugendfreund und Produzent Udo Zwackel. So entsteht besagter Überraschungserfolg. Zuerst der Beat. Dann der Text. Mit Kumpel Lokomotive das Video. Vor einem Greenscreen mit „Miami Vice"-Schnipseln. „Alles easy going." Sound und Lyrics sind es auch: „Der Sommer ist mein Homie." Locker, flockig, bunt. Über DJ Fiks, der in einer PR-Agentur mit angeschlossener Musikabteilung arbeitet, findet der Song zum Berliner Label Styleheads Music und erblickt mithilfe eines Plattenvertrages das Licht der Oberwelt.

„Sein Look ist so fancy, sie nenn' ihn MC, MC Fitti", textet der Gifhorner über sein neues Leben. Mensch und Kunstprodukt in einer Person. Ein Fifty Fitti vielleicht. Halb Fitti, halb Outfitti. „Nö doch", reagiert der so Beschriebene. Keine Maskerade. Früher habe er im Winter auch Bart getragen. „Der hier wird regelmäßig gestutzt." Auf einer Fahrt von Berlin nach Celle sei er dennoch von einer Polizeistreife auf Islamistensuche angehalten worden. „Rasterfahndung", zwirbelt Fitti breit grinsend die Oberlippenbehaarung.

Sein anfänglicher Stil ist eine Light-Mixtur aus Hiphop, Electro, VW und einer Prise 80er. Gute Laune, Spaß und neue Medien bestimmen den Ton. Wie der Kurznachrichtensong „Whatsapper". Oder „Roflcopter", eine Hymne auf eine GIF-Animation, die der Musiker lustig findet und mal eben schnell ein Lied dazu macht. Ansonsten scheint im quietschbunten Fittiland meist die Sonne, vom Himmel regnet Konfetti, im Hintergrund tanzen Flamingo-Mädels, aus dem Auspuff kommt Graf-Fitti.

Dergleichen fittifiziert fährt die Party-Szene voll auf ihn ab. Die Leitmedien hingegen fremdeln, sind hin- und hergerissen zwischen Bewunderung und Spott. „Für die einen ist MC Fitti der bärtige König der Spaßgesellschaft, für die anderen nur ein wandelndes Marketingprodukt", schreibt Der Tagesspiegel. Auch Spiegel Online widmet ihm einen launigen Artikel, die kundige Leserschaft zerreißt sich das Maul. Der könne nicht mal richtig rappen, ätzt einer. „Billiger Kinderkram", befindet ein anderer. „Einer der ganz Großen der Berliner Untergrund-Szene", mutmaßt derweil ein Dritter. So richtig daneben liegt wohl keiner der Kommentatoren. Spiegel-Leser wissen bekanntlich mehr.

„Mit einem Ohr hören sich die Texte tatsächlich an wie der totale Quatsch", resümiert der MC. Mit dem zweiten erfährt man aus einigen Songschnipseln auch Privates aus dem Fitti-Kosmos: „Ich fahr VW und du nur 'n Bimmer. Ich fahr zur Ostsee und du nur nach China", so das Bekenntnis in einem seiner Texte. „Ich bin aufgeregt, wenn Colt Seavers anfängt", „Es gibt so viel schöne Mädchen, doch gegessen wird daheim", „Mein Bruder ist der andere von ZZ Top". Apropos Familie. Die ist natürlich tabu. Man müsse den privaten Raum schützen, zumal der zunehmend kleiner geworden sei.

DJ MK 1 und MC Fitti im Yard 5.

„Ich mach' mit Facebook mein' Beruf zum Hobby." Seit dem 23. Juni 2011 ist er dabei. Der erste Eintrag gefällt acht Leuten. Zwei Jahre später verbucht er 76 000 Likes. Nicht selten heben 500 Fans den Daumen, sobald er etwas postet, was in der Regel zwei- bis dreimal pro Tag passiert. „Ist schon eine gewisse mediale Macht", befindet er und versichert, alles mit eigener Hand zu schreiben. Keine Agentur. Dazu habe er keinen Bock. „Sonst muss man irgendwann nur noch funktionieren."

2013 läuft die Karriere bestens. Der Terminkalender ist prall gefüllt: „Volle Kanne Festivals und die Teilnahme am Bundesvision Song Contest, dem größten TV-Event für deutsche Newcomer." Welche Platzierung wünschst du dir? „Keine Ahnung, Alter. Wie früher beim Diktat. Von zwei bis fünf ist alles drin." Fitti schaut ruhig drein und schreibt weitere Wünsche auf einen Zettel: „Dass es bald den T7 gibt. Noch ein Album machen wäre ebenfalls schön. Weiter locker ableben. Ruhiger vielleicht. Nicht mehr so viele Shows im Jahr. Unbedingt ein Automusikvideo in Tokio drehen. Im Touareg vielleicht. Mit Brummer Boy Udo Zwackel."

Keine Angst vor dem Absturz? Der Meister zuckt mit den Schultern, streicht einmal mehr seinen Bart und jegliche Bedenken beiseite. Ein exzessives Leben, das er vermissen könnte, führe er nicht. „Wenn ich allerdings auf meinen T5 verzichten und auf einen alten Polo umsteigen müsste, wäre das schon eine Umstellung."

Polo oder nicht Polo? Unser Gespräch in 2013 klingt sachte aus. Nach acht Stunden Interviewmarathon ist der Künstler rechtschaffen müde. Selbst die Cola-Dose vor ihm schwächelt. Kraftlos fällt sie auf die Seite, rollert herum und schäumt ihren Inhalt über die Bank.

Zurück in die Gegenwart. Wir treffen MC Fitti im Café Butter, wo sich vereinzelte Frühstücker in den Tag mampfen. Ansonsten ist nicht viel los. Gemeinsam beziehen wir ein Eckchen auf der Empore. Die Kellnerin zündet eine Kerze an. „Wegen der Romantik." Dreimal Grinsen bitte. Wir kramen Fittis alten Wunschzettel aus der Tasche und reflektieren die jüngsten Entwicklungen.

Die gute Nachricht vorweg: Der Entertainer hat weitestgehend geliefert, mit seinem Tipp zum eigenen

Abschneiden beim Raab-Contest sogar goldrichtig gelegen. Platz 3 hinter Bosse und Johannes Oerding. Sein zweites Album „Peace“ erscheint 2014 und kann Platz 9 der deutschen Charts erreichen. Die Resonanz? Verhalten. Im Magazin Juice bescheinigt Erich Unrau dem Rapper, dass sein Status als Neuzeithippie abgelaufen sei. Raptechnisch finde seine Musik „leider Gottes in der Verbandsliga statt“. Ma‘ ma‘ halblang, könnte der Kritisierte kontern und meint: „Auch in der 4. oder 5. Liga gibt es gute Mannschaften.“ Zudem sei der Tenor eines Presseartikels immer auch davon bestimmt, wie man sich versteht. Da sei einiges hinter den Kulissen gelaufen.

Und raptechnisch, offenbart der Verbandsligist weiter, habe er an dem Album so gut wie gar nicht mitgeschrieben. „Mitten in der Produktionsphase hatte ich unfassbar viele Termine und somit kaum Zeit für die notwendige Studioarbeit.“

Wie dem auch sei. Nach immerhin zwei Alben, unzähligen Bühnenshows, Fernsehauftritten von TV total bis Circus HalliGalli und einer Dauerschleife für die Tech-Nicks von Saturn findet der Rapper schließlich in der ZEIT Beachtung. „Wer ist dieser MC Fitti, der überall von den Plakatwänden grinst?“, fragt Britta Helm im September 2014, als sei das Gute-Laune-Gesicht soeben vom Himmel gefallen. Gute Frage, späte Frage. Ein Jahr zuvor wäre der „Spaßrapper“, dem die Journalistin „erstaunliche Talentlosigkeit“ attestiert, keinen einzigen Anschlag wert gewesen. Nun aber scheint das, was die Spatzen mittlerweile sehr viel leiser von den Dächern pfeifen, gut genug für einen launigen Beitrag im klassischen Feuilleton.

Denn tatsächlich, als sei der Name Programm, ist es nach „Peace“ ruhiger um die Spaßkanone geworden. Zu Hochzeiten war er 200–300 Tage im Jahr unterwegs und schlug zwecks Stressabbau hin und wieder über die Stränge. „Man schmeißt die Bettdecke aus dem Fenster und ärgert sich im gleichen Moment, dass man keine mehr hat." Er habe einiges zahlen müssen. „Mehrere Tausend Euro, nachdem ich mal einen Backstage-Bereich zugetaggt hatte. Im Wahn mit meinem Künstlernamen, was natürlich voll doof war." All das würde ihm heute nicht mehr passieren.

Fitti steht auf und will zur Toilette. „Tags checken und einen dazu machen."

In die Liga der erfolglosen Projekte reiht sich das eigens für den Protagonisten der guten Laune produzierte VOX-Format „Big in LA" ein, das nach wenigen Sendungen abgesetzt wird. „Das Konzept wurde mir im Vorfeld gut verpackt präsentiert", erzählt Fitti. „Mit Freunden nach L.A. fahren, abhängen und Party machen. Wenige Drehtage, ohne Wording. Sei einfach, wie du bist." Dann habe er eine Rolle spielen und vorgegebene Texte aufsagen müssen. „Die Leute von VOX waren alle cool, aber was später daraus gemacht wurde, Alter ..." Einige seiner Kumpels hätten die Sendung gefeiert. Andere halt nicht.

„Das war kein Weltuntergang." Nicht einmal bei Facebook. Die Anzahl seiner Jünger ist längst auf über 420 000 gestiegen. Im Taumel der Ereignisse vollzieht Fitti die Trennung von seinem Plattenlabel und wechselt den Manager, um wieder mehr Freiheit für die kreative Arbeit zu haben.

Der Rockstar ist tot, es lebe der Rockstar? Der einstige Spaßmacher hat sich neu aufgestellt und Ende 2015 „endlich mal wieder was rausgehauen". „Drake hören und weinen" verblüfft die Öffentlichkeit mit ungewohnten Lyrics und ebensolchem Video. Ein genialer Schachzug, bestes Pop-Marketing? Obwohl oder weil selbst am alten Fitti-Style nicht gespart wird und ein weißer VW durchs Bild fährt? Der moderne Hipster-Entwurf von Grönemeyers heimlich weinenden Männern wird sogleich von laut.de als „Heulsuse" mit ihrem „geliebten Scirocco" kommentiert, während

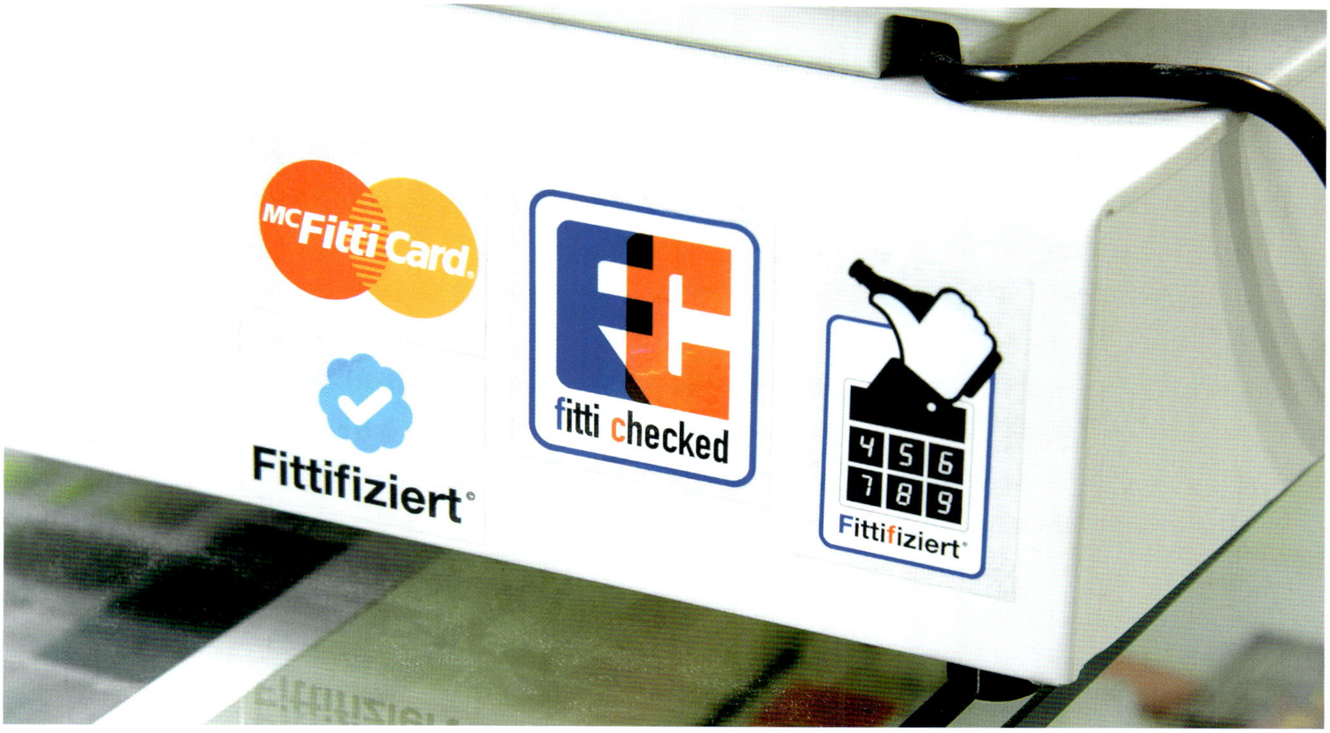

rap.de findet: „MC Fitti ist back und macht flennende Männer wieder cool."

So richtig weg ist er ja nie gewesen. Als Werbeträger, bei Pepsi und Fritt etwa, und Markenbotschafter für VW. Um schließlich als Selfiegott in die Museumswelt aufzusteigen. Als Bronzebüste. Mit Selfie-Arm. „Der Sockel ist mit Logos meiner Markenpartner beklebt, weil sie das Fundament von MC Fitti sind." Ein Kunstprodukt und respektabler Beitrag für das Projekt Ego Update des Düsseldorfer NRW-Forums über die Zukunft der digitalen Identität.

Die ist natürlich mobil. So verstaubt die Statue nicht hinter Vitrinen, sondern reist um die Welt. „Fitti hat Leute kennengelernt. Die haben ihn umarmt, geküsst, fotografiert. Ich lag derweil zu Hause auf der Couch", witzelt die Kunstfigur. Im Sand habe sie gelegen, Taubenscheiße abbekommen. Schwimmen sei sie gewesen, um schließlich in die Düsseldorfer Ausstellungshallen zurückzukehren und eventuell erneut auf Reisen zu gehen. „Oder zu meinem Vater in den Garten." Fitti lacht. „Ich will das Ding nicht zu Hause haben. Das hat eine Aura."

Bleibt ein letzter Blick auf den Wunschzettel von 2013. Was ist aus dem Automusikvideo geworden? Was macht Udo Zwackel? Und wann kommt der T7? Letzterer wohl leider erst 2020. „Gerade kam der T6", weiß der Fan. Momentan fahre er Touareq. Keinen alten Polo, um diesen Punkt deutlich festzuhalten. Das Video in Tokio will er unbedingt umsetzen. Mit Hochhäusern, Verkehr, den Lichtern der Großstadt und natürlich Jugendfreund Zwackel. Obwohl der vor einiger Zeit „den wahrscheinlich letzten echten Udo-Zwackel-Beat" mit dem Titel „Join the Revolution" gepostet hat, um sich danach in die Frührente zu verabschieden. Doch was wird nicht alles gepostet, wenn der Tag lang ist und sich Lebenswege immerfort queren.

Ein Fazit? „Es gab Einschusslöcher. Ich habe Lehrgeld gezahlt." Der Musiker verlässt das Café. Sacht schließt sich hinter ihm die Tür. Wir ordern eine letzte Runde Kaffee und hängen noch ein Weilchen unseren Gedanken nach.

blood in blood out
RISK CARNAL

DVO UND CHECAN
Wir sind Hiphop

Butch ist im Anmarsch, ein Old English Bulldog. An seiner Seite zwei Männer mit Sonnenbrillen, schwarzen Klamotten und Tattoos. Die Begrüßung ist herzlich. Wir setzen uns auf rauen Beton, um mit Dennis Vollbrecht und Marco Greise, besser bekannt als DVO und Checan, über Unterschichtendasein, Gewalt und Drogen zu sprechen.

Seid ihr ein Duo oder Solokünstler?
DVO: Auf jeden Fall sind wir Solokünstler. Keine Crew, keine Band. Aber wir sind auch Brüder und machen zusammen Musik. Nächtelang Texte basteln, Beats bauen. Das schweißt zusammen.

Warum Rap?
DVO: Ich wurde 1980 geboren. Mein älterer Bruder Sven brachte Rap ins Kinderzimmer. Außerdem hat er Soul und R&B gehört.
Checan: Ich bin ein Jahr älter als DVO und ging auf eine deutsch-amerikanische Grundschule. Zu Hause liefen Kool & the Gang sowie Earth, Wind & Fire. Dann kam Musical Youth mit „Pass the Dutchie", auch eine Art von Rap. Neneh Cherry, LL Cool J und Public Enemy folgten. Der Bruder meines Nachbarn war fünf Jahre älter und hat uns N. W. A nähergebracht.

Rapper kämpfen mit Worten. Habt ihr auch Fäuste eingesetzt?
DVO: Ich bin in Friedenau aufgewachsen. Um mich herum viele Türken. Ich war in der Minderheit und wurde mies behandelt. Bis ich mir sagte, bis hierher und nicht weiter. Mit 17 hatte ich meine erste richtige Schlägerei. Mir wurde klar, dass ich mich wehren kann. Ein Schlag ins Gesicht oder eine Flasche auf den Kopf. Das verletzt mich nicht wirklich. Ich fing an, das durchzuziehen. Bis ich 27 war. Vier bis fünf Schlägereien pro Monat. In Vierteln, wo Minderheiten auf Mehrheiten treffen, ist das so. Entweder gehörst du zu einer Gruppe oder nicht. Egal, ob du Deutscher, Türke, Araber oder Pole bist.
Checan: Bei uns am Grazer Damm herrschte krasse Blockmentalität. Man ist nur in seinem Viertel geblieben, vielleicht mal runter zum Schwimmbad oder zum Bäcker. Auch ich bin in Friedenau aufgewachsen. Dass wir in der Nähe gewohnt haben und gemeinsame Bekannte hatten, kam erst später raus.

Wann und wie habt ihr euch kennengelernt?
DVO: Das war 2006. Vor einem Club wollte ich einen Typen verhauen. Wie sich herausstellte, war er ein Freund von Checan. Der kam dazu und ist dazwischengegangen. Das fand ich cool.
Checan: Eigentlich wollte ich mich nicht kloppen. Doch mein Freund hätte keine Chance gehabt. Ich habe Dennis zurückgehalten und ihm dabei zwei zärtliche Kopfnüsse gegeben. Als Antwort hat er mir einen Kuss auf die Wange gedrückt und ist breit grinsend gegangen.

Aus euren Texten sprechen Zorn und Wut. Worauf?
DVO: Auf die Gesellschaft, wie ungerecht das Leben ist, wie wir aufgewachsen sind. Dass ich geschlagen

wurde. Nicht von der Familie. Meine Eltern, mein Bruder haben mich nie angerührt. Auf der Straße hingegen gab es viel physische und psychische Gewalt. Je älter du wirst, desto mehr wird dir klar, welche Möglichkeiten andere haben und du nicht. Ich bin ein empathischer und emotionaler Mensch. Andernfalls hätte mich vieles wahrscheinlich weniger getroffen. In meinem Block waren viele arm. Meinen 18. Geburtstag im Sommer hab ich komplett allein verbracht. Alle waren verreist. Nur ich nicht, weil ich kein Geld hatte.
Checan: Bei mir war es nicht Wut. Vielmehr waren es Dinge, über die ich mit niemandem reden konnte. Weder mit Eltern noch mit Freunden. Als Kind war ich der Junge, der in der Ecke steht, mit niemandem spielt und in seiner Gedankenwelt lebt. Irgendwie bin ich bis heute so geblieben.

Wurde Musik euer Sprachrohr?
Checan: Für mich war es inspirierend zu sehen, wie andere das Mikro rockten und alle dabei ihren Spaß hatten. Ich wollte ein Teil davon sein. Also fing ich an, Texte zu schreiben und Beats zu basteln. Mit einem Vierspurprogramm auf 'nem Amiga 500.
DVO: Bei mir kam mehr zusammen. Die Oberflächlichkeit der Gesellschaft. Menschen, die ignorant sind. Enttäuschung in der Liebe. Der stressige Alltag in Berlin. Ich war nur am Drogennehmen, Kiffen wie ein Bescheuerter. Ecstasy, Koks, Pilze, Amphetamine. Alles. Mein Umfeld war voller Dealer.

Stichwort Kriminalität. Wie war das bei dir?
DVO: Kriminalität ist keine Entscheidung. Entweder bist du es oder nicht. Das hängt von den moralischen Werten ab. Oder von extremen Situationen, wenn du Hunger hast beispielsweise. Ich hab in der Schule und danach viel rumgehangen, weil das in meinem komischen Kopf so drin war. Prügeleien, viel Alkohol, Drogen verkauft. Für mich ist das nicht kriminell, wenngleich die Gesellschaft anderer Meinung ist. Kommt drauf an, was du verkaufst und ob du an Kinder verkaufst.

Wovon hast du gelebt, vom Drogenhandel?
DVO: Ich hab irgendwelche Jobs gemacht. Als Möbelpacker, als Fahrkartenkontrolleur. Ich war auch Soldat. Vor allem aber Lebenskünstler. Hab T-Shirts gedruckt und verkauft, Fake-Partys veranstaltet. Da

kamen Leute und fragten, wo denn die Party ist. Nirgends, aber ihr könnt ein Bier für fünf Euro kaufen. Geld verdienen war nie das große Problem. Ansonsten hab ich mich auf Rap konzentriert. Knallhart.
Checan: Ich hatte eigentlich beste Voraussetzungen. Zudem eine Latino-Mama. Die ticken einfach anders, sind der Inbegriff von Zuckerbrot und Peitsche, weil sie so liebevoll sein können und dir gleichzeitig voll in den Arsch treten. Kaum waren die Sommerferien nach der zehnten Klasse vorbei, ging's zu einem zwölfmonatigen Praktikum in ein Trickfilmstudio. Danach ein paar Jobs und schließlich die Ausbildung auf Druck meiner Mutter: Grafikdesign beim Lette-Verein.

Während wir reden, kämpft Bulldogge Butch mit einer Wespe. Er ist drei Jahre alt und ein wenig verspielt. Hundeflüsterer DVO muss die Hand auflegen. Sogleich liegt Butch wieder friedlich neben uns.

Checan: Ich bin Scheidungskind und bei meiner Mutter groß geworden. Mein Vater in wenigen Worten? Ein humorvoller Alkoholiker und leidenschaftlicher Schläger. Als er vom Lette-Verein hörte, hat er mir gedroht: Ich suche die Schule nach dir ab, geh zum Direktor und schleife euch beide vor die Tür. Dass ich was Künstlerisches mache, wollte er nicht. Er selbst hat als Aufzugselektroniker bei Flohr-Otis gearbeitet. Da war er stolz drauf. 2002 ist er gestorben. Hat sich totgesoffen.

Also warst du ein braver Junge?
Checan: Überhaupt nicht. Wir waren Teenager, sind durch die Straßen gelaufen und hatten nur Müll im Kopf. Mit 13 wollten wir in einen Laden einbrechen, der große Macheten und ähnliches Zeug hatte. Zum Glück war der ausreichend gesichert. Das massive Gitter führte zum Abbruch der Aktion. 20 Minuten

später kontrollierte uns die Kripo. Sie fanden es auffällig, dass fünf komplett schwarz gekleidete Teenies um 4 Uhr morgens mit Metallstangen und Motorradhandschuhen durch die Straßen ziehen, konnten uns aber nichts nachweisen. Andere Aktionen verliefen erfolgreicher.

Deine Ausbildung hast du dennoch abgeschlossen?
Checan: Mein Stiefvater hat mich völlig gedreht, mich nachdenklich gemacht und nach Höherem streben lassen. Aber genau da kam der Haken beim Lette-Verein: Zeichne dies oder jenes, in den oder den Farben. Übermorgen musst du abliefern. Ich hab versucht, über meinen Schatten zu springen, mag mich jedoch auf Dauer nicht instrumentalisieren lassen. Nach der Ausbildung hab ich ein halbes Jahr als Grafikdesigner gearbeitet. Auf Dauer ging das nicht. Täglich denselben Job machen, dieselben Leute treffen, das Murmeltier grüßen. Was blieb, war die Leidenschaft zur Musik. Mit 24 habe ich entschieden, mein ganzes Augenmerk darauf zu legen.

DVO, du warst Soldat. Hast du Struktur und Ordnung gesucht?
DVO: Überhaupt nicht. Ich wurde ganz regulär gemustert. Dort habe ich angegeben, dass ich ein Drogenproblem habe und nicht zur Armee kann. Bundeswehr kam nicht infrage. Bin ja nicht bescheuert im Kopf, dachte ich. Dann saß ich herum. Ich war 18. Alles war scheiße. Ich hatte keinen richtigen Abschluss, keinen Job, keine Perspektive. Also hab ich angerufen und gesagt: Hey, zieht mich mal ein. Vier Wochen später war ich beim Bund. Dann hieß es: Wir gehen in den Kosovo. Wer mitkommen will, kann unterschreiben. Hab ich gemacht, wurde freiwillig Wehrdienstleistender und hab noch 13 Monate rangehängt.

Der Balkankrieg war vorbei. Hast du dennoch schlimme Erfahrungen gemacht?
DVO: Was heißt schlimm? Wenn überall Minen sind? Wenn ein Mann vor dir sitzt und erzählt, dass seine komplette Familie vor seinen Augen vergewaltigt und umgebracht wurde? Ein kaputtes Land voller Kriegs-

trauma, ist das schlimm? Oder wenn die Freundin dich verlässt, weil du dich nicht regelmäßig melden kannst?

Was kam danach?
DVO: Nach sechs Monaten Kosovo ein halbes Jahr Bund in Deutschland. Dann wurde mir eine Zwölfjahreslaufbahn angeboten, was selten ist. Worauf sich die Frage stellte: Armee oder Musik? Beides ging nicht. Als Soldat bist du Soldat, und mehr nicht. Wirst hierhin und dahin kommandiert. Es hätte schönes Geld gegeben. Aber Geld kann mich nicht locken.

Hast du deine Entscheidung bereut?
DVO: Jeden Tag. Bis heute. Ich hab wie die Faust aufs Auge zur Armee gepasst. Ich war der geborene Soldat. Ich war Armee. Ich wurde geboren, um Soldat zu sein. Doch mein Musiktraum war größer. Ich lebe meine Träume und nicht die deutsche Norm der Angst. Junge, geh doch dahin, da hast du ein sicheres Auskommen. Scheiß drauf.

Du hast als DeVo begonnen, eine Kurzform von Dennis Vollbrecht. Heute DVO. Warum?
DVO: Der US-Band De-Evolution, kurz Devo, hat das nicht geschmeckt. Also habe ich mich umbenannt.

Gibt es eine Grundaussage in euren Texten?
Checan: Oberflächlich geht es bei mir um: Entspann dich mal, alles wird gut, du hast alles im Griff. Konkret will ich den Leuten klarmachen: Rede dir nicht ein, dass du das Produkt deines Umfelds bist, wo du herkommst oder wie du aufgewachsen bist. Es liegt allein in deiner Hand, wo du hingehst, wer du sein wirst. Mir geht es eher um Erkenntnis als Anprangerung. Ich lebe für Liebe, Respekt und Frieden.
DVO: Ich will durchaus die Welt verbessern. Nicht nur mit Texten. Ich kümmere mich um Tierschutz in Rumänien. Hab mit meiner Frau eine Aktion Nächstenliebe ins Leben gerufen und im Winter jeden Samstag Tee und Decken an Obdachlose verteilt. Ich finde, dass die Welt ein Scheißhaufen ist und der Mensch ganz allgemein ein Arsch. Vielen wäre geholfen, wenn wir weni-

ger habgierig wären. Kein Tier auf der Welt ist habgierig, nur der Mensch. Durch Habgier ist Afrika im Arsch. Afghanistan, Irak, alles kaputt, alles zerbombt wegen Öl und Hastenichgesehen. Politik ist das Verlogenste überhaupt. Kapitalismus, Sozialismus, das interessiert mich nicht. Der Mensch soll einfach nur höflich sein und auf den anderen achten. Teilen, was er hat.

Apropos teilen. Wir haben Cola dabei.
DVO: Nein, vielen Dank. Da ist dieser Süßstoff drin, Aspartam. Hochgradig krebserregend. Als wenn du Gift trinkst. Steckt sogar in jedem Kaugummi. Kein Mensch hätte das zulassen dürfen. Doch wie immer geht es um Geld. Industrie und Politiker stecken unter einer Decke.

Woher weißt du so was?
DVO: Weil ich mich mit Ernährung und Industrie beschäftige. Aber lassen wir das. Haste noch Fragen? Ansonsten könnte ich von meinen Hobbys erzählen.

Später. Erzähl uns erst mal was über deine Tattoos.
DVO: Die Tattoos sind Zeugnisse meines Lebens. Auf den Knien Ehre und Stolz, am Hals Demut. Ehre und Stolz verbieten es mir, auf die Knie zu gehen. Es sei denn, aus Demut. Dann hab ich einen Landser, einen deutschen Wehrmachtssoldaten, auf dem linken Rippenbogen. Zu Ehren meines Großvaters, der im Zweiten Weltkrieg war, und in Bezug auf mich, weil ich Soldat war. Auf dem Unterarm steht Leben, was Liebe, Eltern, Bruder, Ehe, Nachkommen bedeutet. Das Wort steht verkehrt herum. Schmerz wiederum aufrecht. Von einem Glücksgefühl kannst du sofort wieder runtergeholt werden. Bei Schmerz geht das nicht so einfach. Schmerz ist wahr und rein. Natürlich gibt es auch viele Tattoos über meine Familie. Namen, Erinnerungen, die noch in 100 Jahren Bestand haben werden.

Wir schauen über das Gelände. Osthafen. Berlin-Friedrichshain. Wo einst Kräne und Förderbänder unter schweren Lasten stöhnten, hat luftiger Lifestyle die Zügel an sich gerissen. In den Lagerhallen des 1913 in Betrieb genommenen Industriehafens dreht sich heute ein Mode-

Medien-Musik-Softdrink-Karussell. Die deutschen Dependancen von Coca-Cola, MTV und Universal Music haben Platz genommen. Modemarken wie Hugo Boss und Tom Tailer werkeln drumherum. RTL 2 produziert hier seine Vorabendserie „Berlin – Tag & Nacht". Wenige Schritte abseits des geschäftigen Treibens fällt der Blick auf kreatives Nichts. Eine der letzten Brachen am Hauptstadtfluss, deren Stunden gezählt sind.

Wie schätzt ihr den Erfolg eurer Musik ein?
DVO: Ganz gut eigentlich. Mein Album „Hundeleben" ist raus. Wenn es gut läuft, könnten wir ganz oben mitspielen. In anderthalb Jahren sehe ich uns definitiv auf Tour.
Checan: Wir atmen Hiphop, wir träumen Hiphop. Alles ist Hiphop. Aber das bringt uns kein Brot auf den Tisch. Wir stehen vor der Ära der Fokussierung. Mein Album „Rap 'n' Blues" ist seit einiger Zeit draußen. Jetzt das Album von DVO. Spätestens mit dem nächsten wollen wir Staub aufwirbeln. So, dass es sich für uns rentiert. Bis jetzt war die Liebe zur Musik immer mit einem hohen Preis verbunden. Das muss sich ändern.

Habt ihr Kinder? Was, wenn die ebenfalls Rapper werden wollen?
Checan: Nichten, Neffen, Patenkinder. Bislang keine eigenen. Will ich aber definitiv haben. Was ich denen empfehle, hängt davon ab, was ich selbst erreiche. Vorsorglich warne ich aber schon jetzt meine Patenkinder: Klar, Beats basteln macht Spaß. Beruflich gesehen, orientiert ihr euch lieber an etwas Vernünftigem. Wir leben zu sehr in dieser Popstar-Generation. Jeder glaubt, er ist prädestiniert, ins Rolling Stones zu kommen.
DVO: Mein Sohn kann Rapper werden oder zur Bundeswehr gehen, wenn er will. Von mir aus könnte er einen rosa Rock anziehen, die Haare blau färben, sich die Augen gelb tätowieren lassen. Wenn du glücklich bist, Junge, mach das. Du bist zwar ein Idiot, aber eben ein glücklicher.

Jetzt endlich zu euren Hobbys.
Checan: Schreiben, Beats basteln, Fotos bearbeiten, Mario Kart, Kampfsport.
DVO: Lesen. Comics, Fantasie, Steven King, als ich jung war. Später Biografien, Geschichte, historische Romane. Momentan Edward Lee. Ich habe 600 gelesene Bücher, sortiert in einem kleinen Bücherregal. Was heißt klein, wenn man davorsteht, ist es ziemlich groß. Schreiben ist mein Hobby. Mein Sohn auch.
Checan: Dein Sohn ist dein Leben.
DVO: Stimmt, Alter. Musik natürlich. Und Sport. Laufen, Liegestütze. Ich war früher Leichtathlet, neun Jahre lang in einem Verein. Hätte ich die Möglichkeit, wäre ich Extremsportler.

MC BOMBER
Das Oxymoron

„Ich habe öfter getaggt als gepisst." MC Bomber sitzt mit halb geöffneten Augenlidern vor uns und lässt seinem Statement eine beachtliche Kunstpause folgen. Das Aufnahmegerät kämpft sich tapfer durch die Stille. „Mein Bauch ist Sprayer. Im Kopf bin ich Rapper."

Der Duden betrachtet diejenigen als Künstler, die regelmäßig Kunstwerke hervorbringen oder über besondere Fähigkeiten verfügen. Kreativ schaffende Persönlichkeiten wie Maler, Bildhauer, Schriftsteller oder Musiker. Wikipedia ergänzt, dass im Kontext deutscher Geistesgeschichte das Künstlertum nicht nur lapidar ein Beruf ist, sondern eine menschliche Daseinsform. Für Goethe und Schiller, wird pointiert fortgefahren, galt der Künstler sogar als Inbegriff eines gebildeten Menschen.

In der Realität geben sich derart Beschriebene zuweilen originell und geistreich. Ganz im Gegensatz zur breiten Masse, die ihr täglich Dasein erduldet und Hamstern gleich das Laufrad bewegt. Es gibt kein großes Genie ohne einen Schuss Verrücktheit, so Aristoteles. Künstler sind bizarr, zuweilen verstörend. Wahlweise extrovertiert oder introvertiert. Und manchmal ziemlich verpeilt.

Die Begeisterung für einen Künstler beruht auf seiner Einzigartigkeit, die sich vor wenig mehr als zwei Jahrzehnten auch von seiner Unerreichbarkeit und dem elenden Getue um den irdischen Abfall seiner Genialität nährte. Autogramme, Fotos, Hintergrundgeschichten. Fans schickten Briefe nebst frankiertem Rückumschlag. Medien, ob Presse, TV oder Radio, überboten sich im Kampf um Interview- oder Fototermine, um handverlesen empfangen zu werden. Paparazzi lebten vom Honorar ergaunerter Künstlerabbildungen

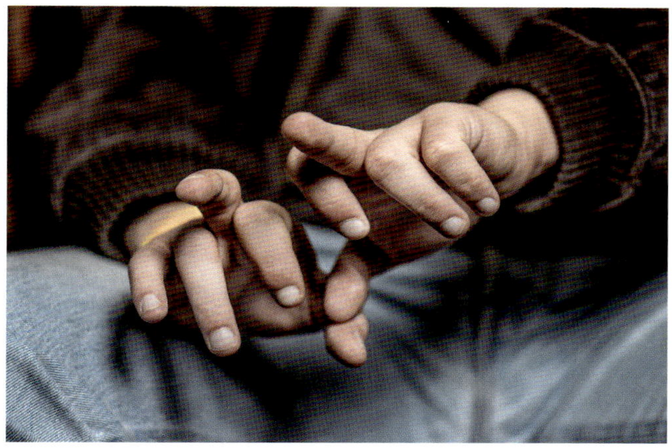

in Saus und Braus. Gottgleicher Nimbus umschwebte die Avantgarde und ließ das Volk schon bei geringster Berührung lustvoll schaudern.

Vergangen und vorbei. Zwar hängen wir noch immer Kandinsky an die Wand, lesen Steven King und durchbangen Nächte in Ozzys „Crazy Train". Doch im Zeitalter von Facebook, Twitter und Scripted Reality werden Künstler transparent. Ohne Mühen können wir ihren Kötern beim Kacken zusehen, erfahren Blitzgescheites von Xavier Naidoo und werden mit Kim Kardashians Hintern konfrontiert. Ungefragt. Kostenlos. Barrierefrei. Ohne unser Zutun reißen die Angebeteten höchstpersönlich ihre Schutzmauern nieder. Mit Selfies aus der Küche, dem Kreißsaal, vor Gericht. Nach dem zehnten Tweet ist das Außergewöhnliche verschwunden, haben sich die Künstler mit simpler Alltäglichkeit entzaubert. Was noch lange nicht heißt, dass sie wie du und ich sind. Maurer oder Buchhalter. Niemand würde sie beachten. Künstler ticken ein gehöriges Stück anders.

Unser Versuch, mit MC Bomber einen Interviewtermin zu finden, beginnt über Facebook. Gleich der erste Anlauf geht in die Hose. „Wir waren am vereinbarten Treffpunkt. Leider nur wir. Kein Interesse mehr?" Der Künstler verneint vehement und schreibt: „Ich hab verpennt und war drüber vom Wochen ende und mein handy war aus und ich hab gerade kein internet zu hause. Wenn ihr wollt, wiederholen wir das morgen und ich bin pünktlichst am start!!!!"

Wartet und betet,
auf dass der Ajatollah gnädig ist.
Das Zeichen seiner Gnade ist,
dass er heut' eure Mädels fickt.

Ein Monat vergeht, bis eine weitere Annäherung gelingt: „gibmanummer bitte!" Wir antworten umgehend. Der Rapper meldet sich eine Woche später: „jo! gib ma nochma nummer." Dennoch ruft der Ersehnte nicht an, worauf wir nicht nachlassen und wieder Rückmeldung erhalten: „jo auch gerne danach ich schreibe dich liste!"

Liste? Wir wollen MC Bomber beim letzten Gig einer Clubtour treffen. Samstagabend im Spätherbst. Kein Problem. Wir sind pünktlich im Bi Nuu. Die Gästeliste ist es auch – ohne unsere Namen. Bestellt und nicht abgeholt? Der Türsteher bewegt sich keinen Millimeter von der Stelle.

Wir bemühen das Smartphone. Bomber weiß zunächst nicht, wer wir sind. Also reden wir auf ihn ein und lichten den Nebel. Nach etlichen Minuten umarmt uns ein freudiger Rapper. Als wären wir seit 100 Jahren cool miteinander.

„Die ganze Terminplanung war wohl etwas verpeilt, aber jetzt hat es ja geklappt", versuchen wir den Faden aufzunehmen. Der Rapper oszilliert auffällig um die eigene Achse, trägt Dauergrinsen und Segelschuhe ohne Socken. „Ich studiere Kunst", antwortet er auf eine Frage, an die sich niemand erinnert. Das versöhnt. Im Handumdrehen haben wir uns lieb.

Guck auf meine Segelschuhe.
Guck auf meine Schöffeljacke.
Battle Rap Supreme,
wie ich deine Fötte knacke.

Wir landen Backstage, wo Morlockk Dilemma bereits die Stimmbänder für seinen Auftritt als Headliner trimmt. Hinten im Raum, auf strahlend weißen Tischdecken, thronen Platten mit Wurst, Käse, Müsli

und gesundem Obst. Bomber holt eine Flasche Wasser aus dem Kühlschrank und verteilt Bier. Dann fällt er schwer auf eine Ledercouch, versucht sich zu sammeln und postuliert seine Raison d'Être: das Streben nach einem völlig freien Leben. Nach seinen eigenen Regeln. Regeln, die außerhalb des Normativen und Bürgerlichen liegen.

Inmitten bürgerlicher Regeln wächst er auf. „Ich hatte eine sehr schöne Kindheit." Als ältester Bruder von drei Schwestern legt er Wert auf die Feststellung, dass sich seine Eltern gut gekümmert haben und immer noch zusammen sind, was nicht so häufig vorkommt. Natürlich finden sie blöd, dass seine Narrenhände zuweilen Tisch und Wände beschmieren, wodurch die Pankower Normfamilie, in die er 1991 hineingeboren wird, aus ihrer Ruhezone zu purzeln droht. „Das war so nicht vorgesehen. Ich sollte Kunstwissenschaftler, Arzt oder Jurist werden. Stattdessen bin ich Rapper geworden."

Drauf geschissen, wie bis dato deine Kindheit war.
Die schönen Momente waren mit Bestimmtheit rar.
Ich bin nicht dein Psychologe, mein Rap ist für über 18.
Wie viele er schon fickte? Schätzungsweise über 18!

Das Künstlerdasein beginnt im Alter von 13 Jahren. Relativ schnell macht der Freigeist Bekanntschaft mit der Polizei, mit der er bis heute engen Kontakt pflegt, weil ihm hin und wieder die Faust ausrutscht. Obwohl er nicht wie ein Schläger aussieht. Ganz im Gegenteil. „Ist aber so", bekräftigt er und beantwortet die Frage nach dem Warum sogleich: „Wenn man mich anschwindelt oder für dumm verkaufen will." Überhaupt sollte jeder zuhauen dürfen, dem danach ist.

Warum wird heute überall nur sinnlos diskutiert?
Es wäre so viel leichter mit 'nem Rapper, der diktiert.
Keine Opfer, keine Schwuppis auf Berliner Straßen.
Und für Jungs gibt's keine Töpferkurse, sondern nur noch Schlagen.

Als Begleiterscheinung dieser Lebensphilosophie lernt der Künstler Orte kennen, die Otto Normalbürgern verborgen bleiben. Einer heißt GESA. Gefangenensammelstelle. Ein Zwischenlager für mutmaßliche Straftäter. „Dort hängt man stundenlang rum. Als Krönung der Schikane kann es passieren, dass man sich nackig ausziehen muss, damit sie einem in den Arsch leuchten können. Aber ich hatte da noch nie was versteckt." Nach der Prozedur dürfe man in der Regel gehen. Es sei denn, der Zustand des Delinquenten erfordere eine Übernachtung in der Ausnüchterungszelle. „Ein Hiphoper, der nie in Polizeigewahrsam genommen wurde, ist kein Hiphoper", erklärt der Rapper. „Das haben sich die dämlichen Schwarzen in New York ausgedacht." Und genau wie die müsse man sich als Hiphoper verhalten. Alles andere sei lächerlich.

Gar nicht zum Lachen ist hingegen die Rechtfertigung vor den Eltern. „Das tut wirklich weh. Vor allem, wenn man aus einer ordentlichen Familie kommt. Trotzdem habe ich mich für Hiphop entschieden." Warum? „Eine sehr, sehr kluge Frage", räumt Bomber ein, überlegt sehr, sehr lange und antwortet schließlich sehr, sehr deutlich: „Ich habe keine Ahnung."

Backstage werden weiter die Stimmbänder geölt. Mittlerweile summen mehrere Personen Tonleitern rauf und runter, was unseren Gesprächspartner spürbar ablenkt. „Ob ich Vorbilder habe?", wiederholt er die Frage von uns stocknüchternen Vertretern des Normativen und erzählt anstelle einer Antwort:

„Gestern war ich mit Morlockk in Hamburg." Den kennen wir von der letzten Graffitibox Summer Jam. „Das interessiert aber gerade nicht, Ralf." Rolf, korrigieren wir unisono. Der heißt Rolf. Bomber kichert müde. „Na jedenfalls sind wir nach dem Auftritt mit zwei Freundinnen und drei Freunden zur Reeperbahn. Haben jede Menge Zeugs geschluckt. Landeten völlig verwirrt in einer Wohnung. Mit der einen habe ich rumgeknutscht. Bumsen wollte die aber nicht. Also bin ich in einem Zustand geistiger Verwahrlosung zurück zu meiner Gang, mit der ich aufgetreten bin. Hab auf der Rückfahrt nach Berlin geschlafen und wachte völlig entgeistert gegen 17 Uhr auf. Jetzt sitze ich vor euch, bin immer noch fertig, und ihr macht Fotos von mir. Fragt mich irgendwelche Fragen ... Wie war die letzte noch mal?"

Die zu den Vorbildern. „Meine Vorbilder sind Joachim Gauck", beginnt Bomber, erneut kichernd. Spaer, Broa und Blaze, was Sprayer anbelangt. „Meine Rap-Vorbilder sind Westberlin Maskulin und Big L. Eastcoast natürlich. Ja, Kool Savas sagt Westcoast und Project Blowed. Ich war von Anfang an New-York-orientiert. N. W. A fand ich immer ein bisschen doof, weil es flowtechnisch nicht an das rankommt, was die New Yorker geleistet haben." Ähnlich wie Kool Savas stellt er sich beim Texten einen imaginären Gegner vor. Und der ist manchmal auch er selbst. Obwohl die Selbstkritik übersichtlich ausfällt. Gefällt ihm denn etwas an sich selbst nicht? „Nur zwei Dinge. Meine beiden Hände." Drei Augenpaare richten sich auf die vermeintlichen Schwachstellen. „Klein und patschig", findet Bomber, während er sie nachdenklich hin und her dreht. Ein Finger ist geknickt. Trümmerbruch.

Kollateralschaden nach einer Schlägerei. Dafür habe er einen hübschen Körper und einen schönen Penis.

Stille im Raum. Die letzte Tonleiter verhallt. Alle Ohren lauschen unserem Gespräch, das sich nun endlich um das Schaffen des Künstlers drehen soll.

„Der erfolgreichste Song? Keine Ahnung. Ich hatte noch keine Single-Auskopplung. Bislang veröffentlichte ich meine Sachen über Upstruct, die Internetseite eines Freundes. Dort findest du Meilensteine des Berliner Untergrund-Raps, mit denen man sich befassen sollte." Wer die nicht gründlich gehört habe, sei nicht auf der Höhe der Zeit.

„Bis die kranke Sau am Arsch ist", ruft eine Stimme der benachbarten Sitzgruppe. Doch Bomber protestiert, „Phase Eins" sei im Rahmen seines Oevres gar nicht so wichtig. „Abenteuer Alkohol" findet er pfiffiger. Da habe er sich mal Mühe gegeben. Das tut er offenbar auch bei der Auswahl der Themen, über die er rappt: seltsame Begegnungen, viel Sexuelles, Zotiges. Untergrund à la MC Bomber bedeute, sich in keinster Weise verbiegen oder den kleinen Pimmel der Majors in den Arsch stecken zu lassen.

Folgerichtig hat er bei Proletik angedockt. „Ich bin also bei Frauenarzt gesigned", erklärt er mit breitem Pathos. „Einer der Besten der deutschen Rap-Geschichte." Er geht als Einheizer auf dessen Mutterficker-Tour und veröffentlicht beim hauseigenen Label sein Debüt-Album „Predigt". Und was wird Manny Marc tun? „Das habe ich auch gedacht, Alter."

Nur wenige Jahre sind seit seinem ersten öffentlichen Auftritt im FluxBau vergangen. Nicht bei Rap am Mittwoch? „Natürlich nicht. Ich stell mich doch nicht auf eine Bühne, wo sich irgendwelche Spastis gegenseitig beleidigen, obwohl sie sich gar nicht kennen. Wenn ich jemanden richtig doll hasse, haue ich ihm auf die Schnauze und fange nicht an, ihn zu battlen. Das machen nur Schwule." Backstage lacht. Auch Karate Andi, der bei Rap am Mittwoch erste Berühmtheit erlangte und seinem Kollegen im Laufe des Abends auf der Bühne sowie bei dessen Debüt-Album zur Seite steht.

„Jedenfalls hatte ich extremes Lampenfieber, bin aber trotzdem cool auf die Bühne gegangen und habe das sehr gut gemacht. Wie beim ersten Sex", ergänzt der Rapper feixend. Sicher, dass du dich daran erinnerst? „Woran?" Bomber wirkt irritiert. An dein erstes Mal. „Doch. An mein erstes Mal kann ich mich sehr gut erinnern, weil ich ein ehrgeiziger Mensch bin und mir bei Sachen, die Spaß machen, immer Mühe gebe. Somit kann ich sagen: Mein erster Auftritt war der Hammer. Aber das war gar nicht die Frage, oder?" Doch, doch. Irgendwie schon.

Und die nächste lautet, ob du mal Auftritte versemmelt hast? Irgendjemand ruft etwas. „Halt dein Maul", schnauzt Bomber. „Stimmt gar nicht, du Spast. Das war in Hamburg mit MC Shacke. Wir hatten einiges genommen. Ich war übernächtigt. Da hab ich richtig dolle verloren. Wahrscheinlich verkacke ich heute auch, wenn ich nicht dieses Wasser austrinke. Aber mittlerweile kann ich gar nicht mehr verkacken, weil ich ohnehin ein mieser Rapper bin." Wieso? „Das wirst du heute sehen." Bleibt zu klären, was ein mieser Rapper ist. Oder ein guter. „Ein guter Rapper rappt tight und laut. Er ist eigentlich ein verkappter Blues-Bassist, der zu dumm war, Bass zu lernen." Macht Dauerrausch irgendwann breiig im Kopf? „Ja, durchaus. Es gibt Blackouts auf der Bühne. Auch das werdet ihr heute sehen."

Und die Lösung sieht wie folgt aus:
Wir trösten uns mit Vollrausch.
Nach dem Reinlöten sehn' die meisten Mösen toll aus.
Die Kneipe gleicht jetzt einem Tollhaus oder Tierpark.
Mir wird langsam komisch,
weil ich schon den andern' Shit im Bier hab'.

Es ist noch nicht allzu lange her, da war der Spross einer Pankower Mittelstandsfamilie ein guter Schüler. Politische Weltkunde, Deutsch und Englisch liegen ihm besonders. Selbst Biologie. Weil er sich schon immer für Tiere und Ficken interessiert habe. Er macht das Abitur. Im ersten Bildungsweg, wie er betont. Notendurchschnitt 2,4. „Weil ich so schlau bin. Ich korrigiere, weil ich mal ganz pfiffig war. Jetzt ist Rap meine neue Denkart."

Eine Denkart mit Gemeinsamkeiten zur Roten Armee Fraktion, fährt der Wortakrobat fort und holt ganz tief Luft. „Das waren ebenfalls verblendete Bürgerkids, die die Sachen, in denen sie aufgegangen sind, ziemlich gut gemacht haben. Da würde ich Parallelen sehen." Eine davon lautet: Der Kampf geht weiter. Und die Verblendung? „Ich glaube, dass ich der coolste Typ der Welt bin. Der coolste Rapper. Nur mit dieser Verblendung kann man ein guter Rapper sein."

Bist du sicher, dass wir alles aufschreiben können? Bomber nickt. „Ich war geistreich, teilweise witzig, ein bisschen kokett. Die Drogen lasst ihr vielleicht weg. Der Drogen nehmende Rapper wäre sowieso eine Tautologie. Der dumme Rapper übrigens auch. Oder anders gesagt: Der schlaue Rapper wäre ein Oxymoron." Wenn du so schlau warst, warum bist du ein dummer Rapper geworden? „Tja. Die Frage stellen sich meine Eltern auch. Die Antwort steht auf meinem Konto."

MC Bomber wirft sich ein Handtuch um den Hals und eilt auf die Bühne, wo er Textzeilen versemmelt und das Mikro fallen lässt. Die Crowd feiert ihn trotzdem.

Als Kind sei jeder ein Künstler, befand Pablo Picasso. Die Schwierigkeit liege darin, auch als Erwachsener einer zu bleiben. MC Bomber könnte das gelingen.

MARCUS STAIGER
Bekenntnisse eines Fans

„Ich wollte Rapper sein, konnte es aber nicht." Marcus Staiger rührt in seinem Tee herum. „Musikalisch bin ich nicht wirklich begabt. Außerdem fehlte mir dieses Überselbstbewusstsein." Er legt den Löffel neben das Glas und schaut uns an. „Mit Sachen, die ich sehr mag, tue ich mich immer schwer. Da bin ich nicht ganz so locker." Das Gespräch ist keine 15 Minuten alt, schon zeigt unser Gegenüber eine gänzlich unerwartete Seite. Wir nutzen den Moment und haken nach. Staiger pariert: „Als alles anfing, war ich ein ziemlich trottliger Typ, der sich für neue Dinge interessierte. Die echten Rapper dachten, der ist ein bisschen doof und ganz sicher nicht der Coolste. Im Tourbus hätte ich ganz hinten gesessen. Dennoch habe ich Kontakt gesucht, mich selbst jedoch als interessierten Konsumenten verstanden."

Revolutionen sind fester Bestandteil der jüngeren Musikgeschichte. Unisono haben sie etablierte Strukturen aufs Abstellgleis geschoben, um neuen Lifestyles wie Rock 'n' Roll, Beatmusik, Punk oder Hiphop mit passenden Soundtracks Gehör zu verschaffen. Zum Wesen dieser Veränderungen gehört die Mutation von Konsumenten zu Produzenten. Denn in der Unterhaltungsmusik definiert sich die Lebensdauer einer Musikrichtung nicht nur über eingängige Melodien und deren Attraktivität für die breite Masse. Viel wichtiger ist die Frage, inwieweit eine Musikrichtung zur Projektionsfläche für Identifikation und Reflexion werden kann. Wird diese Erwartung von der Produzentenseite nicht erfüllt, wenden sich bis dato passive Empfänger ab, kreieren selbst Musikformate und Strukturen, sprich eine eigene Szene. Genau an diesem Punkt haben Punk und vor allem Hiphop neue Maßstäbe gesetzt. Während uns Punk das damals revolutionäre Do-it-yourself-Verfahren schenkte, gelang es dem Hiphop nicht nur DIY zu professionalisieren, sondern künstlerische Ausdrucksformen wie Musik, Malerei, Tanz und Sport unter einem Dach zu vereinen. Dem vormals vom Establishment degradierten Konsumenten boten sich mit einem Mal Wege zur Realisierung der eigenen Kreativität.

Von allen Musikrichtungen der letzten 50 Jahre habe keine die Welt so sehr im Sturm erobert wie Hiphop, behauptet folgerichtig ein Team von Wissenschaftlern der Queen Mary University of London und des Imperial College London. Mithilfe von Algorithmen und Statistik haben sie 17 000 Billboard-Hot-100-Songs der Jahre 1960 bis 2010 analysiert und herausgefunden: Hiphop und sein Spin-off Rap waren die größten Revolutionen zumindest der amerikanischen Musik-

geschichte. Vergesst die von Beatles und Rolling Stones angeführte British Invasion. Ebenso Disco, New Wave und Hard Rock. „Hiphop just sort of blasted out of nowhere“, resümieren die Wissenschaftler. Retrospektiv betrachtet habe es ihn seit den 80ern gegeben, vor sich hin gärend in den Straßen von New York und L.A. Bis er die Charts eroberte und heute als weltweit führender Musikstil betrachtet werden kann.

Frei nach Karl Marx ist Revolution eine ruckartige Nachholung verhinderter Entwicklung. „Wegen ungünstiger Witterung fand die deutsche Revolution in der Musik statt“, ergänzte Kurt Tucholsky, lange bevor deutsche Rapper nur annähernd 16 Bars rezitieren konnten. Den Startpunkt für den deutschen Rap setzt 1980 G.L.S.-United mit „Rapper's Deutsch“. Der einzige Song des Trios fokussiert auf den Generationenkonflikt in der Musik und gilt als erster deutschsprachiger Rap. Und wetten, dass kaum jemand weiß, wer damals mitrappte? Ein umtriebiger Bamberger. Wer genau? Der Thomas Gottschalk.

Zum Inkubator der neuen Szene wird auch Süddeutschland. Dort, in der schwäbischen Heimat, lässt sich Staiger 1984 von der ersten Breakdance-Welle mitreißen. Zu Casio-Klängen tanzt er mit weißen Handschuhen sowohl in Fußgängerzonen als auch zum 50. Geburtstag eines Onkels. „Des isch doch bloß so a Mode“, meint die Cousine. „Das bleibt für immer“, entgegnet der Prophet im zarten Teenie-Alter. 1987 findet sich in Heidelberg Advanced Chemistry zusammen, die auch in Stuttgart Underground-Jams bespielen. Ebendort, im Talkessel, geht am 7. Juli 1989 der erste Auftritt der Fantastischen Vier über die Bühne. Etablissements wie ON-U oder Das unbekannte Tier öffnen ihre Pforten. Sie nennen sich nicht mehr Disco, sondern Club. Dort rappt Max Herre. Staiger will das auch. Er nennt sich TerrorTaiga. Zuvor Red Lion. Ein Name, der es bis in den Pass schafft, weil ihn die Frauen vom Meldeamt Kornwestheim ganz gut leiden mochten.

Anders als viele seiner Freunde ist Staiger kein Akademikerkind. Der Vater arbeitet als Stuckateur und Feuerwehrmann, die Mutter ist Sekretärin. Sein Elternhaus sei kleinbürgerlich und spießig gewesen. In den späten 60er-Jahren brannten die Barrikaden, seine Eltern habe das nicht interessiert. „Die fanden die langhaarigen Hippie-Trottel einfach nur scheiße.“ 1992 haut Staiger ab. Aus Kornwestheim nach Berlin. Der Freundin wegen. Dort, wo sich die Bohème Sauvage mit dem Geruch der Straße mischt, heißt ihn die Hauptstadt rüde willkommen.

„Berlin war ein echter Reality Check.“ Bei Daimler oder der Deutschen Post sei er nicht für unter 20 Mark die Stunde aufgestanden. „In Berlin gab es nur Arbeit für sechs Mark.“ Er verdingt sich als Leiharbeiter, stapelt Holzbretter oder verlegt Telefonleitungen im brandenburgischen Nirgendwo, wo er auf 16-jährige Türken ohne Schulabschluss und 50-jährige Ossis trifft, denen die Wende nichts als Arbeitslosigkeit gebracht hat. „Zu sechst in einen Renault Clio gestapelt“ wird die Truppe von modernen Sklaventreibern zur Arbeit gefahren. „Kennt ihr euch mit Fabrikmentalität aus?“ Staiger blickt fragend auf. „Den Chefs reicht nicht, wenn du Ja sagst. Die wollen eine innere Verbeugung.“ Der Jungberliner hat Abitur, wenig Neigung zum Kriechen und wird mangels Demut rausgeschmissen. Staiger bekennt: „Im Nachhinein betrachtet, hat mich diese Zeit sehr geprägt.“ 1993 beschließt er, Volkswirtschaft und Philosophie zu studieren.

Doch Hiphop bleibt im Hinterkopf. „Ich war auf allen möglichen Jams, ging in die Plattenläden und habe mir Zeitschriften geholt.“ Er lernt DJ Tomekk kennen, freundet sich mit Spax und Rebel 1 an, besucht Workshops im Steglitzer Hip Hop Haus, wo er auf die Funkfüchse sowie Fuat und Kool Savas trifft, die späteren Masters of Rap. „Diese Leute habe ich sehr bewundert. Da ich nicht rappen konnte, habe ich mich eher journalistisch genähert.“

Staiger lässt zudem seine Fähigkeiten als Macher aufblitzen, organisiert bei UniRadio eine Sondersendung und lädt 30 Rapper in das Zehlendorfer Studio ein. Die finden seine

Aktion irgendwie verrückt und nehmen ihn zum ersten Mal wahr. Von nun an darf er in der Mitte des Busses mitfahren. Wenig später interviewt er Kool Savas bei Radio Eins und spielt dessen „Schwanzlutschsong". Nachmittags. Alle Kinder sind noch wach. „Da war die Hölle los. Es gab richtig viel Ärger."

Nachdem die Wunden geleckt sind, verdient er seinen Lebensunterhalt als Kellner im Gorgonzola Club. „Savas saß am Tresen und hat mir den ganzen Abend vom Good Life Café in L.A. erzählt. Von Underground, Tapes und Cyphers." Mit neuen Produktions- und Vertriebsformen würden die Amis das Musikbusiness aufmischen. Eine Revolution, die auch der deutschen Hiphop-Szene guttun würde.

Staiger macht sich Gedanken und beginnt einmal mehr zu organisieren. Weil Revolutionen nicht nur geträumt, sondern auch umgesetzt werden müssen. Über Don Rispetto bei Radio Multikulti empfiehlt ihm „so ein Reggae-Typ" ein Musik-Café in der Mittenwalder Straße. „Also bin ich da hin. Jimmy war da, ein Nigerianer. Er betrieb den Royal Bunker, ein afrikanisches Ding, im Schriftzug zwei gekreuzte Elefantenzähne. Fortan konnten wir dort Freestyle-Veranstaltungen machen." Die Stammkundschaft der ehemaligen Dealerkneipe rächt sich mit einer Buttersäureattacke. „Das hat extrem lange extrem ekelig gerochen. Wir mussten Räucherstäbchen aufstellen."

Das Good-Life-Konzept wird übernommen. „Ich wollte kein Sozialprojekt, sondern einen Club mit Eintritt, was nicht geklappt hat, auch weil Jimmy das wurscht war. Der hat eh keine Miete gezahlt." Beim ersten Mal finden sich Aktivisten wie Kool Savas, Taktloss, Jack Orsen, Ronald Mack Donald, DJ MK 1 und Rob Dee ein. Ob Sido und B-Tight an diesem Tag dabei sind, weiß Staiger nicht mehr so genau. Bushido ganz sicher nicht. „Manchmal kamen 20 Leute. Manchmal nur fünf. Ein andermal fast 60."

Jeder kann ans Mikrofon und wird von einer Art Fachpublikum bewertet. „Freitags chillen, samstags chillen, Sonntag 19 Uhr Rapper killen", rappt Staiger in unser Aufnahmegerät. Ab und an übernehmen Frauenarzt oder DJ MK 1 die Organisation. „History was in the making. Uns war das damals nicht bewusst." Ein Dreivierteljahr lang, mit Unterbrechungen. Dann wird das Café geschlossen.

Auf die erste revolutionäre Phase folgt eine zweite. „Underground versus Mainstream versus Majors war immer ein Thema im Hiphop", sinniert Staiger. Um Musik schneller an die Öffentlichkeit bringen zu können, etabliert die Punk-Szene Labels und produziert

Kassetten. Auch DJs gehen bereits diesen Weg. „Also habe ich Marc Hype angerufen. Sag mal, wo lässt du deine Sachen produzieren?" Ein eigenes Tape Label wird aus der Taufe gehoben: Erst heißt es Mikrokosmos, dann Monopol, schließlich Royal Bunker.

1998 erscheint mit „Berlin Nr. 1 Vol. 1" das erste Tape mit einer Auflage von 200 Stück. Weitere Veröffentlichungen folgen. Sido und B-Tight stoßen hinzu, verlassen das Label jedoch frühzeitig. Im Royal Bunker sei es immer auch darum gegangen, wie „der Papa" seine Aufmerksamkeit unter den Kindern verteilt. Einige fühlen sich zurückgesetzt, Staiger ist das nicht bewusst. „Ich war Savas-Fan." Als auch dieser dem Label den Rücken zukehrt, habe es sich angefühlt wie Verlassenwerden.

„Das RapDeutschlandKettensägenMassaker" wird zum letzten großen Erfolg. 2008 ist das Label Royal Bunker Geschichte. Die Revolution frisst ihre Kinder. Staiger hat Schulden, bis heute, und mag nicht mehr auf die Leistungsbereitschaft anderer angewiesen sein. „So schön und erfolgreich, wie es mit K.I.Z. am Ende war, ich hatte keine Lust mehr, dafür zu sorgen, dass andere Leute kreativ sein können."

So könnte die Geschichte mit einer Plattitüde enden: Wer schreibt, der bleibt. Denn Staiger beginnt als freier Journalist für Medien wie Aggro.TV, 16bars, Spex, Juice, Noisey und Vice zu arbeiten. Er haut ordentlich drauf und kriegt im Gegenzug des Öfteren die Hucke voll, auch körperlich. Obwohl oder gerade weil er bis heute einer der stärksten Verfechter des Underground-Rap ist. Den finde er noch immer geil. „Selbst wenn es so richtig primitive Scheiße ist" und er das postulierte Frauenbild zum Kotzen finde. „Aber das ist ja keine exklusive pathologische Meinung, die der Rapper zum Ausdruck bringt, sondern gesellschaftliche Realität."

In der Szene selbst gibt es wohl niemanden, der ihn nicht kennt. Er polarisiert wie kaum ein anderer und veröffentlicht seine Ansichten weiter ungebremst, zuweilen in Büchern. Er fährt nach Syrien, um kurdischen Sozialismus zu studieren, arbeitet als Industriekletterer, besetzt Häuser, taucht im Schwarzen Block unter. Mal schauspielert er in Hiphop-Filmen wie „Blacktape" oder versucht, Talkshows zu bereichern. Ein Mann mit Prinzipien, der ganz klar für oder gegen etwas ist. Was unweigerlich zu Auseinandersetzung und Konfrontation führt. Er will mitreden, dranbleiben, mitmischen. Wird schließlich vom öffentlich-rechtlichen Emporkömmling Jan Böhmermann ausgeladen, was ihn wurmt.

In dieser Gemengelage kann einem das Bashing-Format „Disslike" von Hyperbole den Rest geben. Hier stellen sich Prominente wie B-Tight, Gregor Gysi oder eben dieser Böhmermann skurrilen Internetkommentaren zu ihrer Person. „Staiger sieht aus wie ein beschissener Pinguin", schreibt einer. „Ich finde, ich sehe aus wie George Clooney", kontert dieser angriffslustig. Brehms Tierleben ergänzend postuliert ein anderer: „Staiger, der selbstverliebte Gockel." Darauf der Hahn: „Wahre Worte." Kein Anzeichen von Rückzug. Erneut diese unerklärliche Lust an Selbstinszenierung und Angriffslust. „Wer ist Staiger und was hat er bewirkt?" Antwort: „Geh auf Wikipedia. Google mich."

Weil das Leben nicht nur von Daten und Fakten handelt, ist es dann doch nicht so einfach. Was in der Seele passiert, kann bei Wiki nicht gefunden werden. Ebenso wenig, was ein Fan fühlt, der aus Bewunderung zum Macher und Umsetzer wurde, wenn seine früheren Begleiter Top-Platzierungen in den Charts erklimmen. Tut es weh, eher Zaungast und nicht mehr aktiver Teil des Ganzen zu sein? Seiner Verdienste bewusst, gelingt es Staiger, derlei Überlegungen zu verdrängen, zuweilen von einem Hauch Eitelkeit umgeben. „Ich finde nicht, dass ich fotogen bin", sagt er später beim Fotoshooting. Der Betrachter schmunzelt, Staiger auch.

Wie kaum ein anderer hat der Charmeur und Haudrauf der Entwicklung des Berliner Rap, mithin der Geschichte des gesamtdeutschen Hiphop seinen Namen aufgedrückt. Ohne ihn wäre der Triumphzug an die Spitze der hiesigen Musikindustrie vermutlich anders verlaufen. Bis heute ist er als Chronist und Kommentator mittendrin und denkt darüber nach, wie die Philosophie von Hiphop und Rap in einen gesellschaftlichen Dialog transformiert werden könnte. Doch reicht das Staiger oder möchte er insgeheim noch immer auf einem Platz ganz vorn im Bus mitfahren?

Eine Fragestellung, die letztlich symptomatisch für Berlin steht. Die Hauptstadt verortet sich nur allzu gern in die Spitze der weltweiten Straßenkultur. Noch immer ist sie rau, von rüdem Charme geprägt, „in gewisser Weise ehrlich", wie Staiger findet. „Im Gegensatz zu Süddeutschland, wo die Leute freundlich sind, sich anlächeln, das Maul hintenrum zerreißen."

Berlin im 21. Jahrhundert sei eine Stadt, in der die Weltkonflikte aufeinanderprallen. Integration, Migration, Islamisierung, Faschisierung würde man hier wie unter einem Brennglas sehen. „Wenn ich heute nach Berlin käme, fände ich es vielleicht weniger geil als in den 90er-Jahren. Möglicherweise wäre eine andere Stadt interessanter", resümiert Staiger. „Ich wüsste allerdings nicht welche."

KING KOOL CITY BERLIN? Auf jeden, Alter.

DANKSAGUNG

Ohne das große Vertrauen der Porträtierten sowie die Unterstützung durch Freunde und Familie hätte dieses Buch nie das Licht der Welt erblickt. Nicht vergessen sind Input und Engagement der Ratgeber, Netzwerker, Manager, Kollegen und Erstleser, Verleger, Lektoren, Layouter und Drucker. Wir danken euch von ganzem Herzen:

1UP, ABOVE, ACER, Adrian Nabi, Akim Walta, Alesh One, Alexander Bülow aka Bee Low, Andreas Langer, Andreas Preis, Andrez Mba aka Tierstar, Archie, Artie Ilsemann, AST, Astra Kulturhaus, Benedikt Jagomast, Berlin Crime, Berlin Kidz, Bi Nuu, Birgit Senkbeil, Björn Birg, Black Beauty, Bong Teggy, BVG, Butch, Café Butter, Cassiopeia, Christian Vogler, Christoph Frank, Christoph Hagel, Cihan Bilgin, CNF, CREN, Cu Bot, Cypro, Daniel Ferreira Sezinando aka Soulrock, David, David Laube, Dejoe, Dennis Thimm, Dennis Vollbrecht aka DVO, Die Kassierer, Dirk Rumig, Dirk Palm, Dirk Witek aka MC Fitti, DIRTY, DJ MK 1, DJ Pete, DJ Reckless, DMark, Dominique Masri, Drob Dynamic, Drummer Hannes, El Bocho, Elmar, Evi und Siegfried, FACH, Falkland, Felgner & Zierke, Felix, FINO, Flying Steps, Fresh Polakke, Georgia, GFA, Gió Di Sera aka Don Rispetto, Graffitibox, Graffiti Lobby Berlin, Henrik Regel, Ibo Omari, ILOVEGRAFFITI.DE, Imbiss International, innerfields, Jakob ‚Tory' Bardou, Jochen, Johnny 1–4, Jonathan Kalmanovich aka Ben Salomo, Juan-Victor Sepúlveda Parraquez aka Chico, Julia Hinske, Jürgen Feuerstein, Jürgen Horrwarth, JUST, Karate Andi, Karin, Kevin Schulzbus, KOBRA, Kunstraum Bethanien, Laas Unltd., Laura Wolf, Legacy BLN, LKA 264, MACH One, Marc Gärtner aka DJ Marc Hype, Marc Schneider aka Manny Marc, Marco Greise aka Checan, Marcus Staiger, Mark Fischer, Mark Marquardt aka AKTEone, Matthias Gephart, Matze, MC Bomber, Michael ‚Mikel' Rosemann, MOLOTOW, Morlockk Dilemma, MTN, Oliver Thierbach, O. Lympus, OMSK167, Overkill, Pálinka, Pascal und Veronique Feucher, PESD, Petra Reets, Philip, Phos4, POET, Proletik, QB, Rap am Mittwoch, Robert Edward Davis aka B-Tight, Rayka Wehner, Roxi und Florian, Savaş Yurderi aka Kool Savas, Shacke One, Sebastian Lang, SHEK, Shootdown Beatz, Skatehalle Berlin, splash!, Ssynic, Stephan von Gumpert, STEREO, Stylefile, T2B, TBR, TCF, TCR, Tiger, TLB, Tom Büschemann, TRIK, Uli Kleideiter, UNLIKE U, UPSTRUCT, Urban Classics, Urban Spree, ÜF, Vartan Bassil, Veit Tempich, Veysel Önder aka AMOK, Vicente de Teba aka Frauenarzt, VK, Wildstyle, Wilma Peters, Wolfram, Würzburger Art Ensemble, YAAM, Yard 5.

Nicht zuletzt danken wir allen Lesern für den Kauf dieses Buchs.

Sarah Paulus und Rolf G. Wackenberg

IMPRESSUM

Gestaltung und Satz: Felgner & Zierke, Berlin
Printed in Slovenia

ISBN 978-3-944594-57-6
www.elsengold.de